せりかクリティク
Serica Critique

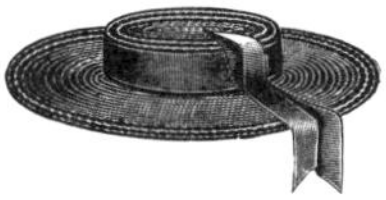

桜井 厚 編

ライフストーリーとジェンダー

せりか書房

ライフストーリーとジェンダー　目次

序　ジェンダーの語りと語り方　桜井厚　6

インタビューの現象学――〈あなた〉の前にいる〈私〉の経験　高井葉子　21

障害とジェンダーをめぐる複数の視線――知的障害を持つ男性のセルフ・ストーリー　麦倉泰子　45

「普通でない顔」を生きること――顔にあざのある女性たちのライフストーリー　西倉実季　65

差異をもつ〈わたしたち〉の語られ方――あるレズビアン・アクティヴィストのライフストーリー　飯野由里子　86

子どもが生まれても不妊――〈不妊の経験〉の語り　松島紀子　103
〈障害をもつ子どもの父親〉であること――母親が語る／子どもが語る／父親が語る　土屋葉　119
牧師にならなかった〈牧師夫人〉――妻・母・教会内外の役割と葛藤　川又俊則　141
「仕える女」の精神――ある奉仕女の語り　堀千鶴子　158
この土地で貝を剥く――現役剥き手の個人史から　和田健　178
嫁ぬすみのストーリー――経験が語るローカルな文化の変容　桜井厚　197
文献案内

ライフストーリーとジェンダー

序 ジェンダーの語りと語り方

桜井 厚

「わが国には、まるい言葉を話す人と、四角い言葉を話す人の二種の人種がいる」

これはかつて柳田國男が語った言葉だ（鶴見 1977：8）が、それを聞いたとき私は「なるほど」と感心した記憶がある。ライフヒストリー法において、どのように語りを聞くかを考えているときであった。

まるい言葉とはかな文字のことであり、四角い言葉とは漢字のことである。まるい言葉を話す人は、話し言葉を中心として生活している人であり、四角い言葉を話す人は、書き言葉を話の根本においている人のことである。四角い言葉を話す人とはさしあたり支配者や知識人、いわばエリート層のことであり、まるい言葉と柳田が表現したのは、彼が「常民」とよんだ庶民、被支配層のことであった。柳田は、文字どおりまるい話し言葉を採集することで常民の生活世界を描き出そうとした。

その喩えは、当時、私が何人かの女性の語り手にインタビューをしていたときだったから、ジェンダーの語りと語り方の違いにむしろマッチすると思ったのである。まるい言葉と四角い言葉をそれぞれ女と男の語り手に対照させると、この表現はことのほか巧みに聞こえる。歴史を遡れば、事実としても、ひらがなは女性が用いた文字であり、近代になっても女性は書き言葉に縁遠く、「女に教育や学問はいらぬ」という言葉とともに学校教育の機会が奪われてきた。

支配者や知識人ではないふつうの人びとのなかでも女性はこれまでの男性中心社会から疎外され、いわば家父長的支配、性支配の対象とされる周縁的な存在である。そうした周縁的な人びとの声は、支配的文化のなかでは抑圧され沈黙を余儀なくされるだけでなく、たとえ声をあげてもなかなか聞く耳が育たない現実がある。

だから、フェミニスト・リサーチが女性を対象とする社会調査において、質的調査法、なかんずく生活史やさまざまな出来事の経験を聞いたり証言を記録したりする調査法としてオーラルヒストリー法やライフヒストリー法に大きな関心を示したのも無理からぬことであった。文字資料は圧倒的に支配者やエリート、すなわち男性の四角い言葉で書かれていたから、庶民、なかでも女性についての資料収集は話し言葉によるほかなかったからである。

たとえば、アメリカ合衆国の女性学学会（NWSA）の設立総会で女性の口述の語りを収集する関心が高まり、その方法論としてオーラルヒストリーに注目が集まったのは一九七七年のことであった。そうした方法論には、女性解放運動が生みだした基本的な洞察、すなわち「個人的なことは政治的なことである」という意味と「女性の経験は本来的に価値のあるもので記録するに値するもの」という確信、への期待が込められていた（Gluck et al. 1991: 1）。フェミニスト・リサーチの第一人者、S・ラインハルツによると、フェミニスト・リサーチが質的調査法と親和性をもつのは、もともとフェミニスト・リサーチはそれ以前の研究法への徹底した不信から出発しているので、それまでの研究法が依拠していた量的調査への反動からおもに質的調査がおこなわれるようになったのだ、という。たしかに、『主婦の誕生』で有名なA・オークレーもかつての量的調査中心の社会調査法を「男性的パラダイム」と称して批判した。それに、これまで女性を数学から遠ざけてきた文化があるために、数量的ではない質的な調査法がきわめて女性に特徴的な知の方法論だ、と女性自身も信じる傾向があったのである（Reinharz 1993）。もちろん、ラインハルツは、数多くのフェミニスト・リサーチを検討した結果、質的なものとフェミニスト的なものがほとんど同一というのは事実ではなく神話であると断言している。

女性を対象にした調査にオーラルヒストリーやライフヒストリーの方法論が適しているかどうかは、その調査研究の目的やテーマとからんで判断すべきであろう。だが、私たちが人びとの経験の語りであるライフストーリーに耳を傾けるとき、女たちのライフストーリーと男たちのそれとの間に違うものをたしかに実感するときがある。私が経験したライフストーリー・インタビューでは、男たちは自分の仕事や地域の社会組織を語るとき、また女たちは身近な人物との関係や生活で直面した体験を語るときが、もっともいきいきしている。近代社会では男たちはパブリックな領域を支配し、女たちは家族や家庭に焦点化された生活を営んできた反映だと考えるべきだろうか。男たちはパブリックな領域に詳しく、ドメスティック／プライベートな領域についてはあまりふれず、しかも秩序だって抑制された語り口であることが多い。それは正しく「四角い言葉」と表現されるものだ。それに対して女たちは、ドメスティック／プライベートな領域にいきいきとゆたかな表現をもっている。まるい言葉を感じ取ることができるのは、こうした話題にされる領域の特性と語りにこめられたゆたかな感情表現のゆえなのだろうか（奥村ほか 1991）。

N・デンジンは、自伝的語りには二つのバージョンが存在するという研究事例を紹介している。男性のライフストーリーは、秩序だって、線形的で、葛藤があって、権威をもつ人物（しばしば父ないし母）からの分離にもがく傾向があり、女性はそうした分離や苦悩が少なく非線形的で包括的なライフストーリーを語りがちである、という事例である。彼はそれを示しながら、じつはその指摘に疑問を呈しているのである。それらはすでに歴史的な事柄のことで、二〇世紀後半の女性はもっと「男性的」になっていると考えられているからだ。この紹介された二つのバージョンのジェンダーの差異は、それ自体がわが国のジェンダー観にそのまま対応するかとなると大いに疑問だが、たしかに現在の男女のライフストーリーのことを考えるといくらか留保条件が必要かもしれない。実際、職業を持ち男性とほぼ同じ生活環境で生きている女性なら、より男性に近いライフストーリーが語られて不思議はないからである。私が経験してきたライフストーリー・インタビューは、高齢者を中心にしていたために、ライフストーリーにおけるジェンダー差を大きく感じたのかもしれないからである。しかし、こうした見方は、いずれも語り手の社会的位置が語りにそのまま反映されているとする素朴な反映論に陥っている。しかし、男性と対等に働いている女性の語りは、はたして男性とほとんど変わらないと考えることができるのだろうか。

管見するところでも、ライフストーリー研究のなかでジェンダーの差異を指摘してる研究事例はいくつか見受けられる。

男は仕事について、女は家庭生活について話す傾向がある。この話題の違いは、男女の記憶の焦点が異なっている傾向を示すだけでなく、女性は男性よりも過去の感情について話しやすいという傾向を示している。また男女は違った言葉の使い方をする。たとえ子ども時代であっても、女の子は男の子よりもほかの人が言ったことに対して細かく報告する傾向がある。また、年老いた男性と女性に関しては、（中略）ライフ・ストーリーを語るときに、男性はそのさまざまな話の中で、自らを行動の主体と見なして、能動形の「私が」という言葉を使う。対照的に女性は、他者のライフ・ストーリーを彼女たち自身のストーリーの一部に入れて、他者との関係性において彼女たちの人生を語るのである。（トンプソン 2002: 313-4）

女性は他者の人生を自分の人生の一部に位置づけるので、「私たち」と語ることで「両親と私」「夫と私」「子どもと私」を意味していると、P・トンプソンは指摘する。日本語における主語の省略は、この見極めをむずかしくしているが、たとえば、現在五〇歳代半ばの団塊世代の夫婦のそれぞれにインタビューしたときのトランスクリプトを参照してみよう。夫は地方公務員で、妻は結婚後十年余りの専業主婦を経験して、その後、契約社員として働いている。インタビュー時間はいずれもほぼ二時間程度でインタビュアーは二人、うちひとりは同一人物である。もちろんそれぞれの語りの長さや語調は異なっているが、呼称でみてみると「私」を自称にしているのは、妻も夫もほぼ同じくらいの回数である。「私たち」は、妻の方が多いが、それでも一桁という少ない回数である。ここでの「私たち」とは「夫と私」と「私の世代」の意味である。「父」「父親」「母」「母親」に言及している数は、妻の方が多く約二〇回強を数えるのに対し、夫は八回にとどまっている。また兄、姉などの「きょうだい」についても妻が三〇回以上を数えるのに対し、夫では一桁にとどまる。大きな違いは、「子ども」に言及しているところで、「子ども」「息子」や「娘」など呼称はさまざまだが、妻は四〇回以上とかなり多いのに対し夫は数回にすぎない。夫は、子どもより上司や部下を指す呼称の方がやや多いのだが、こうした呼称は妻にはない。

これは私がかかわった調査のトランスクリプトの一例で、単なる目安として紹介したものにすぎない。だが、この事例に関するかぎり、たしかに妻の方は他者、それも身近な他者である家族成員を中心に語る傾向があることがわかる。夫の方は会社の上司などの地位名称がでてきたところが妻と違うところだ。他者との関係性で語るという点では、圧倒的に女性の語りが男性の語りよりも勝っているということになるのだろうか。トンプソンが述べるように、語りは男性が能動的で妻が受動的だと受け取られがちだが、この事例で妻の「やっぱり根本的に私なんか女性も仕事をもつべきだと思いますよ。で、男性とか女性とかじゃなくって自分個人として、自分のことは自分でしろって考えます」という語りを聞くと、彼女がきわめて能動的に自己を語っていることが読みとれるのである。

本書で取りあげられているライフストーリーの語り手は、ほとんどが女性である。そのひとつの理由は、女性の語りがこれまで聞かれてこなかったことに由来するが、なぜ男性よりも女性のライフストーリーに焦点があてられがちなのかは、その語りや語り方そのものの魅力にも起因するだろう。無視され沈黙を余儀なくされてきた女性の声を引き出す調査者の実践的な目論見とはべつに、インタビューを重ねていくとライフストーリーの語り方にジェンダーの差異があることを直感する。やはり女性の語りにいきいきしたものを感じるのである。語りに魅力を感じるほど、女性の感情表現がゆたかなのだろうか。この点にもうすこしこだわって考えてみたい。

社会言語学者の知見を参照してみよう。いずれも米国での研究成果である。ジョンストンによると、まず都市のアフリカ系アメリカ人の子どもがうわさ話をするとき、女の子が「彼がこういった。彼女がこういった」という議論の参加者になることが指摘されている。同様に、中産階級の語りの分析で、女性は男性よりも間接的な言い方をよく使うこともわかった。私が「物語世界」（桜井 2002）とよぶ語りのなかの登場人物は、「女性のストーリーのなかで名前を持ち、その辺にいておしゃべりをしている人びとのことである。男性のストーリーのなかではむしろ名前を持たないことが多く、その周りはもっと静かである」（Johnstone 1993）。ここでは、間接的な物言いが、語り手のジェンダーによって異なる傾向があることが示唆されている。

R・エリーとA・マッカビーは、親子の食事時の会話を分析をしてつぎのように言う（Ely et al. 1996）。女の子が男の子より二倍も間接的な言い方を使うというのだ。女の子は、語りで自分自身の言葉をよく引き合いに出すだけでなく、母親やほかの子どもの言い方もよく引き合いに出す。母親の言い方の引用では、年齢が上がると男女とも引用の比率はさがり、それに応じてかならずしも父親の引用が増えるわけではない。総じて、小さな子どもたちは父親より母親を引き合いに出し、その傾向はとくに女の子に顕著である。父親を引き合いに出す度合いも、年齢が上がるにつれ女の子では目立って増加するが、男の子はどの年齢でも少なく変化もない。彼らは、こうした傾向を実際の生活で、母親が男の子よりも女の子にコミュニケーションをとらせようとしていること、父親の間接的な言い方の利用が少ないのは、日頃の接触頻度が少ないから、と解釈している。さらに彼らは、他者に言及するような間接的な言い方では、女の子は直接話法を多く使い、間接話法が少ないことも指摘している（Ely et al. 1996: 21）。

結局、女の子は自分のライフストーリーを語るとき、他者との関連で語る傾向があり、しかも他者の言葉を逐語的に近い形で引用して語るのに対し、男の子は、他者を引き合いに出すことが少なく、過去の会話を簡単に要約し要点を述べようとするような語り方をする、ということのようだ。これらの指摘が、そのままおとなの語りにまで普遍化できることかどうか、異文化でもあてはまるのかどうかはわからない。また、インタビューによる過去の経験を語る際にも妥当するかどうかも検討の余地があるだろう。ただ、語りのおもしろさやいきいきした表現という点からみると、物語世界の登場人物が具体的でかつ直接話法で話す語り方なら過去のさまざまな出来事や語り手の経験が聞き手にとてもいきいきと伝わってくることは想像に難くない。女性にそうした語りの傾向があるとするなら、私たちが彼女たちの語りに魅了される理由もあり得ることになる。ただ、それはここでは仮説的な提示にとどまる。ここで指摘されたようなジェンダーの差異が、ライフストーリーの分析にも妥当するかどうかは、さらなる検討にゆだねるほかない。

これまで述べてきた語りのなかのジェンダーの差異は、直接話法／間接話法といった話法の違いを別にすると、ほかのいずれも私が「物語世界」とよぶ語りの内容に照準して言及されている。語りの位相には、私が「ストーリー領域」とよぶ語り手とインタビュアーの相互行為で構築される領域も存在する（桜井 2002）。語り手がどのようにインタビュアーと相互行為をするのか、さらにはインタビュアーの背後に控えている聴衆をどのように想定しているかによって、ライフストーリーを操作する方法も異なってくるであろう。インタビュアーは「多元的な自己」として現れ、それに応じて語り手の自己も変化する（桜井 2002）。「ストーリー領域」を無視して語りのおもしろさや魅力を引き出すことはできないと思われる。

　ライフストーリーでは、事実や出来事について時間的、空間的に位置づけられて構成されている「物語世界」を、語り手が「いま‐ここ」というインタビューの場（「ストーリー領域」）で、どのように価値判断しているのかという「評価」も大事な構成要素である。感情表現がゆたかだということは、「物語世界」に対する「評価」が語り手とインタビュアーの相互行為によって生みだされているということなのである。それはライフストーリーを構成するもっとも基本的な要素である。

　私がおこなったインタビューである高齢女性はいくつかの縁談があったときの話をつぎのように語っている。「もらってくれ手が八人あった。奉公しとるそこで、もう八人あった。こっちゃ、家のほうでも七、八人あった。それみんな悔いで、いちばんいいとこきっちまう」。夫との結婚を反語的に語った「いちばんいいとこ」という表現は、語り手が夫に対して抱いている態度、感情を端的に表してる（奥村ほか 1991: 274）。こうした「評価」は「いま‐ここ」でなされるもので、語り手の言いたいこと、ライフストーリーを話す理由を指し示す手段なのである。しかも、それはいきいきとした語りの基本特性であり、男よりも女のライフストーリーに、こうした感情や態度を表す表現が多いように思われるのである。

　では、このような感情や態度が表現される背景にはなにがあるのだろうか。彼女が見合い結婚をした夫は、見合いのときにあまりにも「ぐちゃぐちゃな恰好をして」きたので「そんな恰好した人、嫌ぁだが。心にしまりがにゃぁで、嫌ぁだが（笑）」と、身なりからその人となりを判断して結婚話を断っている。ところが、男性側はあきらめずに親戚などを通して頼みにきた結果、「おばあさんの言うこと、聞かんとしょうがない、仕方なしにきちゃって。泣く泣くきちゃったの（笑）」。「好きで結婚したのか」というインタビュアーの問いにも「そーんなこと、昔すりゃぁす人あらすか」と即座に否定することで、当時の社会に流通している結婚のマスター・ナラティブの存在を暗示している。結婚のマスターナラティブを「聞かんとしょうがない」「仕方なしで」「泣く泣く」と語ることで、拒否することも真っ正面から逆らうこともできなかった自己の葛藤を聞き手に伝えているのである。

「せざるをえなかった」「仕方がなかった」「いやだった」「当然だけど」といったフレーズは、とりわけくりかえし語られることで聞き手（聴衆）の注意を引く標識《マーカー》となっており、支配的な社会やコミュニティ／家族と自己との関係のあり方を表す鍵となるフレーズである。社会の変動は、女性のライフストーリーが支配的文化のマスター・ナラティブやコミュニティ／家族に流通しているモデル・ストーリーに対し、自己をどのように位置づけるかを計らなければならない状況を生みだした。社会に流通するストーリーに対して、同調、妥協、葛藤、反抗、拒否などの対応関係で自己を呈示することが求められるのである。なぜなら、男性のジェンダー・カテゴリーの多くはこれまで基本的に無徴化されてきたから多くの男性は自己を語るだけでよかったが、女性は有徴化された存在として女性の社会的表象、すなわちジェンダー・カテゴリーとの関係で自己を位置づけなければならなかったからである。男性とは異なり、女性は「女は……であるべき」というマスター・ナラティブやモデル・ストーリーを意識しながら、それと折り合いをつけ、葛藤し、ときに闘わなければならなかったのである。女のライフストーリーには、常に社会のジェンダー・カテゴリーとのダイナミズムが反映されているのである。

注意しておきたいのは、モデル・ストーリーは、社会やコミュニティ／家族の側から押しつけられるジェンダーの表象としてだけでなくインタビュアーである私たち調査者自身にもあるということだ。私たちが知らず知らずのうちにインタビューの場へもちこむモデル・ストーリーは、語り手のライフストーリーの経験の固有性や社会的表象との関係性を聞く耳を奪ってしまいかねない。少なくとも私たちは自らもちこむモデル・ストーリーには自覚的でなくてはならない。そのことによって語り手のライフストーリーを「操作」することが可能になり、ダイナミックな語りが生みだされる契機も存在するのである。

最後に、そして、本書の出発点は、じつはここからなのである。ひとはジェンダー化された存在であるが、だからといって女／男で〈ある〉ことは、そのひとのすべてを物語るわけではない。このしごく当然なことを確認しておかなければならない。ジェンダーは、性、民族、人種、階層、地域などにまつわる言説と複雑に絡み合って構築されているからだ。たとえば、フェミニズムの主張そのものをみても、ブラック・フェミニズムなどの人種や民族、同性愛者などのセクシュアル・マイノリティ、中絶問題における障害者、レイプや性被害のサバイバー、階級や社会的地位の差異に基づく支配階級／専門家に対する被支配階級／素人など、によって異議申し立てがおこなわれてきた。本書は、ひとが女／男で〈ある〉ことの経験をまず理解することをとおして、この複雑に絡み合う言説を解きほぐそうとする試みなのである。

さて、本書に収められた論文について簡単な解説をくわえておきたい。

高井論文は、その独特な記述の仕方に虚をつかれた思いをするかもしれない。じじつ「ドメスティック・バイオレンス（DV）」に関するインタビューがおこなわれ、その被害を受けた女性の語りが提示されるはずなのに、そこに記述されているのはインタビュアーとしての「私」のストーリーである。だが、この記述にいたるには著者の深い省察があった。DV被害者はこれまで沈黙を余儀なくされ、わが国で声が聞かれたのはやっとここ数年のことにすぎない。それも限られた範囲で、その語り手の安全を最大限に保障してのことである。語りを公表するには特別な倫理的配慮が必要である。一方、研究者は、これまで他者の声を集め、それをもとに研究成果を得てきた。そうした研究者のポジショナリティはどこかという疑問の声は、調査の対象とされる被害者からも出てきている。社会学的知識と調査のポリティクスに関わって自己を意識化し透明化する作業は、インタビュー調査のリフレクシビティとよぶことができるが、本論文はその大胆な試みなのである。ともあれ、インタビューの場に流れるいくらかの緊張感と穏やかな空気を感じ取れる希有な論文である。

麦倉論文は、知的障害を持つ男性へのインタビューをとおして、インタビューの場が変化していく状況をつぶさに読み解く。知的障害者としての位置づけをあたえた語り手のストーリーをその文脈で解釈しようとして、著者は語り手とインタビュアーである著者との関係が変化し、当初の解釈が妥当しないことに気づく。語り手は著者を「調査者」ではなく「女性」と位置づけることで、自己を男性というジェンダーの文脈で語っていたからだ。このとき、この調査者 - 被調査者関係は危機をはらんだきわめて不安定な関係になってしまったようだ。著者は、その結末までを真摯に記述している。

顔にあざがある女性と聞けば、すぐに美醜の問題と考えがちだ。西倉論文も、著者のそうした構えから出発しながら、あざのある女性のストーリーを仔細に検討するなかで、ジェンダー以前の問題が存在することに気づく。あざがあることがジェンダーを傷つけるというより、あざの有無の方が大きな問題なのである。三人の語り手の女性たちは、あざのあることで「普通でない顔」を生きる困難に立ち向かう三者三様の戦略をとっていく。ただ、ジェンダー以前とはいいながら、異性関係や恋愛に困難をかかえ、あざの治療で「普通の顔」を取り戻した人が「美容」に携わるようになる結果を考えると、ジェンダーはなお十分に機能しているようにも思われる。

飯野論文は、ひとりのレズビアン・アクティヴィストをとりあげて、彼女のライフヒストリーを跡づける。日本のウーマン・リブ運動からレズビアン運動へと彼女が残した足跡は、日本の女性運動史の一側面を物語る。そんな活動の展開に小さな亀裂が入ったのが、アジア系レズビアンのネットワークづくりにおいてであった。レズビアンであることのエスニシティによる分割は、単なる個人の多様性ではない、周縁化された〈わたしたち〉のストーリーから排除された人びとによるストーリーの書き換えへ進むことを示唆している。

不妊の自助グループが各地に存在する。松島論文は、そうしたグループに自ら参加するなかで、ふと疑問に思った違和感から出発している。グループ・メンバーのなかに子どもを産んだ女性がいたからだ。著者は、既婚女性に対する子産みの強制、不妊治療が増幅する不安をライフストーリーで語らせながら、最終的には子どもを産んだ女性の悩みを読み解こうとする。あきらかになったのは、子どもを産んでもそれ以前の不妊によって傷ついた経験は子どもを産んだことでは取り戻せないこと、子どもを産んだことによって今度は不妊の自助グループの仲間が離れていく。そんなマージナルな状況の不妊女性に注目した論文である。

土屋論文は、障害者家族の父親の存在をテーマにしている。著書の『障害者家族を生きる』（2002）で十分扱えなかった内容をあらためて取りあげたものである。障害者家族には「父親不在」の傾向がある。障害をもつ子どもを産んだ責めは、常に母親に帰せられてきた。インタビュアーがあえて聞こうとしないかぎり、母子から父親をめぐる語りは聞かれない。聞くと出てくるのは、家庭での協力や理解といった高い評価であるが、子ども自身には向き合っておらず、どうも性別役割分業は障害者家族でもスムースに貫徹しているようにみえる。子どもと向き合う父親役割への転換が求められる。

宗教関係者のライフストーリーをテーマにした論文が二本ある。ひとつはキリスト教会の〈牧師夫人〉を語り手とした川又論文である。牧師夫人とは、表立って注目されることのない存在のように思われるが、教会活動では牧師や信徒からずんぶんと役割を期待される存在である。もともと女性が牧師を目指しても、基本的に牧師に協力する牧師夫人に収まることが期待される。また、家事や育児をはじめとする家庭生活と公的な教会活動とのはざまで葛藤する。

信徒からはきびしいまなざしを感じ取ることもある。ジェンダーの非対称性は厳然としてあるが、教会自体が公的な場であることも彼女たちの役割葛藤を大きくしているようだ。

もうひとつの宗教関係者は、「奉仕女」とよばれるキリスト教の社会救済事業に奉仕する女性である。堀論文は、半世紀にわたって乳児院、ハンセン病療養所、婦人保護施設で奉仕をおこなってきたひとりの女性に焦点をあてた。奉仕女を特色づける制服、「母の家」での共同生活、独身制は、いずれも私たちの日常生活とは異なるものだが、とくに迷いはないようだ。「奉仕女の精神」を護ることの重要性をふくめ、彼女の生活世界はキリスト教の天蓋に覆われているかのようである。

和田論文は、大都市圏で貝の剥き手をしている女性のライフヒストリーとその仕事観についてである。このような首都圏で、しかも急激に都市化が進んだ地域で半世紀にもわたって生業を営んでいること自体が驚異だが、男たちはとっくに漁師をやめているのになお女たちの漁業仕事が健在なのはおもしろい。「浦安の女は貝ぐらい剥けないと」という今なおくりかえされる言葉は、「たいした額にならな」くても、半世紀もやり続けてきた語り手の自負を表すものなのであろう。

最後の私の論文は、民俗学的テーマの「嫁ぬすみ」をとりあげたものである。現在では、消滅した習俗だが、かつては各地でよくみられたものである。戦後になるときわめて報告は少ないが、論文では日本でおそらくもっとも最近まで残っていたと思われる地区から、その体験者の語りを中心にとりあげた。民俗学的な視点を相対化することで、むしろ語り手の思いを重視する記述を心がけている。この嫁ぬすみの経験のストーリーは、日本の文化がローカルで多元的なものから支配的で一元的なものへと変わっていく変わり目を象徴的に表している。

ここで、本文で使われているライフストーリーのトランスクリプトの凡例を示しておこう。

●インタビュアーは「＊」で表し、語り手はアルファベットで示した。
●「(学校から) 帰って……」の (学校から) は、発話されていないが引用者が補って文意をわかりやすくしたもの。
●沈黙は（・・・）で表し、「・」は約1秒程度の長さを示している。
●（　）は、聞き取り不能。
●//は、同時発話で、短く挿入したもの。［　は、左右両行の人物の同時発話で、その位置から始まっている。
●［　］は、直前の言葉の解説。
●（(笑いながら)）は、そのときの状況や様子を解説したもの。（(略)）は、トランスクリプトの省略。

本書は、私が主催し、定例的におこなわれているＬＳ研（ライフストーリー研究会、ＬＨ研改め）の成果である。二〇〇二年度は、「ライフストーリーとジェンダー」のテーマで自由に参加者に報告をお願いし、そのなかからなんどかの報告と批評会をとおして精選したのが本書に所収した論文である。参加者にはだれでも執筆資格をあたえたが、執筆意思を表明しながらついにまとめることができなかった人もいる。一種のサバイバルレースで完成にこぎつけたものである。ライフストーリーをいかに活かしたらよいかについては、多くの執筆者がたいへん苦労した。型どおりの学術論文形式ではライフストーリーがなじまないからと、記述の仕方を大幅に書き直した人も少なくない。それがどの程度成功したかは読者にゆだねるほかないが、きびしいご批判、ご叱正をお願いしたい。

最後に、このような機会をいただき、研究会にも顔を出して執筆者を励ましてくださったせりか書房編集者の船橋純一郎さんにお礼申し上げます。

参考文献

Denzin, Norman K. 1989 *Interpretive Biography*, Sage.

Ely, Richard & Allyssa McCabe 1996 'Gender Differnces in Memories for Speech', in Leydesdorff, Selma, Luisa Passerini & Paul Thompson eds. *International Yearbook of Oral History and Life Stories, vol.4 Gender and Memory*, Oxford University Press: 17-30.

Gluck, Sherna B. & Daphne Patai eds. *Women's Words: The Feminist Practice of Oral History*, Routledge.

Johnstone, B. 1993 'Community and Contest: Midwestern Men and Women Creating their Worlds in Conversational Storytelling', in Tannen, D. ed. *Gender and Coversational Interaction*, Oxford University Press.

奥村和子・桜井厚 1991『女たちのライフストーリー』谷沢書房

Reinharz, Shulamit 1992 *Feminist Methods in Social Research*, Oxford University Press.

—— 1993 'Neglected Voices and Excessive Demands in Feminist Research', in *Qualitative Sociology*, 16-1.

桜井 厚 2002『インタビューの社会学』せりか書房

トンプソン、ポール 2002『記憶から歴史へ』酒井順子訳、青木書店

鶴見和子 1977『漂泊と定住と』筑摩書房

インタビューの現象学
──〈あなた〉の前にいる〈私〉の経験

高井葉子

1　はじめに

ある大学での授業風景である。私は、社会学を専攻する学生たちを相手に、「ドメスティック・バイオレンス」と調査方法論の話をしようとしていた。そこで、被害調査の協力者について想像する事柄を挙げるよう指示をした。学生たちからは、「弱々しい声」、「涙ながらに話をする」、「自分の言いたいことを一気に思いつめたように語る」などの言葉が次々と出された。グループでそれらの言葉を集め分類する作業がすすむなか、一人の女子学生から声があがった。「こういうのはどうしましょう?」彼女が差し出した用紙には、ついたてを挟んで二人の人物が描かれていた。それは、彼女のグループの男子学生が描いた調査現場の絵であった。描かれている人物の一人は、明らかに女性である。女性は、ついたての向こう側にいて半身が隠れており、顔はよく見えないが横向きで椅子に座っている。もう一人の人物は、性別は明らかではないがズボンをはいていて、男性のようにも見える。調査者とおぼしきこの人物は、全身が現れており、立ち姿でついたての向こうにいる女性と向き合っている。それは、教会の小部屋で罪を告白する女性と、それを聴く司祭の姿のようにも見える。私は、この絵は、いくつかの点でインタビュー場面の力学や問題点を描き出しているが、実際の調査における女性たちとのかかわりは、もっと複雑なものであると説明し、その日の授業を始めた。

ここで、この日の授業のテーマでもあり、本稿で私がすすめようとしている議論の素材である「ドメスティック・バイオレンス」調査について説明をしておこう。「ドメスティック・バイオレンス」とは、「婚姻の有無を問わず親密な関係にある男性が女性に対して用いる身体的心理的暴力」（高井 1997）である。英国や米国では一九七〇年代に、日本では一九九〇年代の後半に社会問題として取り上げられた。日本における社会問題化のきっかけをつくったのは、一九九二年に「夫（恋人）からの暴力調査研究会」が行なった質問票調査である（「夫（恋人）からの暴力」調査研究会 1998）。その後、本格的な聞き取り調査が、この問題に関心をもつ女性研究者や運動グループの女性たちによって行なわれた（吉浜&ゆのまえ 1998; シェルター・DV問題研究会議 2000）。また、東京都（1998）、内閣府（2001）など行政による調査も時期を前後して行なわれた。

これらの面接調査では、フェミニスト・リサーチ、あるいはフェミニスト・アクション・リサーチという手法が用いられている。フェミニスト・リサーチとは、女性が女性を調査すること、調査者と被調査者の対等な関係性をめざすこと、社会変革につながる調査であることなどを前提とした調査である（高井 2000, 1994; 吉浜 2000; 杉本 1996; Reinharz 1992）。日本において実施された一連の「ドメスティック・バイオレンス」調査は、夫からの暴力は、アルコール依存など特別な問題を抱えた家族に起きるという神話を覆し、暴力が普通の家族にも起きており、すさまじいものであることを明らかにすることで、法制度の整備や支援の充実を訴えたアクションリサーチである（高井 2000）。

しかし、近年、被害者、あるいは被害者を支援する立場の女性たちから、被害調査のあり方について、調査を担う研究者へ批判が向けられている。それらの批判は、フェミニスト・リサーチが価値として掲げる調査者 - 協力者の対等性が実現されていないことを問題視しており、協力者の語りを解釈したり表現する際の問題を「女性の経験の搾取」という観点で論じるもの（高橋 1994）、被害を語る女性の表象や語りの場での自己開示や互恵性がなされていない点を問題にするものなどがある（二見 2000, 1997）。

本稿は、このような批判へのリスポンスである。「ドメスティック・バイオレンス」の被害調査に、幾度か調査者として加わってきた「私」が、協力者である「あなた」に対して語る「私」の話である。調査の場に現れたあなたとの出会いと、長くて二時間ほどの「私たち」の時間がどのようなものであったのか、私の立場から明らかにすることで、インタビューの現場に起きているダイナミズムを記述し、理解や記述の困難と可能性を考えようと思う。

先ほどの学生の絵に戻ろう。ついたての向こうの女性とこちら側の調査者……。「ドメスティック・バイオレンス」調査において、私は、ついたてのこちら側、あなたは、向こう側にいる。ついたてのこちら側で、調査者の私がしてきたことは、インタビューの場でのあなたの話をもとに、あなたの経験や感情を描くことだった。だが、あなたの話は、あなた一人で語られたものではない。

ここで、先ほどの学生が描いた絵を反転させてみよう。そうすると、ついたての向こうに隠れるのは私だ。私はこれまで、ついたての陰にいる私のプロセス、つまり、あなたが話をしている間に、私が何をどのように感じているのかについて、あなたに語ったことはない。「あなた」と「私」の間に起きていたこと、インタビューの場では語らなかったことを、今回は、私の側から語ろうと思う。

2　私を見つめるということ

「私」のことを語る前に、ある女性について触れておこう。彼女の名前は、スーザン・クリーガー（Suzan Krieger）。社会学者である。私は、今でも八年前のあの日のことを思い出す。それは、アメリカでの三年目の年が明けた冬の日のことだった。その日は、サンフランシスコ湾岸の冬に特有の冷たく湿った日で、私は二階建ての小さな建物にある彼女の研究室の前にいた。その数週間前、私は、ある論文誌へ投稿するエッセーを書くために彼女にインタビューをしていた。しかし、テープレコーダーの不具合で録音の一部が消えてしまい、冬学期は授業のない彼女に再度のインタビューを申し出ていたのだった。自分の失敗のために、大学から車で一時間ほどのサンフランシスコ市内に住む彼女を呼び出すという申し訳なさで、私は落ち着かなかった。人気のない廊下に足音がして彼女が現れた。「部屋が暖まっていない」と言いながら、彼女は快く再度のインタビューに応じてくれた。

インタビューが終わった。彼女は、その年の春には帰国することになっていた私に、「あなたはこれからもインタビューを手法に使うのか」と尋ねた。そして、笑いながら次のように言った。「テープレコーダーは必ず二台以上用意すること。これだけは忘れてはだめ」と。今から思えば、その時の彼女は、テープレコーダーを余分に用意するという基本さえ知らずにいた私が、その後直面するだろう困難を既に見ていたのではないかと感じる。

彼女は、質的調査や女性学のアンソロジーに必ず取りあげられる『ミラーダンス』（1983）と『自己と社会科学』（1991）の著者である。『ミラーダンス』は、レズビアンコミュニティに移り住んだ彼女が、七八名のインタビュー調査をもとに、女性たちの意識のなかの個人の境界線が脅かされる過程を通して、自己のアイデンティティが明確になる様子を描こうとしたものである（川嶋 1997）。彼女のこの著書は、「多様な調査対象者の多様なパースペクティブを、もっともらしい説明を避けながら伝えようとしたポリフォネティックなインタビュー作品」であり、「ポストモダンインタビュー」の代表作品の一つとみなされている（Fontana & Frey 1994: 369）。

「ポストモダンインタビュー」とは、調査者が研究に及ぼす影響へ関心を向けたインタビューのことである。インタビューにおける調査者の影響を排除することは不可能である。しかし、インタビュアーの構えや想定を可能な限り明らかにすることで「ポストモダンインタビュー」は、影響を中和しようとするアプローチである（Fontana & Frey 1994: 368）。では、クリーガーは、どのようにして彼女の構えや想定や明らかにしたのだろうか。

その答は、『主観性を超えて（Beyond Subjectivity）』（1985＝1991）のなかで、彼女が「自己」と呼ぶ「固有の内的経験」（1991: 44）と向き合ったプロセスとして、詳しく説明されている。彼女は、レズビアンコミュニティでのインタビューを終えた後、大量のデータを前に何も書くことができない状態に陥った。そのような状態で、彼女は、書くことができない理由を、「インタビューの相手との間に必要な『距離』がとれないこと」と考えるのではなく、「データ、つまり『他の女性たちの声』から離れることができないこと」と考えるほうがよいのではないかと思いたつ。つまり、調査データにあらわれる女性たちの声に対する彼女自身の感情に向き合わねばならないと気づいたのである（Krieger 1985: 311）。

フィールドにおける調査対象者への感情の問題として有名なのは、マリノフスキーの問題である（ギアツ 1988）。しかし、クリーガーが問題にしているのは、調査対象者についての前提が調査者との同質性のときに起きる感情の問題である。女性が女性を調査することの困難は、彼女にとって対象との同一化にまつわる問題であった。そして、彼女は、「問題は、自分が調査者の声から離れることができないことではなく、女性たちからの離間（estrangement）である」ことに気づく。それは、彼女自身がその一員であるレズビアンコミュニティを研究対象としたときに直面した疎外感であり、同一化への圧力や欲望のなかで、彼女が彼女であること、つまり、他者との境界線を明らかにすることを、他のメンバーから拒絶されることの苦痛でもある。レズビアンコミュニティにおける彼女の困難は、調査者と調査対象者の間におきる「女であること」への同一化への圧力や欲望と、他者としての女性との間の境界線を明確にし自己を輪郭づけようとする欲望との間に起きる問題と置き換えることができるだろう。そして、それは、「女性であること」がもたらす経験の同質性を担保としてきたフェミニストリサーチ方法論にとって避けることができない問題である。

さて、自分がつながりを持ちたいと願っている女性たちからの排除と孤独を苦痛として経験しながらも研究成果を出そうとしたクリーガーが行なったことは、フィールドノートの記述やインタビュー前後の経緯を思い起こし、彼女の経験や感情を克明に洗い出すこと（separate out）だった（Krieger 1985: 312-321）。このような作業のなかから、彼女は彼女自身が経験した離間の感情が、彼女の研究対象者であるコミュニティのメンバーによっても語られていること、そして、その離間や拒絶を経験することが自己のアイデンティティの明確化につながっているという結論に達するのである。

クリーガーは、物事を考えるときに「私」を含めるという姿勢を授業でも奨励した。思考の対象を自分の「経験」に照らすという作業は、フェミニズムの価値である「主観性」の重視と「経験の共有」を具現化するために不可欠な教授法とされ、米国では、女性学の多くの授業で展開されている。しかし、彼女の授業を振り返ってみると、「経験の集合」である「自己」を意識することの重要性は、女性の経験の共有、つまり経験の重なりあう部分を広げるために強調されたというよりは、むしろ、女性が女性とつながることの困難を意識化させるために強調されたように思われる（高井 1994）。

また、彼女の授業では、リーディング、観察、討論などすべての活動において、自分の経験を語ることが要求された。自分の経験を語ることは容易に見えて難しい。特に、クラスの前で語ることは苦痛を伴う。私は、クラスメートたちの目にどのように映るのか。私の経験は、どのように受け止められるのか。それが、苦しみを伴う経験であったり、苦い思いで振り返らざるを得ない経験の場合には、思い起こす行為、語る行為が新たな苦痛を呼び起こす。また、リーディングを発展させてペーパーを書く場合には、論文を読むだけではなく、それが自分（自分の研究ではない）にとって、どのような意味を持つのか、どのような経験と重なるのかを考えねばならなかった。

あの授業を受けてから十年がすぎた。時には、隣に座るクラスメートの涙声に私の苦しい思いが重なることもあったあのときの作業、思考の対象となる問題に自分を重ねるという作業をもう一度思い起こしながら、「ドメスティック・バイオレンス」インタビューのなかで、私があなたの前に何ものとして現れていたのか、その時、私はあなたのまなざしにどのように反応したのかを考えてみたい。

3　インタビューに流れる時間：日常と非日常

明日がインタビューという夜、あなたは何を考えているだろう。「ようやく話せるときが来たんだと思って……」、「こういうことがあるんだと、知ってもらいたくて……」というあなたは、何を話そう、どのように話そうと、あなたの身に起きたこれまでの出来事を思い起こし、話を組み立てているのかもしれない。あるいは、次々に思い出される光景、声や音、感情の数々に胸が波うつことに気づき、記憶の箱の扉を閉じようとするのかもしれない。私は、といえば、電話で約束をしたあなたが、明日は来てくれるだろうかと考えながら、テープレコーダーを点検し、鞄の中身を確認して眠りにつく。

そして、あなたとの約束の時間がくる。あなたは、電話で聞いた道順に従って目指す建物を見つけドアをあける。そのとき、あなたの目に私は何者として映ったであろう。あなたは、私の表情や服装から瞬時に私の年齢をかぞえる。私に勧められるままに上着を脱ぎ腰をおろしながら、机の前にある書類やメモ用紙を見て、自分が調査という場にいることをあらためて感じるのかもしれない。お茶を出す私の表情や動作のなかにも、あなたは私について知る手がかりを探しているだろう。若いあなたは、あなたの母親の姿を私に重ねて何かを思うかもしれない。私よりも年上のあなたは、自分の娘や妹の存在をふと思うかもしれない。私が疲れた表情であれば、私の生活にも何か困難があるのかと想像するかもしれない。私が美容院へ行ったあとで、お気に入りの上着で笑っていれば、私の人生が穏やかな道程だったのか、と思うかもしれない。

私は、あなたとの約束の時間が近づくにつれて落着かない。インタビューに必要な資料は揃っているだろうか。テープレコーダーの電池は取り替えただろうか。あなたが座る場所は、居心地がよいだろうか。飲み物は充分だろうか。寒くはないだろうか。そして、あなたの名前、プロフィールを眺め、やがてドアを開けて私の前に現れるであろうあなたがどのような人なのか、そして、インタビューがどのように進むのかを考えて緊張する。

ドアが開いてあなたが現れる。私のなかに安堵が広がる。私は、あなたの表情や動作から、あなたが私に対して丁寧に向き合おうとしてくれていること、そして、私と同じように緊張していることを知る。だが、私の緊張とあなたが感じる緊張とは比べ物にならない。それは、たぶん、私には、すでにその部屋が私の空間だという感覚があるからだろう。既に数時間前からその部屋にいた私には、外の日ざしや廊下を行き来する足音が既になじみのものとして感じられている。それは、調査のフィールドに幾度か通うことで、行きつけの食堂ができ、そこで何をどのように注文してから調査に入るかがルーティーンとして感じられる感覚、調査者がフィールドに対してしだいに抱くようになる日常的な時間と空間の感覚に近いものである。だが、今、ドアを開けたばかりのあなたにとっては、この場所と時間は、非日常的な時空でしかない。

しかし、調査の日常性と非日常性が、あなたと私の間で逆転し交錯したこともあった。それは、日当たりがよく居心地のよい応接セットがあるからという理由で用意された部屋に、あなたが入ってきた時のことだ。あなたは、部屋に入りソファーに近づくなり次のように言った。「あっ、すみません。こんな格好で来てしまって……」。その日、私は、私にとっての仕事着であるジャケットを着ていた。ジャージ姿のあなたからは、その後、避難先で幼い子どもを抱えながら集団生活を続けていく困難が語られた。その日、エレベーターにあなたの姿が消えた後も、私は、あなたの言葉を引きずっていた。それは、着ているものへの居心地の悪さを、あなたに感じさせてしまったことへの申し訳なさであると同時に、服装の違いがあなたとのインタビューに影響したに違いないという慚愧の思いであった。

この出来事の後に、調査者と被調査者の関係性や権力構造の問題を考える折に、あなたとの場面を思い起こすのだが、あの時私が感じた居心地の悪さは、単に、あなたと私が着ているものの違いということだけではなく、暴力という問題への関わり方への違いに対する居心地の悪さでもあるようなのだ。その時の私のジャケットは、あなたの話を聞くことが、私にとって重要な仕事、それゆえに非日常的な出来事であるという私のなかでの調査の位置づけを表したものだった。一方、あなたのジャージは、かつて、そして今もなおあなたが経験しているであろう困難な日常を表しているように思えた。私のなかのひっかかりは、着ているものに現れる社会的地位や、その社会的地位から発生する権力的な関係の可能性があなたの言葉であらわになったということだけによるのではなかった。それは、暴力被害の当事者と非当事者の関係性の非対称性、つまり、暴力という問題が日常のものとしてあるあなたと、暴力が非日常のものとしてしか存在しない現在を生きている私という、問題への関わり方の相違に意識を向けさせられることへの居心地の悪さだったのだ。

さて、インタビューは、あなたに録音の許可を確認することで始まる。テープレコーダーが回り始める。インタビューは、あなたが話そうと思っていたとおりに進んでいっただろうか。それとも、あなたの前の私は、あなたの最初の言葉から次にどこへ話をつなごうかと、逡巡していただろうか。あなたは、私のもどかしい言葉や、あるいは性急すぎる話の展開に「こんな風に話がすすむはずではなかった」と思ったかもしれない。それでも、テープは回る。そして、一時間半が終わる。あなたにも私にも笑みが浮かぶ。

あなたは、言いたいことが伝わっただろうか、言い過ぎたのではないだろうかと振り返りながらも、目の前のテープが回っていないことに安堵しているかもしれない。誤解されそうな話はなかったたか、あなたの話を聞いていた私の表情は、何を意味していたのだろう、と思いながらあなたは部屋を出る。

私は、あなたを見送ったあと、あなたの声が録音されたテープを取り出す。そして、あなたに割り振られた番号と日付けと、あなたの仮の名前を書き入れる。私は、あなたがどこへ帰るのか、その日の夜をどのように過ごすのか知らない。ただ、あなたに、新たな暴力が振るわれないことを祈りながら、私は、明日のことを考える。

あなたは、多くを語ってくれた。もう、再び出会うことのないあなたの顔や名前は、いつか私の記憶から落ちていく。私は、書くための材料が十分に集まったと思えないと書き始めることができない。あなたが語ってくれたことは、私に書くことへの意欲を与えてくれる。何をどのように書こうかと考えながら、私は荷物をかたづけ家路につく。

4 行き来する「私」と「あなた」

暴力被害の調査のなかで、調査者の私が何者としてあなたの前に現れているのかという問題は、小さな問題ではない。なぜなら、それは、あなたが私に向ける言葉やまなざしによって、いくつかの異なる「私」が私のなかに次々に現れあなたとの場を作るからである。インタビューの場での、私とあなたの現れ方は、あなたがどのように話すのか、あなたが何を話すのかに作用するだろう。また、私のなかにも、あなたの問いかけやあなたの表情、あるいはあなたの語りの内容そのものに影響され、様々な「私」が現れる。その私は、話し手としての「あなた」と調査者としての「私」の間を行き来している。同時に、私自身の中で「私」は、調査者である「私」とそうではない「私」という複数の「私」の間を行きつ戻りつするのである（Reinharz 1997: 3-18）。

いつか、あなたは「普通の方ではあり得ないような出来事がやっぱりあって、その経過をお話したほうが早いのか」と言って、話をはじめたことがある。その時、私は、私があなたにとって「普通」の女性、つまり暴力の経験がない女性として映ったのだと感じた。その時、私のなかでは、調査者としての私が消え、女性としての私が現れた。そして、あなたが私を遠い場所に置いたと感じた。あなたと私の間に壁の存在を感じながら、私は、かろうじて、「じゃ、そちらを先に話していただけますか」と、あなたの話を促した。調査者としての私に戻ろうと、振り絞るように声を出している私を感じながら。

その言葉を待っていたように、あなたは、新婚当初からの出来事を途切れることなく語り始めた。あなたの語りにあらわれるいくつものエピソードには、夫の抱える問題と、その問題に対処しながら夫と自分の人生を常に立て直してきた「あなた」がいた。「物語世界」（桜井 2002: 128）と呼ばれる語りの領域である。しばらくして、あなたの話は、子どもが生まれた時期の出来事に移っていた。ふと、あなたは話をやめた。そして言った。「いいんですか、こういう話で」と。

確かに、あの時、私はあなたの話をただ聞くのみで、語りの統制権はあなたにあり続けるかのように見えた。そして、あなたの語る世界の外に置かれたように感じていた私は、あなたがふいに話をやめて発した問いに慌て、「ああ、どうぞ、続けて下さい」と、「調査者の自己」（Reinharz 1997:5）に戻って答えたのだ。実際、トランスクリプトを見直すと、あなたの語りに対して私の相槌は不自然なほど少ない。通常、エピソードとエピソードの間に入る関連質問もなされていないのである。そのときの感情を私は覚えている。疎外感。そして、私は、あなたのきっぱりとしたよどみない話し方に圧倒されていた。それを裏づけるかのように、私のフィールドノートには、あなたの語りを表す言葉として「仕事への自信、誇り」という文字がある。

そこで、あなたの語りのトランスクリプトに、私の感情を思い起こして重ねてみると、調査者である私は、いったんはあなたの語りから遠ざけられながら、私の不在に気づいたあなたによって、再びあなたの近くへ引き戻されていることがわかる。しかし、一見、あなたが私を遠くに押しやったり近くに引き戻したりしているこの場面は、別の見方をすると、私の沈黙があなたの「いいんですか、こういう話で」という一言を引き出したと見ることもできる。あなたに圧倒され調査者としての役割を放棄したかのような私が、あなたが一言を発するように無言のうちに場をコントロールをしたのである。そのことによって、私は調査者、あるいは場の統制者としての私の位置に戻り、あなたを語る人という「正常な」位置関係に戻したとも言えるのである。

あなたと私が、インタビューの場に何者として現れるかという問題が作り出す場のゆらぎは、次のような場面でも見ることができる。あるグループインタビューの時に、あなたは、机の上に専門書を並べていた。その時のあなたは、被害者として協力するというよりは、専門家として私たちの前に現れようとしたのではないだろうか。それとも、まるであなたを守る要塞のように積み重ねられた本は、あなたの不安を表すものだったのだろうか。いずれにしても、その時のファシリテーターは、あなたに「机の上の本をおしまい頂けませんか」と促した。おそらく、彼女は、あなたが他の参加者にとって異質な存在として映ることを恐れたのだろう。あるいは、彼女とあなたの位置関係がその本によってゆらいだと感じたのかもしれない。いずれにせよ、本をしまったあなたは、他の女性たちと同じ存在として位置づけられ、場のゆらぎがわずか数十秒のやりとりのなかで修正されたのである。

これらの場面では、調査者と協力者である二人の女性が、何者として現れるか、あるいは現れようとしているかが、両者の言葉の掛け合わせ方を通して明らかになっている。調査者と協力者の現れ方は、会話あるいはインタビューの統制権の移動（桜井 2002）、つまり、役割の移動あるいは変更として捉えることもできる。しかし、調査者である「私」が抱いた感情という要素を場の動きに重ねてみると、これらの場面で起きていることは、あなたとの距離、つまり、調査者と協力者の距離の伸縮のプロセスとして見るほうが適切であるように思われる。机の上に本を並べた女性の心情についても、専門家として現れたかった、つまり、ファシリテーターである女性への距離を短くしたかったというふうに読み取ることもできるのだ。

このように、まったく見知らぬ者としてインタビューの場に現れたあなたと私のやりとりを、あなたと私の間の距離という観点で見直すと、次の例は、あなたの経験やそのときあなたが抱いたであろう感情のなかに、私が引き入れられたと感じた場面である。

あなたの話を私が聞いたのは、私ともう一人のインタビュアーを含めて三人の女性が話をするには大きすぎる部屋だった。私と同年代のあなたは、暴力を振るう夫と同居を続けている。ということは、あなたが彼から暴力を受けている期間はかなりの年月になるはずである。私は、背筋を伸ばして座るあなたのたたずまいからは気配さえ感じられない身体的暴力がどのようなものか、具体的に話してもらおうとしていた。

しかし、私が、「その暴力ですけど、どういう？　殴るとか？」と問うと、あなたは、「結局脅しですよね」、「演技です」と言う。一問一答式のやりとりがしばらく続く様子をトランスクリプトで眺めると、どこにあなたの話をつなげていこうかとめまぐるしく考えながら、あなたの言葉を繰り返すことで時間稼ぎをしている「私」の心境が、寒々しく広い部屋の記憶とともに思い出される。

あなたと私のやりとりに澱みが現れ始めたとき、あなたは、私の問いかけに、「この辺を蹴ってみたりとかね」と、腰を指さした。私は、録音を意識してあなたの動作を言葉で拾い、「腰のところ……」と言った。すると、あなたは、「そう」と言って、「結局、女性は嫌ですよね、そういうことがはっきりしている訳ですからねえ」と、語り始めた。それは、夫が性的要求をしてくるときの暴力についてだった。

あなたの夫には、女性がいた。たしかに、あなたは、インタビューの開始直後、私が最初の暴力について尋ねたときに、「暴力、これは結局夫の女性関係」と言っている。たぶん、あなたは、夫の女性関係のことを最初に話したかったのではないだろうか。しかし、インタビューを統制する役目を意識していた私は、あなたのその言葉に対して「女性が他にいるということ」と確認するに留め、そのことがどのような身体的暴力につながるのかに話を向けようとしていた。その私を、あなたの語りたいことに向けさせたのが、「女性は嫌ですよね」という言葉で始まった性生活についてのエピソードであった。その語りには、「妻は嫌ですよね」、「そういうことに対して抵抗しますよね、誰でもきっとね。心情として、女はねえ」というように、聴き手の私がもつ女性としての経験に訴える言葉が何度も現れる。その時の私は、あなたに「ええ、ええ」と答えながら、あなたが、「女性ならわかる」という言葉で伝えようとした感情を、私のなかにある経験の引き出しをいくつも開くことで理解しようとしていた。女性の存在を隠すことさえしない男が求める時間をやり過ごさねばならない苦痛、身体も心もこわばる感覚が私のなかに現れる。自分以外の女性と関係を持つ男が求める時間を過ごすことは、その女性を自分の身体で感じざるを得ないことでもある。あなたに、「特定の女性?」と尋ねたのは、単に調査者の役目として事実を確認するためだけではなかった。

聞き手である私のなかにも同様の経験があるだろう、あるいは、関連する経験が理解のベースとしてあるでしょうと、語りのなかに調査者である私が引き入れられるこのような場面を、私はあなた以外の女性とのインタビューでも何度か経験した。ラインハルツは、このようにしてインタビューのなかで想起される自己を「持ち込まれる自己」(brought selves)としている(Reinharz 1997:5)。そのような時、インタビュアーである私は、一瞬のうちに女性としての自分の経験や感情を想起している。

ディヴォルトは、フェミニストインタビューにおける調査者の経験の重要性を論じた論文のなかで、リサーチャーである女性の経験が研究にもつ意味を、研究テーマの設定、聞くこと、記録、記述の四つのプロセスのなかで説明している(DeVault 1990=1999)。彼女は、インタビューを受ける女性たちの経験のなかには、言語化が難しい話題が多いことに注目し、言葉に表すことのできない感情や経験が「翻訳」して伝えられる傾向があることを指摘している(DeVault 1990=1999)。おそらく、夫から性的行為を求められる場面でのあなたの感情、性的な暴力の後のあなたの気持ちを語ることばをあなたは他に持たないのであろう。あなたによって「女性だったらわかること」としか示されない感情がどのようなものか、私は、自分の経験に照らして理解する。そして、翻訳されて伝えられた言葉の意味がわかったと感じたとき、私は、あなたにとても近いところにいる自分を感じている。

しかしながら、時には、どうしてもあなたの伝えようとすることがわからないままインタビューが終わってしまったこともあった。そのインタビューに現れたあなたは、私と同年代で既に離婚をしている。あなたの暴力の語りは、他の女性の語りとは異なっていた。テープレコーダーが回り始めるとすぐあなたは、夫とは、四百年前に敵味方の関係であり、その関係が生まれ変わりによって再現された結果、暴力が起きたという説明をし始めた。その場面をトランスクリプトで再現してみよう。

うちの主人は○○県人です。//＊：はあ//私のほうは東京人なんですよ。//＊：ええ//で、結局的になんかあのお坊さんとかそういう神様とかに頼むと前世のこととかもわかったりするんですけど、結局敵方だったらしくて。//＊：ああ//で、四百年前に戦争とかは終わっているんですよ。それで生まれ変わりって三百年ぐらいかかるらしいんですよ。で、前世三百年だと大体江戸時代ぐらい？//＊：ええ//じゃないですか。結局敵方同士で武士だから一緒になったらしくて、私たちが敵方だったので、結局顔を見ると憎たらしい。//＊：ふーーん//それを生まれ変わるから覚えていたらしいんですね。//＊：ふーん//で、一緒になった時は、あの、やっぱりその前世一緒になっていたから、懐かしかったらしいんですね。//＊：ああ//だからまた一緒になってしまったと。

このように、あなたの説明に少なからず困惑した私ともう一人の聞き手は、敵方同士の結婚だから顔をみると憎らしいのだが、生まれ変わってやはり昔一緒だったから懐かしくてまた一緒になってしまった、というあなたの言葉を受けて、一緒になった場所を尋ねる。しかし、どのようにして知り合ったのかという質問に、あなたは、夫は、神様に頼んで探させたらしい、と答える。私たちはますます困惑する。

こうして始まったインタビューでは、その後、夫が働かないことなど、生活の様子がわかってきた。また、あなたが既に離婚をしたこと、その離婚に際しては、あなたにとって非常に不利な条件を受け入れざるを得なかったこと、夫との生活では、借金も増え、あなたが働いてそれを返していたこと、そして、あなたの運命を見てくれる人が「別れたほうがいい」と言ったことで離婚したことがわかってきた。

しかしながら、夫との生活の困難を乗り切るには、神様の助言に従ったこととか、子どもを前世からのつながりで面倒を見てくれる人に預けたというように、神様の話や前世からの因縁と関連づけた話は、場所が転々と移動したり、複雑な人間関係が現れるなど、一度聞いてもすぐに記憶することができず、理解ができなかった。そのため、私は何度も「ごめんなさい。ものわかりが悪くて」とあなたに聞き直しをした。

そうこうするうちに、インタビューが中盤にさしかかった。

私は、あなたの話をどこかで聞いたことがあるような気がしてきた。ふと、あなたの話す世界が、『口述の生活史』（中野 1977）の松代さんが語る「稲荷さんの狐」の不思議な話にどこか似ていると思い当たった。そのことで、ようやく、あなたが助言を頼んでいた宗教組織が、あなたにとって唯一の援助者として位置づけられていることを把握した私は、この組織とあなたとのかかわりについて深く尋ね始め、長年にわたる結婚生活と暴力への対応の概要が、宗教との関連でわずかに見えるようになった。そして、インタビューが終わった。

しかし、それでも、私は、あなたの語りについては、半分も理解できていないという気がしてならなかった。あなたは、具体的な暴力の状況についてほとんど語らないが、生活の困難については多くを語っている。それだけで、調査目的の大半は達成されている。ところが、あなたが暴力について語った意味世界が私にはつかめない。そのような意味付けで経験された暴力があなたの「経験（experienced life）」であるから、そのように理解しようとしてもわからない。前世の生まれ変わりで、今、夫が暴力を振るうという、この特異な意味づけによって、あなたが語りたかったことを掴むことができない。私は、インタビューが終わった後も、あなたに近づけたと思えないままに、あなたのことが気になっていた。

何週間、あなたのことを考えただろう。ふと、前世の関係で暴力が現れているというあなたの話に似た解釈を私自身がどこかでしたことがあるような気がしはじめた。それは、大学からのバスの中で、隣に座った同僚に彼の研究について尋ねたときのことだった。彼は、日常用いている言語と五感の関わりを分析し、そこに現れた民族的特徴と遺伝的特徴の関連性によって、日本人の感性には、三つのタイプがあるという「日本人三重構造説」を提示している。つまり、私たちがどのタイプの感性をもつかは、遺伝子のなかに既に刻印されているというのである（望月 2001）。

私は、当時、いろいろな悩みを抱えていた。特に、自分の努力ではどうにもならない人間関係のこじれや離別が重なるなど、孤独感や無力感を感じていた。だから、彼の話を聞いた時、「一万年以上前に遺伝子に感性のパターンが刻印されているなら、人間の好き嫌いの感情もそれに左右されているということですか」と私は尋ねたのだ。その時のことを思い出した。彼は、どうしても理解しあえない人や、好意を感じる人というのは、感性の遺伝子の働きとして現れるかもしれないと答えた。バスを降りる頃、私は、かなり元気になっていた。仕方がない、今の私がいくら努力をしても改善されない人間関係もあるし、思う通りに運ばないこともある。それは、私のせいでも、他の誰かのせいでもない、太古の昔に刻印された運命だと。

あなたの語りの意味をつかむ手がかりが得られたことで、私は、あなたのトランスクリプトを読み直した。そうすると、「この時代に生きていたからこそ別れられた」と語り、離婚までの長い時間についても、「この○○年間かかったんですけど、全部、最終的にまるまるようにできていた、と、最初から」と語っているあなたの語りの裏に、そのように考えなければ、意味づけようのない暴力、やりきれない状況、気がかりが、見えてきたように感じた。

例えば、あなたは、「（夫は）自分のこと（ほんとうは）好きなんだなというのを非常に感じ」て生活をしていたと語った。しかし、お坊さんは、あなたの夫が「あなたのことを愛していない」と断言したという。あなたは、どのような思いでこの言葉を聞いただろう。「彼は私を愛していない」という事実を突き付けられたときのあなたの苦悩。「そんな筈はない。彼は私を愛している」という思いと「いやきっとそうに違いない」という思いの間をめぐる激しい感情をおさめるには、それが何百年も前の歴史的経緯だから仕方がない、と自分に納得させねばならなかったのではないだろうか。

また、借金をする夫に「もうやめて」と言えば暴力が振るわれる状況で、あなたが得た助言は、「逆らってはいけない」というものであり、「子どものことを先に考えなさい」というものだった。子どもの問題を片づけるためには、暴力を振う夫との生活を続けていかねばならない。愛情を感じあっていたはずの夫との関係が、なぜこのように辛いものになってしまったのか。考え悩むあなたは、かつて敵味方だったから仕方がないと考えることで、暴力と生活の困難を乗り越えてきたのではないだろうか。

5　聴くことと理解すること

あなたの前に座っていた私のプロセス、私の物語……。どこかであなたがこれを読んでいるとしたら、どのように感じているだろう。私のなかに次々に現れる異なる自己の物語。あなたの中にも、様々な自己が現れては消えたことを思い起こしたかもしれない。協力者、女性、被害者、告発者、母、娘、などなど。

インタビューの場で、刻々と変化する私の自己が、語り手であるあなたの言葉（しぐさやまなざしも）によって引き出されているように、実は、あなたの言葉（しぐさやまなざしも）に呼応して発せられる私の言葉（しぐさやまなざしも）もあなたの反応を導き出している。そして、おそらく、私たちのなかに様々な自己が現れるのと前後して沸き上がった感情や経験によって、私とあなたは、共に、互いを遠くに感じたり近くに感じていたのだろう。

私たちを反応させる互いの言葉には、意図によって仕組まれたものとそうでないものがある。少なくとも、調査者である私は、インタビュアーとして、意図的に相手の反応を引き出そうとすることがある。しかしながら、インタビューという「いま、ここ」であなたと向き合う私のなかに起きる感情や反応については、私が意識的にコントロールできるものではない。そして、意識の底から沸き上がる感情や経験によって、私は、私が対峙する「あなた」に否応なく接近したり離れたりしているのだ。このことを、鷲田は、まなざしの絡み合いや声が届くという自他との絡みあいとの関連で次のように述べている。

> わたしのことばが、そしてわたし自身のものでありながらそのわたしが意のままに制御することのできないわたしの表情が、他者の思いがけないことばを引きだし、さらには他者自身も気づいていない表情を誘い出す。そして、受容するのであれ反撥するのであれ、その反応のひとつひとつにふたたびわたしが反応する。このように、わたしと他者とは、ともにおなじひとつの現在のうちに繋留され、その〈共同の現在〉のうちでたがいにその存在を交叉させ、シンクロナイズさせあっているのである（鷲田 1999: 63）。

鷲田が〈共同の現在〉とよぶ場を、インタビューの場に見たててみよう。「繋留される」二艘の船が、ゆらゆらとした水の動きのなかで否も諾もなく近づいたり離れたりする光景は、「私」が、「あなた」に近づいたり離れたりする様と重なる。そして、「あなた」という舟に近づいたと感じたとき、私は、あなたの語る言葉だけではなく、あなたの感情の一部についてもより深い理解ができたと感じてしまうのである。

それは、デンジンも言うように、「他者の経験に入り込むこと」（傍点は筆者。Denzin 1989: 121）であり、たとえ一部であれ、「あなた」という女性と同じ世界を見たと感じる経験である。このような感覚を「オーバーラポール」として、危険視する見方もある。しかし、語り手の世界の住人の一人になったように感じることができた時が、インタビューの醍醐味を味わうときというのも事実である。理解とは、「他人の思考を過去時制においてとらえるのではなく、その生き生きとした現在においてとらえる」（シュッツ 1980: 151）ことであり、見たように知ることは、理解の位相のひとつである。

6 インタビューの困難

ある時は、都会の高層ビルの一室。また、ある時は、バイパスを走る車の流れが見通せるほどに広がる田園地帯の小さな建物の一室。インタビューの部屋にいる時間がたとえ半日であっても、あなたを待つ私にとって、その部屋は「私の部屋」、そしてあなたは、私の部屋の来訪者である。

あの時、あなたは、私の部屋を訪ねた訪問者の一人だった。インタビューを終えて、あなたを見送った後、私は、他のインタビュアーの女性たちとお茶を飲みながら、女性たちが書き残した感想や意見を読んでいた。ていねいな文字で書かれたアンケートを何枚か読み終えたとき、私の目に、「痛い」という二つの文字が飛び込んできた。そこには、「痛いほどの気遣いを感じました。もう少しさらっとやって下さってもよかった」という趣旨の言葉が書かれていた。弛みかけていた気持ちが収縮し、次いで大きな動揺が私のなかに生まれた。誰が書いたのか、誰にあてたものかは、特定できない。しかし、私は、私のことだと思った。

あなたは、痛かったのだと思う。あなたに向けられた私の視線と、少しでも動揺の表情が現れた女性には「大丈夫ですか」と言葉を向けたその声に流れる過剰な気遣いを。その調査の前には、インタビュー場面で起きる可能性のある問題にどう対応するかについての研修があった。「女性が感情を抑えられなくなったときにどう対処するか」、「誰かの言葉を非難する女性がいたらどうするか」というように、ロールプレイの中に想定された場面、想定された女性の行動、すべてが私にある構えを持たせていた。そして、あなたは、あなたに向けられた私の言葉やまなざしのなかにある配慮を、居心地の悪さを通りこし、痛みとして感じていたのだと思う。

あの時、私の視線のなかのあなたは、男性から暴力を受けた傷ついた被害者という存在でしかなかった。だから、私は、不注意な言葉があなたを傷つけること、女性である私があなたをさらに傷つけることを恐れていた。

だが、私は今、あなたへの気遣いがあなたのためだけではなく、私自身を守るためのものでもあったことを認めざるをえない。なぜなら、あの時、あなたの「痛い」という言葉によって私自身のなかに沸き上がった感情のゆれを振り返り、その出処を探っていくと、それは、あなたから「傷ついた」と言われることへの恐れが現実になったことで生じた動揺であり、あなたを傷つけたことで私のなかに生じた「痛み」の感情だったということが見えてくるからである。あなたを迎えることにぎこちない私。訪問者に過剰な気遣いをしていたあの時の私。それは、傷ついた者としてのあなたを恐れていた私、そして自分自身が傷つくことを恐れている私だった。

そして、私は今になって思う。あの時、私の目に傷ついた被害者と映っていたあなたは、もしかすると、傷つくことを恐れるという感情に耐える力を既に蓄えた女性だったのではないかと。

それでは、女性が他者を部屋まで招き、また、招き入れられるとき、そして、それが心地良いときは、どのような時なのだろう。それは、部屋の主にとっても訪問者にとっても訪問を侵入と感じないとき、つまり、交わり溶け合う関係を許してもよいと思うとき、あるいはその反対に、相手と自分が決して侵し合わない関係であると信じることができる時であろう。たとえ、実際には、そのどちらでもない曖昧な関係のままに招いたり招かれたりすることの方が多く、そのことでトラブルが起きることがあるとしても……。

女性が女性の部屋を訪れるとき、あるいは、女性が女性の来訪者を迎えるときを考えると、招くほうも招かれるほうも、相手への構えが低くなるような気がする。互いの同質性が異質な部分への意識を曖昧にし、両者の間にある境界線をあっという間に踏み越えてしまう。女性が女性を理解しようとするとき、このことと似た危うさが常につきまとっているように思う。

女性がもうひとりの女性の世界に近づくということにかかわる問題は、両者の関係に生じた親密さに起因する問題として論じられることが多い。それは、ある時には、親しいがゆえに得た秘密の情報を扱う際のジレンマであったり、親しい人の死を調査で得られたデータとして研究に使うことの心の葛藤（Stacey 1991: 113）のように、親しさが「搾取の危険性を高める」（DeVault 1999: 37）という倫理上の問題として論じられている。また、インタビューを許してくれた女性たちが、調査者である自分に対して無防備と思えるほどに多くのことを語ってくれたとき、罪悪感をもったというように（辻 2000）、あなたの世界へ「侵入」したことへのとまどいや罪悪感という感情として語られている。一方、インタビュアーが持つ信念や知識、経験が、協力者である女性と重ならない場合に生じる葛藤（Wasserfall 1993）のように、どうしても相手に近づけない、近づきたくないという思いがあらわれることも、相手の女性との関係性の変化にかかわる問題のひとつであろう。

しかし、インタビューというフィールドワークを通して起きる関係性の変化ではなく、解釈あるいは理解というプロセスにおいて、聞き手が語り手に近づいたと感じることで生じる問題もある。

「ドメスティック・バイオレンス」の被害調査で語られるあなたの生活の一場面、暴力が起きるときの音や光景、周囲や子どもの存在、時には、明日の仕事のこと、職場に及ぼす迷惑についての気がかりは、私をあなたの生活世界へ引きずり込み、緊張、無力感、悔しさ、恐怖、悲しさ、やりきれなさ、怒りなどの感情を私のなかに呼び起こす。私は、あなたの部屋の住人となったかのように、暴力を振るう男性と暮らす日々の困難、心配、恐怖、怒り、絶望、悲しみを感じる。そして、あなたの語りのなかに私が見たもの、感じたことは、私が後にあなたのことを書くときの材料となる。

暴力の擬似体験がもたらすこのような臨場感は、社会変革を志向する研究に携わる者にとって、変革を求める力となる一方で、記述の問題としてもあらわれる。その一つは、書き手の理解のフレームワークのなかで、情報の提供者であり現実の被害を体験している女性たちの声が、書き手の声、あるいは、ひとつの声にすり代わってしまうという問題である。たとえば、書き手である私が、あなたの受けた暴力やそこから生じる困難を、ジェンダー化された社会構造の下での支配と従属という文脈で理解し、その文脈で暴力を糾弾しようとするとき、あなたのなかには、そのような理論で女性の個々の経験が「ひとくくり」にされることへの抵抗がうまれる（二見 2000）。

また、語り手の女性の言葉や語った内容が、書き手の解釈に沿った言葉で表現されること、すなわち、表象の問題もある。岡野は、ことばの暴力について、「（略）あるいは、自分の語ったことばが自分の意図を越えて、または、意図を歪められ解釈されたりすることで傷つく」（岡野 2000: 186-188）と述べ、北川（1997）の次の記述を引用している。

> 直接的な暴力的言語行為は、たしかに瞬間的にわたしたちを傷つけはする。けれども、心理的な暴力となって深く浸透するのは［……］そのことばが暗示している不信の念や、他者の言葉に投影されたあまりにみじめな自分の姿が露呈されるときだ。（途中省略は岡野による）（岡野：187）

この指摘は、インタビューの場での調査者のまなざしだけが、あなたにみじめさを感じさせるのではないことを的確に語っている。かつて、私は、日本で行なわれた「ドメスティック・バイオレンス」の調査報告書の記述を分析し、女性の被害の経験が「傷」という言葉で表象され、援助の必要を訴えるレトリックのひとつになっていると論じた。そして、「傷つく女性」あるいは「痛む者」という表象は、治癒や回復という医療の対象としての女性というカテゴリーをうみ、そのような女性へのまなざしや態度が、女性を傷つけることもあると示唆した（高井 2000）。「痛む者」へ向けられるまなざしは、「痛まない者」の奢りを含んでいる。たとえ、それがどれほど優しいまなざしであっても。

では、あなたの経験した暴力被害という問題は、どのように記述されるべきなのだろうか。そもそも、それは、記述可能な経験なのだろうか。そして、この問いは、あなたは、暴力を果たして語ることができるのだろうかという新たな問いにつながる。

暴力を受けた女性の生活が困難や恐怖に満ちており、多くの女性が激しい身体的暴力を受けていることは、実際に語られている。しかし、私が行なった聞き取りのなかで、女性自身が、「傷」あるいは、「痛み」という言葉で暴力を語る例はほとんどない。激しい暴力は、「バーン」という音や、壁やドアに空いた穴、砕けたガラス、髪の毛をつかんでひきずられるというように語られることが多い。聴覚や視覚を通したこのような描写によって、聞き手は、語り手である女性が感じたであろう「痛み」を理解することができる。

しかし、暴力を受けるということは、どのような言葉でも表しきれない感情や感覚を経験することであるような気がする。かろうじて、「ショック」という言葉でしか語れない瞬間があること、否、そのような言葉でも表現し得ない経験があるような気がする。「ドメスティック・バイオレンス」であれ、レイプであれ、暴力を受けるということには、他者と共有できない感覚、言葉で表しえないがゆえに語られない感情があるかもしれないこと、そして、それが暴力を受けるということの重大な問題であることを、聴く者、書く者は心の隅においておかねばならない。

だが、理解は、私の経験のなかでしかうまれないということもあらためて確認しなければならない。理解とは常に、理解しようとする者による意味の再構成からしかうまれない。あなたを理解することは、私の主観的な営みであり、私にとっての「一つの経験」となっている（山鳥 2002）。「わかる」という心の営みを、脳科学は、「心理表象」という主観的現象を構成したものであると説明している（注：山鳥は「心像」という、より一般的な語を用いている）（山鳥 2002: 15）。

ドアを固く閉じた部屋のなかで、私は、ゆらゆらと、そして時には強い力で引きずられるかのようにあなたの世界に近づく。その時の私は、あなたの世界を垣間見ようとする訪問者であったはずなのに、気がつけば、あなたは、いつのまにか私の経験のなかに入りこみ、私の世界の住人になっている。「私のなかのあなた」になっている。

シュッツは、他者の経験を理解することを「近似値の理解」（1980=2000: 154）と呼んでいる。そのことを心に留めたうえでもなお、私は、私の経験のなかにいるあなたの姿、あなたの世界を見たままに書きたいという思いにつき動かされる。難しいラインの上にいる。

この困難ゆえに逡巡する私には、どのような選択肢があるのだろう。一つの道は、インタビューという手法を用いないこと、つまり、他者の経験を通してものを考えるという試みを諦めるという選択である。もう一つの方策は、私とあなたの時間を、できる限り詳細に再現したデータを検証することである。桜井は、語りを構築する相互行為のあり方への関心から、語りの内容、つまり、生活としての生や経験としての生が語られる領域と、語り手と聴き手のコミュニケーション過程があらわれる領域を区別し、前者（「物語領域」）を理解するには、後者のコミュニケーション過程のあり方を無視することができないと述べている（桜井 2002: 138）。「対話的構築主義アプローチ」（桜井 2002: 28）と呼ばれるこの立場は、語りの産出される過程を、語り手と聴き手両者の関係性や語りの構造という側面から明らかにする有効なアプローチである。

本稿では、このアプローチをとりながら、さらに、インタビュアーの「自己」に焦点をあて、聞き手の経験や感情を、コミュニケーション過程を作り出す要素として捉え直す作業を試みた。聞き手である私の経験や感情は、インタビューという相互作用の場に見え隠れしながら、語り手と聞き手両者の関係性を変化させる。接近と後退、重なり合ったと思えば離れ遠ざかる二つの世界、そしてそこに現れるさまざまな「自己」が、語りの場の変動の要因として作用している様が見える。

そして、この論考で私が特に強調しているのは、語られる経験、語られる世界の理解や解釈の資源でもあり、同時に、他者理解の枠組みとしてとり払うことのできない制約でもあるインタビュアーの経験や感情の存在である。ディヴォルトは、社会調査論のなかで、調査者の個人的な物語は、フィールドワークそのものに織り込まれた元糸の一つであるとしている。そして、調査者の個人的経験の多くが、実は、前書きや方法論のなかで触れられてはいるものの、調査者自身は、そのことに無自覚であり（DeVault 1997: 220）、社会学的な分析スキルを自分自身の経験の分析に用いることに不馴れである点を指摘している。さらに、そのような形で記述された調査者の個人的な物語は、調査者の権威づけや分析の正当性を示す働きをしてはいても、調査の核心にふれるものとしては位置づけられていないと述べている（DeVault 1997: 219）。

私は、私のフィールド経験を書くという作業をすすめるなかで、「あなた」についての記述なしには「私」についての記述が成立しないことをあらためて感じている。翻せば、このことは、「あなた」とあなたの経験を記述する際に、「私」の存在を排除することが、調査の客観性を担保するものではないだろうという問題提起につながる。

つまり、「私」と対峙していた「あなた」についての理解を記述するためには、私の存在を書き込むこと、あなたに近づいたと感じる私の存在を、あなたとの位置関係として明らかにする必要があるのではないだろうか。フッサールは、ふたりの空間的位置の「へだたり」を示すには、「ふたつの物体がひとつの視覚の場ないし触覚の場で輪郭づけられることが必要」（傍点は原文）（フッサール 1975: 172）であると述べている。「あなた」がいる風景に「私」の存在を書き込むこと、対象との距離を示すときには、手前に新たな書き込みを加えるという絵画の遠近法の技法が教えてくれることである。

理解や解釈のための資源あるいは制約として作用している「自己」の現れ方に意識を向けた分析と記述の可能性が見えてくれれば、私は、それを道標のひとつとして、インタビューの困難と向き合いながら、もう少し歩んでいけるような気がする。

7　おわりに

私は、このように書きながら、今一度、暴力を歴史的経緯として意味づけたあなたとのあのときのことを思い起こし、フィールドノートを眺めている。あなたとのインタビューから既に長い時間がたった。あなたの語りを私なりに理解できたと思ったあの日からも一年近くが過ぎ、あのときのあなたの輪郭は、すでにおぼろげなものになってしまった。しかし、窓がない部屋に座ったあなたの表情や穏やかで明るい口調は、私の記憶に未だ留まっている。

今、あの時のインタビューについて思い起こそうと開いたノートは、あの時の私が記したままである。あなたのページには、「入ってくるなり、『私は、お坊さんと神様に助けられた』『相手の考えていることや場所が見えるんです』」としか書かれていない。あなたの前後の女性たちについてのメモの分量に比べ、たった二行しかないあなたについての記述の後に広がる空白は、何を示しているのだろう。たしかにあの時、私は、インタビューを終えた疲れや睡魔と闘っていた。眠気でそのままになってしまったのだろうか。そのように、フィールドノートにひろがる空白の意味を考えていると、そこには、「あの時のあなた」ではなく、私が今迄気づかなかった「あの時の私」が見えてくる。

あの時のもうひとりの私。それは、あなたが、夫の愛についてお坊さんから直言を受けたと語った時の私である。それまで、あなたの語るエピソードを必死に追っていた私は、「お坊さんは、『彼が私を愛していない』と言った」とあなたが語った場面で、一瞬、あなたの表情を確かめようとした。そのことを、私は、空白のフィールドノートを見ながら思い出したのだ。

その時まで、私の頭上を飛び交うように感じられていたあなたの言葉の一つが、ふと、私のなかに落ちたその瞬間、あなたを斜めに見ることができる位置にいた私が向けた視線に、あなたが気づいたかどうかはわからない。あなたは、夫があなたを愛していないということを知ったことが、あなたにとってよかったと語り、私は、「(そうでないと) また同じドメスティック・バイオレンスのような男の人と一緒になってしまう」と続けるあなたに、「ふーん、そうかもしれませんね」と曖昧な相槌をうっている。そして、あの時、そう語ったあなたの表情に、翳りや曇りはないように感じながら、私はそのままインタビューを続けた。

今、こうして、「あの時」のことを思い起こしてみると、あなたの表情のなかに何かを見ようとして、一瞬ではあるが私の意識の在り処がずれたのは、男性との関係に感じていた暖かさや心の軽やかさが、いつしか石のように冷たく重いものに変わってしまったと知ったときの感情、心に深く澱むものとしてかつて私も経験したことのある関係の変化を、あなたがどのような表情で語るのか見たかったからなのだと思う。あなたの語りの意味がわからないままにインタビューを続けていた私が、あの時、あなたに少しだけ近づいたのかもしれないということを、私は今になって、私の目の動きの記憶と共に思い起こしている。

あの時、あなたの表情や言葉の調子に、私が想像した翳りの表情はなかったと思う。そのように思い起こすことで、あの時のあなたの心の在り処と私のそれとは大きく違っていたのだろうという理解が、現在の私のなかに生まれている。あなたの経験や感情は、既にあなたにとって語ることのできることになっていたが、私にとっては、まだそのようには語れないことだった。あの一瞬は、無意識のうちにあなたとの同一化を感じようとした私が、あなたとの離間を感じたときであった。

フィールドノートの途切れた記述とその後に続く膨大な空白は、あなたの語る世界のなかに巻き込まれながら、あなたに近づこうとしては、あなたを見失い、また引き寄せられてと、めまぐるしく揺れ動いた私の有り様と、そのことに疲れ、呆然としながらも、あなたの語りに魅了され圧倒されて電車のシートに身を沈めていたあの時の私を思い起こさせてくれる。

そして、今、もう一つの光景が思い出される。私たちのインタビューが終わろうとしているとき、あなたは、「（子どものことが）落着いたら自分のことも考えようかなって。それもまた全部決まっているんですけど（笑）」と語った。「老後のことは心配ない」というあなた。私もあなたの言葉につられ笑いながら言った。「まだ早いですよ」と。

そう、あなたと私の前にこれから流れる時間、もう少し先にある私たちの老後は、きっと心配ない。

謝辞　本稿は、筆者がこれまで関わってきた「ドメスティック・バイオレンス」被害調査に匿名で参加した女性たちとの出会いのなかで悩み感じた問題を記述している。特に、千葉県が行なった「ドメスティック・バイオレンス」の面接調査で出会った女性たちからは、ここでとりあげた問題を考えるための示唆をたくさん頂いた。同調査報告書の記述を引用させて頂いたことと共に心からお礼を申し上げたい。また神奈川県のS大学で、学生の皆さんから頂いた興味深いコメントの数々やご協力にも感謝したい。

引用文献

Denzin, Norman K. 1989 *Interpretive Interactionism*, Sage Publications, Inc.

DeVault, M.L. 1999 *Liberating Method*, Temple University Press.

—— 1997 'Personal Writing in Social Science', *Reflectivity & Voice*, Hertz, R. ed., Sage, California.

—— 1990 'Talking and Listening from Women's Standpoint Feminist Strategies for Interviewing and Analysis', *Social Problems*, Vol. 37, No. 1, Feb.

Fontana & Frey 1994 *Interviewing, Handbook of Qualitative Research*, Denzin.

二見れい子 2000「支援関係づくりのプロセスにこだわる——女性学をあらたな抑圧の道具としないために」(『女性学』vol.8、新水社)

—— 1997「自分癒しと真のシスターフッドを求めて」(『女性学』vol.5、新水社)

ギアツ、クリフォード 1996『文化の読み方／書き方』森泉弘次訳、岩波書店

フッサール、エドムント 1975=1999『経験と判断』長谷川宏訳、河出書房新社

川嶋瑶子編 1997『女性学ブックガイドII』高井葉子訳、三修社

北川東子 1997「解釈の暴力と解釈の『病理学』」現象学・解釈学研究会編

Krieger, S. 1991 *Social Science and the Self*, Rutgers University Press, New Brunswick, New Jersey.

—— 1985 'Beyond "Subjectivity": The Use of the Self in Social Science', *Qualitative Sociology* 8 (4), Winter 1985, Human Science Press.

—— 1983 *The Mirror Dance*, Temple University Press, Philadelphia.

望月清文 2001『二重構造の日本人』日本放送協会

内閣府男女共同参画局 2001『配偶者等からの暴力に関する事例調査』

中野卓編著 1977『口述の生活史』御茶の水書房

岡野八代 2002『法の政治学』青土社

「夫(恋人)からの暴力」調査研究会 1998『ドメスティック・バイオレンス』有斐閣

Reinharz, S. 1997 *Who am I ?*, *Reflexivity & Voice*, Hertz, R. ed. Sage, California.

—— 1992 *Feminist Methods in Social Research*, Oxford University Press, Inc., NY.

桜井厚 2002『インタビューの社会学』せりか書房

シュッツ、アルフレッド 1980=2000『現象学的社会学』森川眞規雄・浜日出夫訳、紀伊國屋書店

杉本貴代栄 1996「フェミニスト・リサーチの冒険」(『横浜市女性相談ニーズ調査報告書I』(財)横浜市女性協会)

Stacey, Judith 1991 *Can There Be a Feminist Ethnography?*, *Women's Words: the feminist practice of oral history*, Gluck & Patai (eds), Routledge, NY.

高井葉子 2000「ドメスティック・バイオレンスの社会問題化とエシックス」(『ジェンダー・エシックスと社会福祉』杉本貴代栄編著、ミネルヴァ書房)

—— 1997『女性問題キーワード111』国広陽子他共著、ドメス出版

—— 1994「アメリカの女性学を体験して——その視点と教授法」(『日米女性ジャーナル』第16号)

高橋りりす 1994「サバイバーはフェミニズム運動のネタにすぎないのか」(『女性学年報』第15号)

東京都生活文化局女性青少年部計画課 1998『「女性に対する暴力」調査報告書』

辻 智子、内藤和美 2000「フェミニストであることと研究者であること——個人史を題材に」(『女性学』vol.8、新水社)

鷲田清一 1999『聴くことの力』TBSブリタニカ
山鳥重 2002『「わかる」とはどういうことか――認識の脳科学』筑摩書房
Wasserfall, R. 1993 'Reflexivity, Feminism, and Difference', *Qualitative Sociology*, Vol.16, No. 1.
吉浜美恵子&ゆのまえ知子 1998『ドメスティック・バイオレンスに関するフォーカス・グループ調査』
―― 2000『日本人女性を対象にしたドメスティックバイオレンスの実態調査』「シェルター・DV問題調査研究会議」
吉浜美恵子 2000「〈フェミニスト・アクション・リサーチ〉と夫や恋人からの暴力に関する調査」(『日本人女性を対象にしたドメスティックバイオレンスの実態調査』、「シェルター・DV問題調査研究会議」)

参考文献

バフチン、ミハイル 2002『バフチン言語論入門』桑野隆他訳、せりか書房
バーガー=ルックマン 1977=1999『日常世界の構成』山口節郎訳、新曜社
DeVault, M. L. 1991 *Feeding the Family: The Social Organization of Caring as Gendered Work*, University of Chicago press, Chicago.
フリック、ウヴェ 2002『質的研究入門』小田博志・山本則子・春日常・宮地尚子訳、春秋社
片桐雅隆 2000『自己と「語り」の社会学』、世界思想社
メルロ=ポンティ 1974=2001『知覚の現象学2』竹内芳郎・木田元・宮本忠雄訳、みすず書房
Personal Narrative Group (ed.) 1989 *Interpreting Women's Lives*, Indiana University Press.
Strauss, A. & Corbin, J. 1998 *Basics of Qualitative Research*, Sage Publications, Inc.
菅原和孝 2002『感情の猿=人』弘文堂
Ellis, Carolyn et al. 1997 'Interactive Interviewing', *Reflectivity & Voice*, Hertz, R. ed. , Sage, California.
望月清世 2001「ライツトークの語れなさ」(『法の言説分析』棚田孝雄編著、ミネルヴァ書房)
竹原弘 1994『意味の現象学』ミネルヴァ書房
谷徹 2002『これが現象学だ』講談社
和田仁孝 2001「法廷における法言説と日常的言説の交錯」(『法の言説分析』、棚田孝雄編著、ミネルヴァ書房)
好井裕明/桜井厚編 2000『フィールドワークの経験』せりか書房

障害とジェンダーをめぐる複数の視線
——知的障害を持つ男性のセルフ・ストーリー

麦倉泰子

1 「聞き取り」の場から「からかい」の場への変化

1-1 調査者である「私」の戸惑い

「結婚したいな。だって俺さ結婚式出たことないんだもん。いっつも家で留守番。結婚式出て雰囲気味わいたいんだもん。だから俺出たいの結婚式」。

Y地域生活支援センターからの帰路の途中、駅に向かうバスの中で、偶然一緒になったAさんがぼそりと呟いた。障害がある兄弟の結婚式への出席を嫌う風潮があることは知っていたものの、実際に経験した人の口からそうした事実を聞くことは重い。とりわけ、それまでセンターの談話コーナーで交わしていた会話の中でAさんには他に四人の兄弟がおり、みな結婚していることを聞いていただけに、いずれの結婚式にもAさんが参加できなかったのだという事実に思い至り、その無念の程度がより大きく感じられた。このAさんの呟きに対し、私は頷くことしかできなかった。

私が知的障害をもつ人を対象としたY地域生活支援センターでAさんに出会ったのは二〇〇二年の五月のことであった。私はその前年に施設入所者へのライフヒストリーの聞き取りを行なっており、施設へ入所している障害当事者と地域生活をしている障害当事者との間に自らの障害に対するイメージや家族関係などに何らかの違いがあるかどうか比べてみたいと考えていた。そこで関東近郊のX市で活動するY地域生活支援センターに調査を依頼した。活動を開始して九年目になるY地域生活支援センターは他にいくつかの通所施設が入っている複合型施設の一階部分にある。私はここで「実習生」という肩書きを貰い、次々にやってくるメンバー[1]と自由に出入りすることができる談話スペースで雑談をしたり、ゲームをしたりしながら交流を深め、個別に調査をOKしてもらった人に対してはインタビュー調査を実施するということになった。[2]

この調査の過程で出会ったのがAさんであった。Aさんは現在四〇代で軽度の知的障害を持つ男性である。はじめはこちらから挨拶をしてもろくに返事も返してくれず、職員と話をしに行ってしまうという具合だったが、何回か顔を合わせているうちに自分の趣味のこと、家族のことなどを話してくれるようになっていった。冒頭のバスの中でのやり取りも、談話コーナーで一時間ほどオセロをしながら自分の趣味の競馬のことなどを話した後でなされたものであった。

このようにしてAさんの口から聞くことができた「結婚式出たことない」「結婚式に出たい」といった言葉からは、これまで多くの障害者とその家族が直面してきた「障害の遺伝」という根深い社会的偏見が垣間見えるとともに、そうした障害への偏見に対して、抗うことをせず、障害がある家族を隠すという方法で対処してきたAさんの家族の消極的な態度が伺われた。すなわち、「障害を持つことに対する差別」が明らかに読み取れたのである。

Aさんのこの語りを聞いたとき、私はその体験の重みに一瞬言葉を飲み込んだ。しかしそれと同時に、「聞きたかった言葉をやっと聞けた」というような調査者としての一種の達成感のようなものも感じていた。それは調査に臨む際に、「これまでの人生について自由に語ってもらう」というライフストーリーの手法を用いていたにもかかわらず、知らず知らずのうちに、「障害ゆえに差別された体験」を対象者が語るのを待ち構えていたという私自身の態度によるものであった。

桜井は社会的に差別を受けている集団に属する人に対して聞き取りを行なう際の調査者側の態度について、対象者の差別体験を聞こうとする志向性があることを指摘している。すなわち、差別体験に焦点を当てて対象者の語りを聞こうとすることによって、その集団を差別する支配的な言説の「差別‐被差別の文脈」(桜井 2002: 169) のなかに調査者自身も囚われてしまっているのである。「結婚」についてのAさんの語りを聞いたときに私が感じた密かな達成感は、こうした「差別‐被差別の文脈」が知らず知らずのうちに自分自身のなかに内面化され、差別体験を語る言葉を無意識的に期待していたことを如実に物語るものであった。すなわち、私は「障害者」としてAさんをカテゴリー化 (Sacks 1992) することによって、Aさんがそうしたカテゴリーにふさわしい行動を取ること、すなわち「差別体験を語ること」をAさんに期待していたのであった。[3]

Aさんに対する私の無意識的な「被差別者」としてのカテゴリー化は、そうしたカテゴリーでは捉えきれない語りに出会ったときに「戸惑い」となって顕在化することによって初めて意識化された。

何度か会う中でAさんと徐々に話をできるようになっていたため、調査の趣旨を話し、承諾を得てメモを取りながらインタビューをするようになっていた。その日は談話スペースにAさんの他にメンバーは誰もおらず、私はいつものようにノートを広げてメモを取りながらAさんの話を聞いていた。Aさんは二五歳のときに結婚しようと思っていた女性がいたものの、両親と担当のソーシャルワーカーと病院の精神科の医師が相談した結果、結婚を反対されたということを話し始めた。Aさんと結婚できないと知った相手の女性は「手首を切って死んじゃった」。そのためAさんは相手の両親から慰謝料を請求され、中学卒業から働き続け、職場である工場で出される昼食だけ食べ夜は食べずに貯めたという「百何万」の貯金から相手の両親に五〇万円支払う結末になった。

私はこの話を聞きながら、障害があるゆえに両親・専門職から結婚を認めてもらえず、結果的に悲劇的な結末を迎えた事例だと理解して、再び差別という文脈から解釈していた。しかしながら、この語りに続くAさんの次の言葉を耳にして、自分自身がそれまで行なっていたAさんに対する「被差別者」というカテゴリー化と、それに基づく「差別」という文脈からの語りの解釈がその場にあてはまらないものになっていることに気づき、戸惑いを感じたのである。

1-2 「からかい」の場への変化

Aさんは、「悔しいなあ、女の子が死んだのも悔しいけど、五〇万円が痛いよなあ。せめて三〇万円にしてくれればよかったんだよ。そうすれば一〇万円くらい他のところに使えたのになあ。ソープとか。ソープ行くとすっきりするんだよ」と語った。私は急に「ソープ行く」という予想していなかった言葉が出てきたため、面食らって「え?」と聞き返した。するとAさんは、そうした私の反応が面白かったらしく、「ソープ」がどんなところであるか、また自分が何回くらい通っているのか、値段の相場はどのくらいであるのかといったようなことを説明しだした。さらに、ソープの他に自分がよく休日に通っているというアダルト映画の話などを始め、私が曖昧な返事をしてお茶を濁していると、「知らないのー。行ってみればいいのにさ」と、そうした私の反応を茶化してみせたのである。ここでのAさんの語りの力点は、明らかに「障害ゆえに結婚できなかった」という差別の経験を語るという文脈から、風俗産業を楽しむ男性というジェンダーの文脈に移っていた。こうした語りの文脈の変化を引き起こしたものは、Aさんの私に対するカテゴリー化の変化によるものであったと考えられる。Aさんはそれまで「調査者」として私をカテゴリー化し、過去の自分自身の経験を語っていた。しかしながら、何らかのきっかけによってAさんは私に対するカテゴリー化を「調査者」としてのそれから「女性」としてのそれに変化させた。それによって「調査」という枠組みの中にある相互行為であったはずの私との会話を、「女性をからかう」というジェンダーの枠組みの中での相互行為に変化させ、「ソープ行く」というきわどい言葉を口にして私をからかったのである。しかしながら私の方は急にAさんから「調査者」から「女性」としてカテゴリー化されたことに戸惑い、次々に投げかけられるきわどい言葉にまごついてしまった。そして曖昧に返事をすることによってこの場をやりすごし、Aさんの話が二五歳のときの結婚の挫折という「本筋」に戻そうとしていたのである。

私のこうした態度は、一つには調査者から突然女性としてカテゴリー化されることへの抵抗感がなせるものであったが、もう一つには、ジェンダーの文脈から語られる「ソープ」についての語りを、本筋からの「逸脱」と見なし、差別の文脈にのっとった二五歳の時の結婚の失敗についての語りを「本筋」と見なす、私自身の「調査者としての視点」が頑なであったためであった。私は帰宅した後にメモを見直し、上のやり取りをもう一度見直すことによって、自分自身があまりにも差別からの文脈のみを重視する「調査者としての視点」に拘束されていたことに気づいた。

私の「調査者としての視点」が頑なであった要因の一つは、これまでの障害者の性・結婚についての先行研究が差別という文脈からの研究に集中してきたという事情にもよる。以下で若干触れておきたい。

2　障害者の性・結婚についてのこれまでの研究

知的障害をもつ人の性・結婚についてのこれまでの研究は、主に障害者の性に対する社会的な偏見と、それに基づく差別の「告発」という色彩が強いものであった。例えばヨハンソンとヴレンネは、知的障害をもつ人たちの性に対する社会的な見方として「純潔性」と「節度のない性」という相反する見方が存在してきたことを指摘している（Johanson and Wrenne 1980=1990）。すなわち、知的障害を持った人たちは身体的に成長しても性的には成長せず、性的な欲求がない「無性の存在」である、という偏見が親を中心として存在する一方で、場面や状況に対する配慮をすることなく「性的欲求を節度なく表現」する、放縦な性を持った存在として危険視されてきたという。知的障害者の性に対するこうした相反する偏見は近代社会において共通のものであり、各国で同様の偏見の存在が指摘されている（Craft 1983=1987; 河東田 1997）。知的障害を持つ人の性に対するこうした偏見は、結果として今世紀初頭からの大規模な施設収容と、大量の強制的な不妊手術をもたらした。

　こうした偏見とそれに基づく制度が変化を見せたのは、近年ノーマライゼーション思想が展開され始めてからである。周知のように、ノーマライゼーション思想の提唱者であるベンクト・ニイリエはその原理の一つとして知的障害を持った人の結婚などの「異性との生活」をノーマライゼーション原理の重要な一つとして含めた。しかしながらそれから約三〇年経ち、わが国においても障害をもつ人を対象とした諸政策の中に「ノーマライゼーション」という言葉が冠せられるようになった現在に至っても、障害を持つ人の結婚を取り巻く事情は厳しいままである。NHK厚生文化事業団が知的障害を持つ当事者を対象として一九九五年に行なった調査によれば、「将来いちばんしたいと思うことをお聞かせください」との設問に対し、「恋愛・結婚」と回答する人がいちばん多い一方で、実際に結婚をしている人は就労をしている人のうちわずか六%であることが報告されている。[4] この数字の少なさは、知的障害をもつ人たちが「恋愛」「結婚」というごく当たり前の希望を実現させていこうとする時に直面する様々な困難の存在を示唆している。さらにこうした結婚への困難にはジェンダー差が存在することが、調査から明らかになっている。河東田が一九八一年に行なった養護学校の卒業者を対象とした調査では、男性の方が結婚する率が低いことが報告されている（河東田 1981）。このことから障害を持つ男性の結婚への困難の方が大きいことが伺える。

　私の調査の計画もこうした知識を出発点とするものであった。知的障害がある男性は、結婚というライフイベントに関して、障害による二重の差別を経験している可能性がある。その経験の詳細を聞くことが調査の一つの目標であった。実際、Aさんの語りも、「その障害をいかに定義し、対処しようとしていったのか」という一つの時代における障害をめぐる知識と、それに基づく制度のありかたに大きく影響されている。しかしながら、社会的な障害と障害者の性・結婚への意味づけの側面のみに注目し、こだわることは、Aさんの語りの多様性・個別性を無視するという結果を招くだろう。デンジンが調査もまた一つの権力であると指摘しているように（Denzin 1989=1992: 31-2）、自身の調査がそうした差別の文脈の一つであることに無自覚であることによって、調査者の側の権力に基づいた解釈、記述による差別の文脈の再生産に寄与することとなるのである。

　本稿はまず、これまで主に差別の観点からしか語られてこなかった障害をもつ人の性・結婚が、当事者から見たときに多様な意味を持つことに注目し、障害を持つ当事者が語るセルフ・ストーリーに内在する視点の詳細を記述することを第一の目的とする。その際に、本稿ではこれまでの調査が前提としてきた被差別者‐抑圧者という視点を取らない。当事者からみたときに、ジェンダーは差別／被差別の文脈ではなく、周囲の人間との関係を記述するためのカテゴリーとなる。以下では、まず当事者がセルフ・ストーリーの中でいかに性別カテゴリーを利用して自分と他者との関係を記述していくのかを中心に見ていく。

第二に本稿はそうしたセルフ・ストーリーが調査者との関係の中で語られる相互行為である点に注目する。当事者はセルフ・ストーリーを調査者に語ることによって、何を意図しているのであろうか。こうした相互行為の中における語り手と調査者双方の視点を記述することを目指す。

第三として、こうした語り手と調査者の相互行為が行なわれる場であるY地域生活支援センターから見た、セルフ・ストーリーを語るという行為、聞き取るという行為に対する視点について記述する。そしてそこから伺われた、現在の福祉制度の中における「組織と個人」の間に存在する問題について考察を行なっていきたい。

3　「おまけ」感覚――Aさんのセルフ・ストーリー

以下で見るAさんの語りの中には特徴的な性別カテゴリーが記述の道具として使われている。通常「家族」という一つの枠組みの中でカテゴリー化が行なわれる際、「女の子」の対立項であるべき「男の子」というカテゴリーは用いられず、「おまけ」という言葉によって記述されている、というものである。つまりAさんの語りの中では、「男」というカテゴリーは欠損物として存在している。こうした「男」性の欠損としての「おまけ」感覚は二つの領域において語られる。一つは家族という一つのまとまりの中での「おまけ」の自分である。

Aさんは公務員の父と専業主婦の母のもとに、五人きょうだいの四番目として生まれた。Aさんを除くきょうだいは全員女性であり、Aさんは長男である。他のきょうだいはすでに結婚して家を出ており、現在X市内で両親と同居生活を送っているのはAさんだけである。現在の両親とAさんとの関係は上手くいっているとは言えない。関係の悪さを象徴するエピソードとして、Aさんは父親が、他のきょうだいに対する態度とは異なり、Aさんに対してだけ自身の戦争体験を頻繁に話すことを挙げる。こうした父親の態度はきょうだいのなかで唯一の男の子であるAさんに対して「男らしさ」を期待してのことであると推測されるのだが、Aさん自身は「僕に対してだけね、なーんかきついの」と話し、ストレスを感じていることを示している。さらにAさんの障害が原因となり、新興宗教に入信したという母親については「お母さんはね、宗教やってるからダメ」と語り、心理的な断絶が存在していることを示している。またきょうだい達に対しても、しばしば家に泊まりにくる際に「家をのっとられた」ような気持ちになると話し、圧迫感を感じていることを示している。こうした必ずしも良好とは言えない自分と家族との関係を記述するために、Aさんは特徴的なカテゴリーを使用する。

A：俺が、俺がおまけだから、女の子中心だからだめなんだ、俺んちは。女の子中心で回ってってからさ。

この語りの中では、家族というひとつのまとまりの中でのジェンダーについてのカテゴリー化は、男／女という対をなす形でなされるのではなく、「おまけ」／「女」という形で変則的になされている。そして「女の子中心」の家族の中で自分が疎外感を感じる理由として、「男の子」だからだめなんだ、とは語られず、「おまけだから」だめなんだ、と語られるのである。すなわちAさんにとって自分の「男」性は欠損物として存在している。すなわち家族の中で期待される長男としての「男らしさ」を十分担うことができない半人前の自分を示す言葉として「おまけ」という言葉は語られているのである。

こうしたAさんの「男」性の欠損としての「おまけ」感覚は何に起因するものなのだろうか。その手がかりは上の語りにすぐ続く次の語りにある。

A：女の子はさ、みんなさ、成績優秀でさ、だから（行政関係の書類を）何でも書くんだけど、俺は優秀じゃないから、だめなんだよ。優秀じゃない人は書かないんだってさ、書類はさ。だから、あの、いっぱいあるからだめなんだよ、お父さん。妹とかは、俺のぞいたみんなは普通の小学校とか出て、中学も行って、高校も行ったでしょ。だから俺だけそういうのはね、査定が怪しいからだめなんだよ。

これは父親が障害基礎年金の受給のための申請書類を行政に提出するのを渋ったため、四〇歳になるまで年金の受給ができなかったことを話しているくだりである。父親の自分へのこうした態度について、Aさんは家族の中で自分だけが「普通の小学校・中学・高校」に通っていない、すなわち知的障害を持つために特殊学級に通ったせいであると説明している。ここまで聞くことによって、家族成員の中の「おまけ」としての感覚が、自分自身の知的な障害が要因となっているとAさんが感じていることがわかる。すなわち「女の子」／「おまけ」という非対称なカテゴリー化はそのまま「健常者」／「障害者」というもう一つのカテゴリー化のメタファーとなっているのである。

障害を持つことから生じる家族成員の中の「おまけ」としての感覚は、Aさんの精神病院への入院という出来事をきっかけとして意識化されたという。Aさんは中学卒業後すぐに学校からの紹介でパン工場で働き始めたものの、三年目に職場の先輩と口論になったことがきっかけで解雇されてしまった。苛立ったAさんは父親と口論となり、その際に自宅の車を壊すなど、かなり暴れてしまった。その様子におびえた近隣の住民から警察に通報され、Aさんは精神病院への入院を余儀なくされた。解雇に端を発し、苛立って父親と喧嘩をするというどこの家庭にもありそうなこの出来事は、Aさんが障害を持っていたために、近隣の人間から危険視されたのである。両親はこの通報と精神病院への入院を止めようとはせず、またきょうだいはAさんが入院している間、一度も面会に来ず、さらに退院後も温かくは受け入れようとはしなかった。この経験はAさんの中に家族に対する強い不信を植え付けた。

＊：精神病院に入った時はお姉さんたちは来てくれた？
A：来てくれないよ。来てくれない。一生入ってればいいって、言った。
＊：一生入ってればいいって？　それは何番目のお姉さんが言ったの？
A：（・・・）お姉さんの心を読むの、分かってんの。俺が事件起こして精神科に入った時、あのね、分かったの。みんなの考えてること分かったの。なかなか、だって、いい目で見てくれなかった。だからさ、二〇歳ぐらいの時にちょうど僕が退院した時に、お姉さんたちがいい判断しなかったから、俺はもう必要ない人間だなって思ったの。
＊：お姉さんたちあんまり歓迎してくれなかったの？
A：うん。だからね、俺はね、いらない人間だなって思ったの。おまけだなって思ったの。

ここでも「おまけ」という言葉が使われているが、ここでは家族というひとつのまとまりの中に参入できない自分を表すことばとして「いらない人間」という言葉とともに使われている。ここから、精神病院へ入院し、姉との関係がうまく行かなくなることによって家族の中での「おまけ」という感覚が生まれたことが伺われる。

Aさんにとって「男らしく」あることと、「おまけ」感覚を払拭し家族の成員として認められることは同義である。それゆえに、まさに男性として一人前であることの証明となる「結婚」をすることによって、自身の「男」性の欠損を回復することを強く願っているのである。冒頭に示したような

「結婚」への希望はそうした感覚に基づく言葉であった。

結婚や、それに付随する子どもを作ることに対するこのような意味づけは、それが実現できない時、自分自身の「おまけ」感覚をさらに強く意識させる結果となることが以下の語りから分かる。

Ａ：ああー、俺早く結婚したいなー。

＊：結婚したらどうするの？

Ａ：うん？　子ども作る。

＊：子ども欲しいの？

Ａ：俺ね、妹の子ども見ててね、早く自分の子ども欲しいなと思って。だって今四〇代でしょ。だいたいあと一〇年経ったらさ、小学校卒業させたいなと思って。

＊：小学校卒業させたい？

Ａ：うん。小学校四年生くらいまで行かせたいなと思って。おれが五五くらいでね、上の子がね、小学校四年くらいにしたいなと思って。

＊：なんで？

Ａ：だってね、お姉さんの子ども見てるとさ、大学生じゃない。まずいじゃない。違う俺抜かれるのが、抜かれるのが嫌なんだよ。抜かれていくのが嫌なんだ。今、一番上のお姉さんの男の子に子どもできたでしょ。で、女の子も結婚して、まだ子どもはできてないけど、で三番目のお姉さんの子どももあと一〇年くらいで結婚するでしょ。抜かれていくのが嫌なんだ、俺。さらに三番目のお姉さんの子どもにも抜かれていくのかなと思って。それが嫌なんだよ俺。

ここで「抜かれていくのが嫌なんだ」という言葉の繰り返しによって示されている「結婚・親なりへの遅れ」に対する強い嫌悪感は、結婚というライフ・イベントを自分自身の「男」としてのアイデンティティ回復の重要な契機と位置付けているＡさんにとって、きょうだいのなかで一人だけ結婚できず、さらにきょうだいの子どもにまで結婚・出産において「抜かれてく」という経験が、自身の「欠損物」としてのスティグマ感情を強く刺激するものであることを示している。

また、Ａさんにとっての「結婚」の持つ意味は、これまで見てきたような「男」性の回復というだけではなく、極めて現実的な生活の不安にも直結しているものである。現在両親と同居するＡさんにとって、「親亡き後」の生活は大きな不安の対象である。

＊：何でそう思うの？　おまけって。

Ａ：だって、俺んち、そうだもん、お父さんとお母さんいなくなったら、野宿するんだもん。そういうことになってるんだもん。

＊：何で？

A：そういうことになってんの、俺は。だって俺んちさ、お姉さんとか妹とかが強くってさ、俺は野宿ってことになってんだよ。

＊：何で、そんなことになってんの？

A：だって、女の人の方が強いに決まってるじゃない、俺んち。

＊：え、なに、お父さんとお母さんが亡くなったら野宿なの？

A：そう。野宿って決まってんの。そういうことになってんの。家追い出されるんだもん、俺。

＊：誰かに言われたの？　それ。

A：いや、決まってるんだもん。だって、だってさ、俺があの家継ぐとさ、だいたいさ、見えてるじゃない、先がもう。だいたい。だって、俺のやってることからすればさ、見えてるじゃない、家乗っ取られること。だからさ、もうさ、ちゃんとしたお嫁さんが見つかれば乗っ取られないけど、だから早く五年くらいでね、早く、お父さんたちが生きてる間にね、お嫁さんを見つけないとどうしようもないなって。

精神病院への入院・退院時のいきさつからきょうだいを信頼することができないAさんは、現在同居している両親が亡くなった後に自分が「家追い出される」のではないかという不安を抱いている。その結果予測される「野宿」という最悪の状況を避けるためには、自分をサポートし、現在住んでいる家を「乗っ取られる」ことを防いでくれる力を持った「ちゃんとしたお嫁さん」が必要であると語るのである。ここで「ちゃんとしたお嫁さん」という言葉で語られているのは、ただの結婚相手としての「お嫁さん」ではなく、自らの地域での生活を守ってくれる「後援者」という意味合いを持つ存在である。Aさんにとって「結婚」とは、自分自身の生活の基盤を持つことを意味し、ひいては経済的な自立を果たし、欠損していた「男」性を回復し、家族の中での自分自身の立場を確立し、自分の「おまけ」性を払拭することを意味するものとして語られているのである。

このように、Aさんのセルフ・ストーリーのなかでは、「結婚」「恋愛」という言葉は、「おまけ」という変則的な性別カテゴリーを媒介して家族と自分との関係を記述するための言葉として機能していることがわかる。

4 「悲劇」のメタ・メッセージ
——関係性から生み出されるストーリー

自分自身を「おまけ」とするAさんのセルフ・ストーリーは非常に悲劇的である。が、同時にこの悲劇的なセルフ・ストーリーが調査者である「私」との関係の中で、「私」に対して向けられた言葉であることにも注目する必要があるだろう。悲劇を語る言葉のメタ・メッセージは何か。つまり相互行為としてセルフ・ストーリーを語ることの意味をここでは見ていきたい。

前述した「おまけ」感覚にもとづく「死にたい」という言葉に見られるように、Aさんの語りには「死ぬ」「人生やめる」という語りが反復して現れる。しかし、相互行為の中で、対話する相手が「死ぬ」「人生やめる」という言葉を口にした時に、「ああそうですか」で済ませられる人間はなかなかいない。「考え直せ」と言ったり、笑い飛ばしたりといったように、何らかの反応をすることが求められる。それは調査という相互行為においても同様である。私もそうした言葉が口にされる度に何らかの反応をしていた。以下はそうしたAさんと私の一連のやり取りの一つである。

A：もうね、この先ね、いいことなさそうだから、もうやめていこうかなって。穴掘って埋めちゃおうかなって（笑）。
＊：（笑）またその話。

ここではAさんは半分冗談のように笑いながら、「穴掘って（自分を）埋める」と言っている。そのため、私も受け流すことによって否定の意を示している。しかしながら、Aさんはそれに続く以下の会話で再び「人生やめる」とこだわることによって、会話の方向性を自分自身の悲劇の文脈に戻すのである。

A：（笑）見込みがないもん。この先さ、目標があれば風俗でも行ってもいいけどさ（笑）。
＊：ああ、目標。
A：何年後にさ、目標が経てばさ、風俗でもさ、競馬でもさ、行ってもいいけど、何か競馬もやる気なくなってきちゃってさ。競馬もそろそろやめようかなって。今年の有馬記念で。来年の三月にやめようかなって。三月俺の誕生月だから、三月でやめんのがいいかなって。年度末でちょうどいいかなって（笑）。
＊：年度末でやめてどうするの？

Ａ：で、一応有馬記念で競馬やめて、三月で俺の人生やめて（笑）、四月からどうしようかなって（笑）。
＊：Ｚ球団、四月からオープン戦全勝、とかなるかもよ。
Ａ：だって、今年だって四月、五月は良かったけど、六月からだめだったでしょ、ね。だめでしょ？　俺もね、もうそろそろ、三月までは頑張る予定なんだ。四月になったら、ハハハ。だいたい四月以降考えてないんだ、俺。四月になったら人生やめちゃおうかなって。
＊：そんな。
Ａ：だって、女性に恵まれなくて、デートできないからね、もうやめちゃおうかなと思って。三月まではとりあえずやろうかなって。あと半年は。半年でいいことなかったら、ほんとにやめようかなって。三月で。
＊：うーん。Ｋ先生とか泣いちゃうよ。Ａさん死んだら。
Ａ：でも、俺が死んだら平和だよ。きっと。

「人生やめる」というＡさんの言葉を受け流すことで否定の意を示した私に対し、Ａさんはいかにこの先の人生が絶望的であるかを繰り返し説明する。そのため、私は再びＡさんの好きな球団である「Ｚ球団全勝」という言葉を出してその言葉を否定せざるをえなくなっている。このやりとりにおいてＡさんは、「死ぬ」という言葉を出した時の社会的に求められる反応を利用し、会話をコントロールしている。このように、Ａさんの悲劇についてのセルフ・ストーリーは、対話の相手を自分自身のペースに巻き込むという機能を果たしている。

さらに、こうした自分の悲劇の要因の一つが「女性に恵まれない」「デートできない」ことであることが強調されている。このアピールの後に、「悲劇の語り」が、そのまま「デートの誘い」につながることもあった。以下は自分が精神病院へ入院し、拘束を受けた経験を語っている場面である。

Ａ：はあー。Ｈ精神病院よりね、Ｎの方がいいよ。あそこで、Ｎで縛られるのがいいな。それで看護婦さんと野球ゲーム〔野球拳〕やるの。
＊：うそ。
Ａ：ほんとだよ。やってくれたよ。点滴してる間。一日目はやったよ。引き分けだったけど。（・・・）麦倉さんさ、今度釣りバカ見に行こうか。
＊：ああ、釣りバカね。鈴木京香が出てるやつ。
Ａ：釣りバカね、石田えりが出てたときはみてたけど、浅田美代子になってから全然行ってない。
＊：石田えりの方がいいよね。
Ａ：うん。今、千円だからね。でさ、浜ちゃんもさ、石田えりじゃなくなってからおかしくなっちゃったんだよね。

＊：うん、ごめんね。Yの職員さんから利用者さんと個人的なお付き合いはしちゃいけないって言われてるので（・・）。ガイドヘルパーさんと一緒に行ってってことなんだと思うけど。

A：うん。あのさ、西武（ドーム）一緒にさ、行こうよ。

このように、精神病院での拘束という悲劇的な経験を語っていたAさんは、その話に聞き入っている私に対し、そのまま映画の誘いをしている。ここでは悲劇のセルフ・ストーリーを語ることは、明らかにメタ的な戦略として、女性に対するアプローチという側面を持っているのである。

このようなAさんと私のやり取りは、私たちの他者との関係一般を端的に示すものである。私たちは同じ他者と向き合っていても、性別カテゴリーの中でつながることもあれば、学校の友人や仕事の同僚といったカテゴリーでつながることもある。行為者はそれぞれ多様な選択肢の中で、その場に適切なカテゴリーを状況に応じて選び取るのである。性別カテゴリーを通じての他者との関係の記述も、そうした多様な選択肢の中の一つに過ぎないのであり、私とAさんとのつながりも潜在的に多様な記述の可能性を持ったものであった。

しかしながら、そうした「私」とAさんとのつながりは、基本的にはY地域生活支援センターを通して調整された時間内で、Y地域生活支援センターの敷地内でのみ行なわれるインタビューという枠内のものであり、調査者と被調査者という関係性を出ることはなかった。その理由の一つは、Y地域生活支援センターがそうした枠内でのつながりを要請したからである。次にこうした要請からうかがわれた、調査という相互行為に対する観察者の視点、すなわちY地域生活支援センターの視点について若干の記述を行なう。そこから、施設福祉から脱施設・地域福祉へと移行しつつある現在、知的障害を持つ人々の地域生活を専門の組織として支援することのなかに存在する、ある種の困難について若干の考察を行なっていきたい。

5　脱施設化の流れのなかで
――過渡期に立つ支援者と当事者

5-1　組織人であることと個人であることの間で

調査に入る際に、Y地域生活支援センターから、メンバーの方々と接する際の注意事項が細かく書かれている一冊のパンフレットが渡され、内容について説明を受けた。センター外での個人的な付き合いや、こちらの電話番号を教えることなどは慎んで欲しいとのことで、さもないと、メンバーの方々の公私の「けじめ」がつかなくなってしまい、個人的な電話が際限なくかかってくる可能性などがある、という理由からだった。このパンフレットは一般の方が「ヘルパー」としてセンターに登録する際に手渡されるものと同じものであり、同様の確認がなされている、とのことであった。

こうした対応は、センターを通してメンバーにヘルパーあるいは調査者という外部の人間を紹介する以上、責任を持ってメンバーを保護する、という観点からは当然であったかもしれない。しかしながらこの要請によって、より「多様なつながり」の可能性が絶たれたことも事実である。「調査者‐被調査者」という私とAさんとの関係は、こうした福祉制度のあり方によって規定されたものでもあった。

「制度内での私とAさんのつながり」のありようを象徴する出来事があった。六月にインタビューを行なったのちに、次のインタビューの約束を取ろうとしたところ、Aさんから野球のシーズンが終わる一一月になってから、というように言われた。私は当初の調査予定期間を過ぎてしまうため少々困り、他のメンバーへのインタビューを行ないながら、時々Y地域生活支援センターの職員にAさんから連絡はないか尋ねていた。すると、八月の終わりごろ、一人の職員の方から、「Aさん来てるんだけど、ちょっと今不安定で」と告げられた。詳しく尋ねると、Aさんが私と一緒にデートをするために出かけたい、と言っているとのことであった。私はインタビューの可否をY地域生活支援センターの判断にまかせた。その結果それから一ヵ月ほどたってからインタビューのセッティングが行なわれたのであるが、ここで象徴的であるのは、Y地域生活支援センターの職員が、Aさんのジェンダーの文脈からの「デート」という言葉を、知的な障害を持った人の情緒状態を表現する時によく使われる「不安定」という専門的な用語を用いて解釈し、記述し直した点である。ここには知的障害者福祉の制度が拠って立つ障害についての専門的な知識からの解釈というもう一つの文脈が存在し、そしてその文脈は当事者の文脈を退ける形で存在している、と私には感じられた。

こうしたセンター側の方針に、当初、疑問を感じずにはいられなかった。当事者の自己決定を重視する地域生活支援の中にあって、なぜこうした決め事をするのだろうか。どの人と、どのような人間関係を結んでいくのかは、人生における重要な決定の要素であり、それをパターナリスティックに決めていくことは、そうした決定のチャンスを当事者から奪ってしまうことになるのではないだろうか。

疑問を含む形で考察を行なった草稿を、公表前にY地域生活支援センターに確認を取る、という事前の取り決めどおり、センター側に渡した。数日後、Y地域生活支援センターから電子メールで連絡があった。そこでは、以下のような説明がなされていた。すなわち、個人的な付き合いを避けてもらっているのは、調査者あるいはヘルパーのことを考慮してのことでもある。知的障害をもつ方々は、「ほどほどの付き合い」というものが苦手であり、個人的な連絡先を教えたために、連絡が頻繁になったり、訪ねて行ったりしてしまうことがあり、結果的に相手から拒否され、傷ついてしまうことが多い。福祉機関の職員は「組織人」として関わっているのであり、個人的な付き合いをしているわけではない、とのことであった。

「個人としては支えきれないから、組織として支えている」という見解、そしてそれに基づく上述のような対応は、これまでの支援活動のなかから得られた経験的な知識に基づくものだと推測できる。障害のある人の日常生活を支援していくことを現実的に考えた時、個人的な人間関係に対する「自己決定」という原理・原則に、ある程度の「折り合い」をつけなければやっていけないのだ、というこの回答からは、「生活」という私的領域に組織的に関わることに存在するある種の困難が伺われる。

通常、障害がある人の生活に行政（あるいは行政から委託された福祉機関）が組織的に関わる場合、そこには支援を必要とする何らかの客観的なニーズが存在している、との専門的な判断が働いている。医学的な障害程度の判定、およびそれに基づくニーズの量の判断は、「誰が相手であっても同じ判断が出る」ということを前提とした、いわば匿名性を持つ専門家システムが行なったものである。[6] そして匿名性を持つゆえに「客観的である」との信頼を得るのであり、日常生活への介入が可能になる。しかしながら、そのようにして判定された結果に基づき、当事者のもとに届けられる福祉サービスが実施される場は、日常的な生活世界である。そこで供給される人的な福祉サービスは、「ヘルパーの誰々さん」「職員の誰々さん」といったように、それぞれ固有名詞を持ち、代替不可能な存在となる。抽象的な専門家システムに対する信頼は、個々の「誰それさん」との関係のなかでの親密性へと変わるのである。そこでは、個人的なつながりと、組織人としてのつながりとのあいだの違いは、当事者にとっては限りなく少なくなる。そうしたとき、個人的な付き合いを避け、徹底的に「代替可能な組織人」であり続けようとすることは、当事者に大きな不安と混乱をもたらすのである。以下で、こうした組織と個人の間に存在する困難に起因する当事者の不安について記述する。

5-2　専門職との関係のなかでの「おまけ」感覚

ここ数年のY地域生活支援センターとの関わりは、Aさんの生活に大きな変化をもたらした。Y地域生活支援センターからの働きかけによってAさんは障害基礎年金の受給を受けられるようになり、経済的に非常に安定した。こうしたことから、AさんはY地域生活支援センターを全面的に信頼するようになっていった。しかしながら、Aさんの父親が福祉職の人間に対して不信感を持っているため、Y地域生活支援センターから自宅に電話をし、取り次いでもらうことは難しい。そのため、Aさんが自ら来所するか、電話をかけるかしないと連絡が取れない状況である。こうした状況にもかかわらず、Aさんは自らY地域生活支援センターに一日一度電話をかけ、週に一度の来所することを続けている。このことからもAさんのY地域生活支援センターに対する信頼の度合いを伺うことができる。

Aさんの信頼は、上述したように、Y地域生活支援センターという組織に向けられたものであると同時に、個人的な親密さを持った特定の職員との人間関係に対するものでもある。「Y地域生活支援センター」という一つの組織体としてのシステムに対する「信頼」が、日々の支援活動における個々の職員との関わりのなかで、個人的な親密さを含んだ人間関係を継続することに対する期待をも含んだ「信頼」へと変化している、と言ってもいい。このような、個人的であり、親密な関係に対する期待は、職員の異動などの状況に直面し、継続不可能となった時、システム全体に対する信頼をも揺るがせる原因となるのである。

＊：Y地域生活支援センターに来てから、来る前と比べてどうですか？

A：うーん、Sさんがいなくなっちゃったのが痛いな。Sさんが子ども生まれたじゃない。休んでたじゃない。で僕たち知らないで、説明しないでD〔法人内の別施設〕に行っちゃったでしょ？ で来たら、Kさんいたじゃない。知らないで行っちゃったじゃない。そういうお話が、一言あってもよかったなって、ちょっと。

以上の語りからは、親しかった職員の突然の異動という事態に直面し、ショックを隠せない様子が伺われる。Y地域生活支援センターはより大きな法人組織の一部門であることから法人内での担当者の異動は頻繁であり、一人の職員と何年にも渡って継続した関係を維持し続けることは難しいという事情が背景にある。

また、Aさんは同様に、医療の専門職に対しても、個人的な親しみの感情を持つ。特に、眼科の女性医師であるK先生に対しては、恋愛感情に近い好意を抱いている。「女性に恵まれなかった」自分の人生において、「やっと会えた」人なのだという。しかし、医療においても、担当医師の異動は頻繁であるという。こうした専門職組織のありかたに起因する不安を、Aさんは次のように語る。

A：いいよ。俺K先生に、だってこの先二年か三年くらいで俺あの先生に捨てられるなーって思ったもん。三年後はもう、だいたいもう、Yの職員も相手にしてくれないし、三年後にリミット見たもん。みんな相手にしてくれなさそうだもん。俺の人生見たら。Yの職員もさ、俺はどうでもいいやってことになると思うもん。この辺でやめといた方がいいからさ。だから俺はもういいんだよ。いいとこでやめといた方が。三年後もう分かってんだもん。この辺でやめるのがちょうどいいんだよ。それでね、来年の三月頃やめんのがちょうどいいかなって。（・・・）で、K先生と一緒に自殺でもしようかなって思って。それが一番いいかなと思って。いい思い出を残して二人で死ぬと。K先生と。うん。だめかな。それが一番ロマンチックだと思うんだけどな。それが一番ロマンチックだと思うんだよな。そうすればもう俺思い残すことはないよ。やり残すことないもん、俺。障害基礎年金も降りたし。Z球団も優勝したし。思い残すことないんだよ。（・・）だから要するに俺はおまけなんだよ、いらない人間なんだよ、付録なんだよ。いいんだもう。

Aさんは Y地域生活支援センター及びK先生に信頼を寄せながらも、専門職組織の仕組みから、信頼の大きさゆえの別れを予測した大きな不安を抱くというアンビバレンスに直面している。特にK先生に対しては男性として恋愛感情を抱き、「一緒に死にたい」とまで口にしているものの、そうした希望はかなえられることなく、「捨てられる」と予測している。そして、家族との関係のなかで感じた「おまけ」としての感覚、すなわち一人前と認めてもらえないために他者と関係を十分に結んでいくことが許されない、という欠損感覚を、専門職との関係のなかにも見出している。そしてこの「おまけ」としての感覚は、Aさんの将来に対する展望の暗さをもたらしているのである。

5-3 「信頼」の問題
――これからの支援者と当事者の関係をめぐって

現在、こうした専門職組織と当事者のつながりのあり方を規定している行政制度は、移行期にある。国は、一九九五年からそれまでの施設中心の障害者政策を転換し、新しく「地域でともに暮らす」ことを合言葉に「障害者プラン――ノーマライゼーション七ヵ年計画」を実施し、具体的な数値目標を立てて障害者の地域生活の支援に乗り出した。この流れの中で、Y地域生活支援センターも地域生活における多様な需要により柔軟に対応するため、市の事業であるガイドヘルパー制度を委託された事業所の登録ヘルパーの活用を進めている。これにより、外出の付き添いなど、これまでY地域生活支援センターの職員が行なっていたために人員が足りず、なかなか細かい希望に沿うことができなかった支援が可能になってきたのである。しかし、こうした制度的な移行に対しても、Aさんは次のような思いを抱いている。

Ａ：僕はね、N病院とかでも職員についてきてもらいたいなって。ガイドヘルパーさんじゃなくて。だって今まで、N病院とかああいうの、職員さんに、Ｙの職員さんに付いてきてもらってたの。

このように、一見当事者に有益さをもたらすように思われる制度的な移行も、Aさんの目にはY地域生活支援センターの職員との個人的な関係を弱めるものとして映り、不安を抱く要因となっている。

以上のAさんの言葉は、個々の職員や医師といった個人的な人間関係について語られたものでありながらも、地域福祉への移行、福祉供給主体の多元化という制度的な過渡期に立つ一人の当事者としての一般性を持っている。過渡期のなかで、組織人としての支援者と、個人としての当事者との関係性もまた、変容を迫られている。そして、支援という行為において最も本質的な「信頼」という感情をどう位置付けるかもまた、今後の重要な課題として残されている。

6 エピローグ――「調査者であること」の権力性

以上のような考察を、再度Y地域生活支援センターに提出した。それから約一ヵ月たった後、Y地域生活支援センターから再び電子メールで連絡が入った。そこには、職員が「不安定」という言葉を使ったことに対する私の考察について、「真実でない」とし、「真実」のA氏の発言は次の通りであった、という内容が書かれていた。すなわち、「もう（調査者である私と）会いたくない。いろいろなことを聞かれるのは嫌だし、困ってしまう。彼女になってデートでもしてくれるのなら話は別だけど。自分では断りづらいので、Y地域生活支援センターの職員から、不調だとか停滞気味だとか、うまい事言って断ってくれ」とA氏が電話で職員に話した、とのことであった。私は、職員に語られたというA氏の発言を読み、私自身が「いろいろ聞く」ことに対して、A氏が不快な思いを抱いていたことを知り、少なからずショックを受けた。それは、現場に入っていき、個人的なことを根掘り葉掘り聞く、という行為自体を可能にしている、「科学」そのものが持つ権力性、さらにそれに拠って立つ「調査者であること」権力性

（Denzin 1989 = 1992: 31-2）に、あまりにも無自覚であった自分を、嫌というほど思い知らされる言葉であった。

しかしながら、同時に、このY地域生活支援センターからのクレームによって、様々なことが明らかになった。「不安定」という言葉が職員から出たのは、そうしたAさん本人の「不調」「停滞気味」という言葉を受けてのものであった、という事情を知ったのである。すなわち、Aさんは、科学という権力を背景にした、調査者としての私の行為に対し、同じく科学である心理学的な言葉を資源として利用することにより、対抗しようとしたのである。ここには、データを提供するだけの存在ではない、調査者との関係を能動的に構築していこうとする被調査者の姿がある。

さらに、重要だと思われる点が一つあった。それは、Y地域生活支援センターから告げられたA氏の発言そのものが、私が提示した解釈を読むことによって、「実は……であった」「真実は……であった」というかたちで変化している、という点である。すなわち、私がY地域生活支援センターについて、どのような解釈を行なう調査者であるのか、によって、提示される「事実」そのものが変化しているのである。

クレームを受ける、ということは、調査の鉄則である「ラポール」が傷ついた、ということである。調査者としての自分自身の未熟さが生んだ結果であったとも言える。しかしながら、こうしたトラブル状況に陥ったことにより、被調査者が調査者に語ることと、それ以外の人間に語ることが必ずしも一致しないのだということ、さらに、提示される「事実」さえもが相手との関係のなかで変化してしまうものである、ということを知ることとなった。「語られること」は、即事実、ではない。常に調査者 - 被調査者との関係を写し込んだかたちで存在する。こうした調査過程のポリティクス（桜井 2003: 466）に敏感であること、常に「私たちは人々にとって何者で」（ibid.）あるのかを明らかにしていくこと。そこからしか、被調査者からの反応に開かれることによって生ずる「調査の困難」を乗り越えることはできないのだろう。

注

1　Y地域生活支援センターでは、センターに相談にやってくるクライアントを指すのに、「利用者」という福祉施設の一般的な呼称を使わず、「より対等な関係を築くため」に「メンバー」と呼ぶ。

2　インタビューの記録の際には、Aさん本人から録音に対する同意を得た。また本論文の公表にあたっては、事前にAさん本人とお会いし、引用する会話の部分を読み上げ、さらにそれに続く解釈の部分も説明し、それぞれに対して同意を得た。

3　サックスは相互行為におけるこうした一連の定義づけの方法を「カテゴリー化」と呼ぶ。我々は他者と相互行為しようとするとき、性別や年齢、国籍などといったようなその他者が持つさまざまな記述可能性の中からその場面にふさわしいカテゴリーを選択する。さらに「赤ん坊」＝泣く、「お母さん」＝世話をする、といったようにそれぞれのカテゴリーの人間がするものと考えられる「カテゴリーに結びついた行動」の中から、その場の状況に応じて適切な結びつきを選択することによって、ある人の行動の意味を定義し理解する（Sacks 1992: 236）。

4　ＮＨＫ厚生文化事業団調査報告書 1996『知的発達に障害のある人たちの職業と生活に関する調査——本人よりの聞き取りを通して』

5　サックスはこれを成員カテゴリー化装置と呼ぶ（Sacks 1992）。

6　ギデンズが指摘するように、近代における社会制度は抽象的・客観的な専門家システムへの信頼に依存している（Giddens: 1990 = 1993）。

参考文献

Angrosino, Michael. V 1992 'Metaphors of Stigma: How Deinstitutionalized Mentally Retarded Adults See Themselves', *Journal of Contemporary Ethnography*, July: 171-99.

Craft, Ann and Craft, Michael 1983 *Sex Education and Counselling For Mentally Handicapped People*, D. J. Castello Ltd.（＝ 1987『精神遅滞児（者）と性教育』田川元康監訳）

Denzin, Norman K. 1989 *Interpretive Interactionism*, Sage Publications, Inc.（＝ 1992『エピファニーの社会学——解釈的相互作用論の核心』片桐雅隆他訳、マグロウヒル）

Giddens, Anthony 1990 *The Consequences of Modernity*, Polity Press.（＝ 1993『近代とはいかなる時代か?——モダニティの帰結』松尾精文・小幡正敏訳、而立書房）

Johansson, Evy and Wrenne, Hans 1980 *Forstands Handikapp Och Sex*, LTS Forleg AB.（＝ 1990『障害の自己認識と性——ちえ遅れをもつ人のために』大井清吉・柴田洋弥監修／尾添和子訳、大揚社）

河東田博 1981「障害児学級卒業生の結婚の実態」（『現代性教育研究』12: 38-43）

—— 1997「自己決定と結婚（性）支援に関する一考察——徳島県松茂町及び北海道伊達市の結婚カップルを対象とした調査を拠り所に」（『四国学院大学論集』、179-194）

Kleinman, Arthur 1980 *Patients and Healers in the Context of Culture*, University of Chicago Press.（＝ 1993『臨床人類学』大橋英寿他訳、弘文社）

小杉長平・大井清吉・河東田博共編 1976『ちえ遅れの子の性と結婚の指導』、日本文化科学社

ＮＨＫ厚生文化事業団調査報告書 1996『知的発達に障害のある人たちの職業と生活に関する調査——本人よりの聞き取りを通して』

Nirje, Bengt Normalization principle papers.（＝ 1998.9『ノーマライゼーションの原理——普遍化と社会変革を求めて』河東田博・橋本由紀子・杉田穏子訳編、現代書館）

Sacks, Harvey 1979 'Hotrodder: a revolutionary category' in Psathas G (ed), *Everyday Language: Studies in Ethnomethodology*, Irvington Publisher.（＝ 1987「ホットロッダー——革命的カテゴリー」（『エスノメソドロジー——社会学的思考の解体』山田富秋・好井裕明・山崎敬一編訳、せりか書房）

—— 1992 *Lectures on Conversation volume I & II*, Blackwell.

桜井厚 2002『インタビューの社会学——ライフストーリーの聞き方』、せりか書房

—— 2003「社会調査の困難——問題の所在をめぐって」（『社会学評論』53-4）

Shaw, Linda. L. 1991 'Stigma and the Moral Careers of Ex-mental Patients Living' in Board and Care, in *Journal of Contemporary Ethnography* October: 285-305.

「普通でない顔」を生きること
——顔にあざのある女性たちのライフストーリー[1]

西倉実季

はじめに——調査者のストーリーを問い返す

絶対に、男だから楽とか女だからしんどいとか、そういうことはね、絶対ないと思うんですよ。（Aさん）

あざとか傷とかそういうのがある人、そういうのがない人、美人であろうがなかろうが、あの、ここにはやっぱり一線があって。うん、ちょっと問題が違うかなみたいな。（Bさん）

あざのある女性たちのこうした語りを聞いたとき、私は「聞きたいことが聞けていない」と焦りを感じ、「このインタビューは失敗なのではないか」という不安に駆られた。それは、「あざのある女性たちに、これまで重ねてきたさまざまな経験を語ってもらう」というライフストーリー研究のつもりが、いつのまにか「あざのある女性であるがゆえに抱える美醜の問題」を彼女たちが語るのを期待していたという調査者としての私自身の構えによるものであった。「あざのある女性は（あざのある男性とは異なる）特有の経験を積んでいるはずで、それは美醜の問題に関係しているはずだ」。つまり私は、彼女たちを「美醜の問題を抱える女性」と見なしてしまっていたのである。

では、私のこうした構えはどこからきたのだろうか。まず第一に、インタビューまでに私が読んでいた本の影響が考えられる。そのうちのひとつに、生まれつき顔に血管腫がある女性による「女の価値は顔」という文章がある。著者の町野美和は、思春期の頃、顔に「醜い」あざがあることによって「女としての失格者との烙印を押されている」と感じていたという（町野 1985: 14）。「女としての失格者」というのは、「女の価値は顔の美しさ」「女の幸せは結婚、女は顔で選ばれる」という社会通念の外側に自分が位置しているという意識による。町野の文章は、あざのある女性にとって「女の価値は顔の美しさ」という価値観がいかに息苦しいものであるかを物語っている。女性にとっての美醜の問題に関心をもっていた私は、「あざのある女性は美醜の問題を抱えているのだ」と早合点し、[2]あざのある女性たちにインタビュー調査をしたいと思うようになった。とくに、顔にあざのある女性たちが、美醜の問題に対し、どのように向き合い、どのように対処しているのか聞きたいと思った。

第二に、彼女たちが所属するセルフヘルプ・グループに対して私が抱いていた印象も関係しているだろう。このグループが発足したのは、私が彼女たちにインタビューをした前年のことで、当時さまざまなメディアに取り上げられていた。私がその存在を知ったのも、ニュース番組を通してである。グループの世話人を務める男性たちは、顔をさらけ出し、彼らの顔に差別的な視線を投げかける社会を告発していた。それは私に言いようのないくらいのインパクトを与えたが、同時にひとつの大きな疑問が浮かび上がった。グループには女性会員もいるはずなのに、顔や名前を出し、自らの経験を語っているのはつねに男性である。女性であるということ、それが顔や美醜の問題を語ることを困難にさせてしまうのではないだろうか。とはいえ、女性であるがゆえの特有の経験があるのではないだろうか。私は、あざのある女性たちがどのような言葉を紡ぐのか、聞いてみたいと思った。

こうして顔にあざがある女性たちを「美醜の問題を抱える女性」ととらえ、インタビューに臨んだ私は、冒頭にあげたような語りに出会い、戸惑いを覚えることになる。あざのある女性が抱える困難の核心にあるのは美醜の問題であると構えていた私は、あざを美醜の文脈から切り離そうとする語りに当惑した。さらに、外見の美がとりわけ女性に求められる社会的状況では、同じくあざがあったとしても女性の方が困難を抱えているに違いないと思い込んでいた私は、「女だからしんどいということはない」という語りに拍子抜けしてしまった。「顔にあざや傷があることのつらさに男女差はない」というグループ内のモデル・ストーリー[3]の存在は知っていたので、女性たちはそれに支配され、個々の経験を自分の言葉で語ることができなくなっているのではないかとさえ思った。今となっては、自分の傲慢さがとても恥ずかしい。

調査者である私の構えをよそに、あざのある女性たちは、じつに多様なライフストーリーを語ってくれた。私は、それを聞きとめた者として、彼女たちがこれまで重ねてきた経験をていねいに記述していくことを本稿の課題としたい。彼女たちの語りは、顔にあざがあるために経験せざるをえなかった困難を中心に構成されている。そこでまずは、顔にあざがあることがどのような困難をもたらすのかに注目して彼女たちの語りをみていく（1節）。次に、そうした困難に対処していくための彼女たちなりの〈戦略〉をいくらかでも描き出していきたい（2節）。あざのある女性たちは、日常生活において大きな制約を受けているが、こうした制約の只中で、あるいはそれを超えて行為を行なっている。〈戦略〉という視点の意義は、こうした側面をライフストーリーから読み取る素地を用意することにある。これらの試みは、調査者としての私の構えを解きほぐしていく道程ともなることだろう。

1　あざがもたらす困難

なんで自分だけ、なんで私だけ（Aさん）

Aさんは、近畿地方に住む二〇代の未婚女性である。生まれつき右の頬に単純性血管腫[4]があったAさんは、中学に入学すると「カバーマーク」[5]と呼ばれる化粧品を使いはじめた。大学一年で最初の手術を受けたのを手始めに、これまで合計九回の手術を経験している。手術によってあざはほぼ取り除くことができたが、今度は頬が腫れるという後遺症を抱えることになった。手術の傷跡と取りきれなかったあざが残っているため、現在もカバーマークを使っている。

状況を変えたい

Aさんは、推薦入試で大学進学が決まっていた高校三年の秋に、自分のあざが取れるのかどうかを確かめたくて、親に相談することなく「一人で勝手に」大学病院の皮膚科を訪れている。

Aさんが受けた手術は、顔に生理食塩水入りのエキスパンダーという風船のようなものを入れて皮膚を伸ばし、伸びたところの皮膚をあざを切り取った部分に移植するというものだった。皮膚を伸ばすのに一回、あざの切除と皮膚移植に一回と、本来ならば二回で終了するはずの手術が、医師の手違いで合計四回を要した。また、詳しくは後述するが、Aさんはこの手術によってあざを切除したところの皮膚が腫れるという後遺症を抱えることになった。大学卒業後、Aさんはこの腫れを解消するための手術を受けている。

合計九回もの手術の時間と費用、そして何よりAさん自身の身体的・精神的負担は相当なものだっただろう。そのあたりを聞いてみると、「今の状況を変えたいっていう思いがすごい強かったから、だからたぶん、その次の手術、次の手術ってたぶんいけたんかなあって思うんですよ」という答えが返ってきた。そうした「今の状況を変えたい」という強い願望が生じた背景について、Aさんは次のように語っている。

Ａ：今の状況を変えたいっていうのは、結局、日常生活のなかで、あの、今でもそうなんですけど、人の視線を感じるとか、化粧にすごく時間がかかるとか、そういう毎日の小さいことの積み重ねが、もう何年も何年もずっと積み重なってきてたわけじゃないですか。一番最初の手術するまでも、私は中学から六年ぐらいカバーマークして、毎朝三〇分かけて化粧してたわけじゃないですか。中学・高校で化粧なんてしないじゃないですか。したとしてもね、あの、ちょっとポイントメイクっていうか、ちょっとまゆ毛書いたりとかね、口紅塗ったりとか、そのぐらいで済むじゃないですか。それをね、なんで中学生・高校生がね、朝起きて三〇分もかかって化粧をね、しないといけないのかなって。それはもちろん、自分のあざを隠すためには必要なことなのかもしれないけど、ずっとその、自分だけなんでこういうことをしなあかんのやろっていうね、なんで自分だけ、なんで私だけってそういう思いがずっとあったんですよ。そういう思いがずっと積み重なって、私の場合たぶん、手術っていう手段を選んだと思うんですけど。

＊：みんなはしなくていいのに、みたいな？

A：みんな普通にね、普通の顔をもってて、あの、普通に生活してて。

Aさんは、本来ならば「勉強とか友達と遊ぶとかクラブとかに一番神経を集中させる時期」である学生時代に、自分は顔のあざに神経を張らなければならなかった「悔しさ」を振り返る。「普通の顔」でないためにつねに視線を受けたり、化粧に手間がかかるなど、他のみんなのように「普通に生活」できないことが「ずーっと悔しかった」という。顔にあざがあることで、自分はいかに「普通の人」と違う日常を生きなければならなかったか。Aさんの語りは、こうした理不尽さに対する「納得でけへん思い」の表明として理解できる。なかでも、あざに注がれる視線については、インタビューのなかで何度か語られている。

視線って、うーん、普通に会話してるときでも、まあ、とりあえず相手に興味があるっていうことで相手に合わすじゃないですか。会話するときでも。で、それはあざがあるないにかかわらないんですけど。普通の人と普通の人がしゃべるときはそうなんですけど。あの、私ら当事者の場合に受ける視線っていうのは、うーん、とくに自分の友達とか知り合いでない限りはね、ある意味、その、興味本位のね、視線やと思って私は間違いないと思うんですよ。それは私の思い込みかもしれないんですけど。やっぱり興味がある、興味があるだけやったらいいんですけど、悪意があるっていうか。その、明らかにね、その、差別的な視線っていうか。

ここでAさんは、「普通の人」同士が向け合う視線と、彼女たち「当事者」に注がれる視線とを区別している。前者が「相手に興味がある」ことを表すものであるのに対し、後者は「興味本位の」視線である。またAさんは、彼女たち「当事者」が視線を受けることについて、「テレビに出てる女優さんとかが視線を受けるのとまた違って」と語っている。女優はたしかに「普通の人」ではない。ときに「興味本位の」視線を受けることもあるだろう。しかし、それはあくまで好意的なまなざしなのだ。それに対し、Aさんが受けるのは「悪意がある」「差別的な」視線である。Aさんによれば、「人の視線って、言葉よりもね、ある意味きつい」。「視線でね、この人は何を言いたいんかなっていうのをね、自分でこう、推し測るっていうか、そういうことをするのがすごいしんどい」のである。顔のあざに注がれる視線は、否応なしに、Aさんに自己が何者であるかを確認させる日常的な経験となる。Aさんにとって、視線は言葉よりもはるかに雄弁なのだ。

恋愛は一番いい薬

セルフヘルプ・グループの男性会員と飲みに行ったとき、彼が「(グループのなかで)男性と女性やったら女性の方がたぶんつらい」と話したという。これについてAさんは、「納得できへんなって今でも思って」いる。というのは、第一に「同じ△△の会員であって、結局そこに差別、差をつくるやんか」という疑問からと、第二に彼女が積んできた経験に照らして「ちょっと違うやろ」と感じたからである。Aさんは「合コン」を例に、「女の人ってこうね、見た目が重視されるっていう、たぶんそんな風潮がある」と語り、男性会員もそのような意味で「女性の方がつらい」と話したのだろうと想像している。

だけど私は、あの、なんていうんやろ、今まで、その、なんやろなあ、たぶん恋愛とかも何人かと付き合ってきて、う～ん、私が今まで付き合ってきた男の人っていうのは、その、見た目もあったかもしれへんけど、見た目で、まあ最初ね、会ったときに、「いや、なんかちょっと、普通と違うな」って思ったかもしれへんけど、話してるうちに、なんか別に、なんやろなあ、あの、内面的な部分で好きになってくれはったんかなあって思うんで。だから、なんていうかなあ、必ずしもみんながみんな、すべての男の人がそういうふうに外見重視する人ばっかりじゃないっていうのが自分でわかってたから、たぶんそれでちょっと、その言葉に反発覚えたんかなあって思うんですけど。うん、なんか、ちょっと納得いかへんもんがあって。

あざがあるから「恋愛できへんのちゃうかとかそういう気持ち」はAさんにはもともとあまりなく、「どっちかっていったら積極的」なタイプだったという。また、実際にいくつかの恋愛を経験し、そのたびに化粧を落として相手に素顔を見せている。Aさんは、顔のあざを「そのまま受け入れて、認めてくれる人」との恋愛経験のなかで、「ある程度、やっぱり女に生まれての自信やないけども、あの、そういうのがやっぱり生まれてきたと思う」と語っている。Aさんにとって男性会員の言葉は、彼女が積んできたそうした経験にてらして「納得いかへん」もので、「反発を覚えた」のである。

Aさんによれば、「顔に障害がある」ということで「一番ネックになる」のは、「恋愛」であり「異性との関係」であるという。セルフヘルプ・グループにも、恋愛経験がなく、自分がその対象にならないのではないかという悩みを抱えている人が多く存在するという。それに対してAさんは、「外面じゃなくて内面で見てくれる人が絶対いてるはずや」と思っており、実際にそういう人との恋愛を経験してきたために「どっちかっていったら楽天的」なのである。自分に「自信をもたせるために」「恋愛は一番いい薬」というわけである。

「(同じように顔にあざがあるとしても)男性と女性やったら女性の方がたぶんつらい」と言った男性会員はそもそも、どのような場面で「女性の方がつらい」のかにはふれていない。にもかかわらず、Aさんが「恋愛」や「異性関係」においてと「女性の方がつらい」という意味の言葉として受け止めたとするなら、あざのある女性にとって「恋愛」なり「異性関係」が切っても切れないテーマであることがうかがえる。Aさん自身は、彼女の経験を語ることで「あざがあると女は恋愛が難しい」という通念に抵抗しているのだが、そのことがむしろ、あざのある女性が抱える困難として「恋愛」や「異性関係」の比重の大きさを物語っているように思う。

見た目のことに振り回されてきた(Bさん)

Bさんは中部地方に住む四〇代の未婚女性で、パートタイムで働いている。生まれつき右目の下に単純性血管腫がある。高校時代から何度か治療を試みているが、医師への不信感や副作用の心配などが原因で、現在は通院や治療はしていない。

化粧の功罪

高校時代、Bさんは自分の意志で治療を希望するが、医師から今の技術ではあざを完全に消すことはできないと宣告される。高校を卒業して以来、Bさんはカバーマークを使い続けている。大学時代に再度治療を試みるが、思うような効果が望めず逆に副作用が生じたことや、医師から納得のいく説明が得られなかったことが原因で治療を断念している。このときの気持ちをBさんは、「自分ではそのとき、気持ちのうえで受け入れるっていうか、もうこれで治療はいいって思った」と振り返っている。以下はこれに続く語りである。

だけど、治療はいいんだけど、そしたらそこで気持ちを切りかえて、あの、今までとは違ったふうに、あの、生きるっていうか歩めたかっていうとそれとこれとは別っていう感じで。結局その前からメイクしてたんで、高校卒業してからメイクはじめて。メイクをするとすごくあの、一瞬はすごく楽になるんだけど、やっぱりあの、なんていうか、メイクをするっていうことはメイクを取るっていう瞬間もあるわけで、なんかそのあたりの切り替えがうまくできなかったっていうか。△△の女性会員の人も言うけれど、やっぱり隠してるっていうか、まあ、隠してることには変わりはないんだけど、なんかこう後ろめたさみたいな罪悪感みたいなのももつ人もいる。罪悪感といえば罪悪感だし、後ろめたさといえば後ろめたさなんだけど、なにかなあ、やっぱり隠してるっていうことなのかなあ。

化粧であざを隠すことの「罪悪感」は、インタビューのなかで何度か語られた言葉である。それは、本来ならば隠さなくてもよいあざを隠すBさん自身に対する「罪悪感」であり「もどかしさ」だという。Bさんが化粧であざを隠そうと思ったのは、「そのままの顔で出て行くことの生きにくさ」を感じたからである。けれども、「なんでそんなに隠してコソコソするのか」と「そう思うもうひとりの自分がいる」。

化粧をしていれば、視線を受けることなく「普通の顔」として「普通にやり通せる」。しかしそのぶん、「楽な方に流れていってしまって」自分のあざに「対面しないで」すませてしまったとBさんは振り返る。それをBさんは「化粧の功罪」と表現している。

あざのあるなしにかかわらず、多くの女性が化粧をする。より美しく装うための化粧か、コンプレックスをカバーするための化粧かはそれぞれ人によるだろうが、私たちははたして素顔に「向き合っていない」と「後ろめたさ」や「罪悪感」を感じることがあるだろうか。「メイクをする」ことと「メイクを取る」ことの「切り替えがうまくできない」と悩むことがあるだろうか。そう考えると、「もって生まれた顔」と化粧した顔とのあいだをストレスなく自由に往来できることは、「普通の顔」をもった者の特権なのかもしれない。

結婚はできない

「引っ込み思案になるとか、全然そんなことなく」「本当に普通に」暮らしてきたBさんがあざを気にし出したのは、思春期のことである。「年頃」を迎え、異性に対して自信がもてないことが、Bさんに顔のあざを強く意識させるようになった。また、この頃から「何となく漠然と」「結婚はできない」と思っていたという。[6]

Bさんは、セルフヘルプ・グループを通して、あざがあっても恋愛や結婚を経験した女性と知り合う。近所のスーパーでは、親子連れのあざのある女性を見かけるという。そうした女性たちの存在は、「顔だけで女性を選ばない」男性がいることをBさんに認識させている。また彼女自身にも、あざがあることを承知でプロポーズしてくれた男性がいたことを語ってくれた。それでもBさんは、「結婚はできない」という思いを捨てられなかったのである。

B：私なんかやっぱりね、もうね、男性はきれいな人の方がいいに決まってるっていう強い思い込みがあって。だから、自分に自信がないのね。そういう意味ではね。

＊：あざがあるっていうのは、Bさんのなかではきれいじゃないってこと？

B：うんうん、そうそう。

＊：きれいっていうのは、美しいとかそういうことですか？

B：うん。そういう意味ではやっぱり、うーん。自分はその、見た目だけじゃないんだけど、だから自分のなかの内面とか能力とか才能とかそういったものをどんどん自分で磨いていって、それで勝負すればいいのかもしれないけど。たとえ私がすごい優れたものをもっていたとしても、たぶん私は引け目に思うタイプなんだろうなあっていうか。見える表面的なところで、なんかこう。

＊：男性がきれいな人の方がいいんだろうなっていう気持ちって私もすごくわかるんですけど、でも、あのー

B：やっぱり、うーん。そういうふうに思う自分もなんか悔しいなっていうか、なんか女性を、よく女性ってミスコンとかあるので、女性は商品じゃないんだとかそういう意見ってあるでしょ。だから、自分も別に商品じゃないんだから、たとえ見た目がそういうのであってもそれはそれっていうことで、他のところでカバーするとかそういうふうにやればね、いいわけで。そういう方法もあるわけで。だけど私はなんか、うーん、すごくこう、表面的なことに振り回されている自分が情けないなあっていうか。そういう思いと、でもやっぱり自信ないなっていうのと、その両方の気持ちのなかで揺れているっていい

うか。

Bさんが「自分に自信がない」のは、「男性はきれいな人の方がいいに決まってる」という「強い思い込み」のせいである。ここで興味深いのが、Bさん自身、それが「思い込み」だと自覚しているという点である。Bさんはまた、「見た目」ではなく「内面とか能力とか才能」で「勝負する」やり方があることを語っている。自分の「思い込み」だとしても、「（見た目以外の）他のところでカバーする」やり方があるとはわかっていても、Bさんは「結婚はできない」という思いを捨てることができない。「美しさに対する基準」を用いて、あざのある顔を「普通じゃない」「きれいじゃない」と「知らず知らずのうちに自分で計って」しまう彼女は、恋愛や結婚に「飛び込んでいけない」のだ。「美しさに対する基準」がいかに強固なものとしてBさんに経験されているか、あざのある顔はその「基準」からいかに外れたものとして彼女に感じられているか。Bさんの語りからは、そうしたことが読み取れる。

あざのある顔は私じゃない（Cさん）

Cさんは、中部地方在住で生命保険会社の営業の仕事をしている四〇代の女性であり、二人の娘をもつ母親でもある。四年半前に離婚しており、現在はシングルである。

Cさんの大田母斑[7]とよばれるあざは生まれつきではなく、高校一年のときに突然出てきたものである。その当時は医師に治らないと宣告され、治療を諦めている。それから月日は流れ、夫と別居中であった四〇歳のときにレーザー治療のため美容外科を訪れている。その後、大学病院に転院し、現在は完治している。

この顔、私じゃない

Cさんの顔にあざができてから四〇歳で治療をはじめるまで、およそ二五年が経過している。それは、あざが出てきた当時は有効な治療法がなかったためであり、Cさん自身が結婚や子育てを経験して「くよくよ思ってる暇もなかった」ためでもある。四〇代を目前にして、Cさんは肌の衰えを実感しはじめる。シワが出てきたことで、カバーマークが塗りづらくなったのだ。「六〇（歳）とか七〇（歳）になってもっとシワが増えてきたら、カバーマークなんて上手にできへん。そんなんなったときどうしよう」。化粧であざを隠せなくなることへの心配から、Cさんは「やっぱりレーザーの治療は受けなダメだ」との決心に至る。では、Cさんにとって化粧であざを隠すとはどういう意味をもっていたのだろうか。Cさんは、化粧であざを隠すことをしない△△の女性会員と彼女自身を比較しつつ、次のように語っている。

化粧をせずにこう、外をね、歩ける女の人は、私には考えられへん。尊敬やね、私からは。（・・・）だから、そういう方はひょっとしたら、レーザーとか受けなくっても、もうこの顔で生きていけれるっていう考え方だと思うんですよ。だって、その顔を受け入れてるから化粧もしないし、レーザーの治療もせずに生きていけれる。私はまったくダメ。ずーっと自分の顔として受け入れてなかったから。化粧でカバーして、自然に、何もないように見せて、隠して、ずーっときて。で、お金も一五〇万もかかってもね、どんだけかかってもどんだけ痛い思いしても私は治りたかった。それで自分が取り戻せる。やっぱりだから、あざが治ったら自分を受け入れることができたし、自分の顔で自分を受け入れることができて。

「どんなことしても私は治りたかった」。Cさんの語りからは、治療に対する並々ならぬ強い意志が読み取れる。「ずっと高校一年生になるまではあざがなかったんやから、そのあざのない顔が私や」と、あざのある顔を「自分の顔」として認めていなかったCさん。化粧やレーザー治療は、「自分の顔」を取り戻すための方法として語られているのである。

Cさんによれば、レーザー治療の痛みは、頬を涙が伝ったり、手に汗がにじむほどだったという。また、レーザーを当てた箇所は薬を塗ってガーゼで押さえておかなければならなかったため、治療後一週間は仕事を休んだという。保険の営業をしていた彼女は、治療のための費用と時間を確保するために、その月の締切りが終わってもすぐに翌月分の仕事を片づけていた。一五〇万円の治療費を捻出しつつ、二人の娘たちと「食べていくため、生活をやっていくため」必死になって働いた。こうした「闘いみたいな」生活は、他でもなく、「自分の顔」を取り戻すために続けられていたのである。

あざのことがわかる人でないと

Cさんは、一五歳で突然あざが出てきたことで「恋愛とは無縁の世界に入ってしまった」。「恋愛ができない」というのは、相手に「本当のことを言わなあかん」という思いと、「本当のこと言ったら、この人、私のこと嫌いにならへんやろうか」という「臆病」とがせめぎ合い、「それやったら最初からつき合いをしないでおこう」と考えたからである。医師に今の医学では完治しないと宣告されたあと、Cさんはある宗教に入信している。「宗教で治るはずもない」とわかってはいたが、「どうやって生きていったらいいか」という「心のもち方」を求めたのだ。そして、他に好きな男性がいたにもかかわらず、恋愛に「見切り」をつけてしまったために、その宗教を通して知り合った男性と見合い結婚をしている。

結婚して、やっぱり主人にはそういうこと（あざのこと）は言えなかったっていうか。このあざがあったことで、いつも自分を卑下するっていうか、遠慮がちになるっていうか。どうしてもそういう生き方をしてしまったから。私はこんなあざがあるんだから、だから我慢せなあかんとか。夫婦喧嘩しても、私が折れないかんとか。なんでもつい自分を卑下するっていうかね。やっぱりそういうところがあったから、夫婦でも、夫婦になっても、主人とはやっぱりそういう信頼関係は築けませんでした。

Cさんは、あざがあった頃の結婚観について、次のように語っている。

私はあざのある人と結婚したいと思ったもんね。だったら、私の気持ちをわかってくれると。顔にあざのない男の人は、私のことわかってくれへんやろうとか思ったもんね。それだけ、顔にあざがあるっていうことが、普通の人と普通でない、体は五体満足であるのに、顔にあざがあることが普通じゃない。普通の人じゃない扱われ方。

この語りからは、Cさんが「顔にあざのない男の人」とのあいだに大きな「境遇」の違いを感じていたことが読み取れる。また、その「境遇」の違いは、「普通の人」と「普通じゃない人」の「境遇」の違いとして語られていることもわかるだろう。この「境遇」の違いから、Cさんは夫に対して「遠慮」「我慢」「（自己）卑下」といった態度をとることになり、夫婦のあいだに「信頼関係」は築かれなかった。結婚生活のなかで、夫＝「顔にあざのない男の人」＝「普通の人」とあざのあるCさん＝「普通の人じゃない」との「境遇」の違いは埋めることができなかったのだ。

Cさんには現在、結婚はしていないがステディな間柄にある恋人がいる。彼にもあざはなく、その意味でCさんとのあいだには大きいはずである。しかしCさんは、彼については「この人やったら信頼してお付き合いしていけるなあって、初めて心を開けた」と語っている。それはなぜだろうか。

Cさんが恋人と交際をはじめた頃にはまだあざがあり、それを隠していたという。交際から半年がたった頃、彼が「顔に何かあるんか？」と「傷つけない言い方で」質問してきたのをきっかけに、化粧を落として打ち明けている。

まあ、あの、なんていうんかなあ、自分の醜態っていうかそういう部分もさらけ出して見せたことがあって、信頼関係っていうか、あの、それはやっぱりしっかりとできました。やっぱり、あざのことがわかる人でないと、本当のあれはできない。

Cさんは、夫に「見られたくない」という思いから結婚当初は夜も化粧を落とさなかったという。それに対し、現在の恋人には「自分の醜態」を「さらけ出して見せた」ことで「境遇」の違いを乗り越え、「信頼関係」を築いている。他に好きな人がいたのに見合いをして結婚した夫と、恋愛関係にある恋人。このことがすでに、Cさんが自ら「境遇」の違いを乗り越えようとしたかどうかを左右しているだろう。しかしここでは、あざを隠すこと／見せることと異性との「信頼関係」の達成とが関連づけて語られていることに注目しておきたい。

このように、あざのある女性たちの語りの中心にあるのは、〈美／醜〉よりむしろ〈普通／普通でない〉という問題である。つまり、彼女たちが抱えているのは、あざがあるために「普通でない顔」として生きる困難なのである。[8]

2 語られる〈戦略〉

こうしてみてくると、あざのある女性たちは、あざがもたらす困難に翻弄された存在であるかのように思われるかもしれない。しかし、彼女たちの語りを掘り下げてみていくと、置かれた状況のなかでそれぞれが固有の対処をしていることがわかる。この「各人の固有の立ち向かい方」を桜井厚にならって〈戦略〉とよび（桜井 1991）、三人の女性それぞれの〈戦略〉を描き出しておきたい。

折り合いをつけてしまった（Aさん）

先に簡単にふれたが、Aさんはあざを取る手術の後遺症として、今度は頬が腫れるという新たな悩みを抱えることになった。ではAさんは、この後遺症についてどのように語っているのだろうか。

A：最初自分が思ってたイメージとたしかにちょっとずれてたんですけど、でも、これは結局あざが取れたかわりに、やっぱりその、まあ副作用っていうか後遺症じゃないけれども、あざと引き換えにしたかなって自分のなかでは思ってて。たしかに最初納得いかへん部分もあったんですよ。あの、でも、先生と自分は納得いくまで話をして手術をしたっていう思いがあったんで、別に先生に「話と違うじゃないですか」って言うこともしなかったし。

＊：腫れるとかっていう話はなかったんですか？
Ａ：そうですね。だから、腫れるっていうのは、そのことももともと聞いてなくって。で、まあ、どういうね、あの、なんやろな、後遺症が残りますかっていう話もしたかもしれないんですけど、腫れるっていうのは聞いてなくって。でも、なんていうんやろ、まあ、私がそういう意味で鈍感っていったら変なんですけど、まあ、こういうこともあるかなって、なんか自分のなかで勝手にね、決着をつけてしまったんですよ。これだけね、切ったり貼ったりね、そんな別にホクロを取るぐらいの手術じゃないんで、やっぱりこう面積も大きいですし、それなりにやっぱりこう、顔のなかにね、いろんなところ入れはったんで、やっぱりそういうこともあって仕方がないんかなって自分のなかでちょっとこう、折り合いをつけてしまったっていうか（笑）。

客観的にみれば、あざを取る手術によって頬が腫れる後遺症が残ってしまっては、その手術は失敗かもしれない。しかしＡさんは、その結果とは「折り合い」をつけることができたと語っている。というのは、手術に臨むにあたって主治医と顔のことに限らず「何でも話できる」間柄を築き、手術の方法や危険性について「質問をしまくって」「私自身が納得して、自分が手術を選び取った」からである。

Ａさんは、セルフヘルプ・グループの会員とのあいだで交わした次のような会話を紹介してくれた。彼はＡさんに、あざがあって形のバランスがとれているのと（つまり手術前のＡさん）、あざがなくて形のバランスが崩れているのと（つまり手術後のＡさん）、どちらがよいかという内容の質問をし、それに対してＡさんは「私はとりあえずあざを取りたかったんで、今の方をとります」と答えたのだという。彼はさらに、前後が逆で、顔の腫れているＡさんが手術をしてあざが出てきてしまったとしたらどちらがよいと思うかと質問を重ねたのだという。

Ａさんはこのエピソードを振り返りながら、「逆に考えたらね、たしかにまた、考え方によっては、あの、私はもともとあざがなくって形が腫れてて、それで手術して（あざが）出てきたら、その状態で納得できますって言うてたかもしれへんなって思って」とその質問に対する答えを聞かせてくれた。

なんていうかその、もともとあったことが治ってこういうふうになってしまったっていうのは、結局自分がもともとあざを取りたいっていう気持ちがあって、だから私は今なんとか納得できてると思うんですけど。（・・・）私の場合十何年間、とりあえず手術したい手術したいって思ってて、結果的にそれがかなったわけじゃないですか。今のところ、まだ（あざが）残ってますけど。だからその、なんやろなあ、またその、新たにこういう悩みが出たんですけど、でも、一番最初に自分が思ってたことっていうのは、とりあえず方がついたんで、それについてはじゅうぶん満足してるんですけど。

Aさんがここで評価しているのは、後遺症で腫れている顔それ自体ではなく、手術して得られた顔である。このことは、もしAさんの顔がもともと腫れていて、手術の後遺症であざが出てきたら、その顔で「納得」できたのではないかという彼女の想像からもうかがえる。すなわちAさんは、「自分が手術を選び取った」結果としての顔に「じゅうぶん満足している」のである。

前々から「自分が納得いったところで（手術を）終わりにしよう」と考えていたAさんは、腫れを解消するための二度目の手術の際、「これが最後の手術」と決めている。「二二歳になったんで、他にもっとやりたいこともあったし、もう手術ばっかりに時間かけてんのももったいない」という気持ちからである。Aさんによれば、彼女が受けたような手術は「普通の外科手術と違って終わりがない」ため、「自分が納得したところで終わり」なのだという。Aさんは、他の人が彼女の顔を見て「もっとなんとか、手術できるんとちゃうのって、思ってはるかもしれない」が、「自分さえね、今の生活で満足できてたら、私はそれでいいと思う」と語っている。

街中や電車のなかで「普通と違う顔」「気持ち悪い顔」としてまなざされるAさんの経験が物語るように、私たちの社会は、あざのある顔に対しても腫れている顔に対しても負のラベルを付与する。Aさんが「腫れている顔でいい」と語るとき、こうした社会的な意味を批判的にとらえ返し、自分の顔に新たな意味づけをしているのではないだろうか。これはたしかに、社会的な意味それ自体の変更ではなく、Aさんの主観的な意味の変更である。しかし、社会的な意味がその人に苦痛や苦悩をもたらすものであるとき、それを変更することは重要な意味をもってくる。自分の顔の新たな意味の生成は、Aさんが手術で得た顔に自信をもって生きていくための〈戦略〉なのである。これはまた、「普通の顔」を追い求めることから降りて、自分の顔と「折り合い」をつけつつ共存していくという〈戦略〉でもあるように思う。

言うまでもなく、語りとは、自らの経験に意味づけをしていくことである。Aさんのケースには、他者の問いかけに出会うことで（セルフヘルプ・グループの会員との会話のなかで、さらに私とのインタビューのなかで）、これまでの経験への意味づけが変化し、別の意味へと展開していく様子が表れている。

少しずつ変わってきている（Bさん）

Bさんの語りに特徴的なのは、あるひとつの事柄について、対極的な二つの見方のあいだで「揺れている」自己が多く語られていることである。たとえば、化粧であざを隠すことについては、「そのままの顔で出て行くことの生きにくさ」ゆえ仕方がないという反面、「なんでそんなに隠してコソコソするのか」といったように。また、現在の自分については、「見た目のことに振り回されて情けない」と思う反面、「やっぱり（自分を変えていく）自信ないな」といったように。しかしBさんは、「何もしなければそういう自分であり続けるから、自分で意識して今までとは違ったふうにやろう」と語っている。まずは友達に、「普通の話題のように、自分の顔のことを話題にして話せるようになりたい」という。Bさんによれば、こうした気持ちの変化のきっかけはセルフヘルプ・グループへの参加だという。

きっかけはやっぱり、△△に入って、自分のことを振り返って、客観的に見れるようになってからかな。やっぱり今まではほとんどの人が孤立してるっていうか、問題抱えてるけど話せる場がなかったし。だからちっとも進展していかないっていうか。自分でよーく考えても、なんかもうわからなくなってしまって。なんか行き詰まってしまうっていうか。そういう状態だったのが、人の話を聞いたりしてると、逆に自分の姿がよくわかってきたりとか。ああ、自分もこうだったなあとか。全然違ったタイプの人に、同じ境遇にあっても全然違った対処の仕方をしてる人とかに出会うと、なんかすごくインパクトがあって。そうかーっていうか。勇気ももらえるし。少しずつ変わってきてるかなって。

Bさんいわく、顔のあざのことは「未解決のまま」「いつもいつも心のなかにあった」。顔のあざは彼女にとって「切っても切れないこと」で、「どこかで根っこになっていた」という。Bさんは、この「根っこ」を「どうにかしたい」と思い、新聞で紹介されたセルフヘルプ・グループに足を運んだのである。

彼女にとってセルフヘルプ・グループとは、「未解決」の問題を「話せる場」であり、「同じ境遇にあっても全然違った対処の仕方をしてる人」と比較しながら自分の姿を「客観的に見つめる場でもある。「問題を先送り先送りして暮らしてきた」自分から、「未解決」の問題と向き合える自分へ。あざのことを「言えない自分」から、「話題にして話せる」自分へ。Bさん自身、「今までの自分」「乗り越えてない自分」が「影を潜めている」と語るように、その道のりは平坦ではないだろう。そうだとしても、Bさんはたしかに「今までの自分」にとどまることなく、「これから」へと踏み込もうとしている。グループへの参加をきっかけに、ひたすら「タブー」にしていたあざについて語り出すことは、Bさんが自分のなかの「根っこ」との「折り合い」の道を歩んでいくための〈戦略〉なのである。

インタビュー当時、Bさんは、グループが発行する体験談集によせる原稿を書き終えたところだった。Bさんは、そうした「ムーブメント」を通じて「ありのままの姿」を「発信」していきたいと語る。

最近になっていろいろ人の話を聞いてると、世の中の人は顔に障害っていうか、ハンディをもってる人がそんなに悩んでるとか、つらい思いしてるっていうことを知ってみえないっていうか。まあ、その、そういう人に会ったら、きっとあの人たいへんだろうなぐらいには、その瞬間には思ってくれる人もいるかもしれないけど。でも、実際に、今まで抱え込んで、一生左右されるっていうか振り回されるっていうか、振り回されてない人もいるけど（笑）、そういうことってあんまり知らない人の方が多いっていう事実、それに驚いたっていうか。だから、そういう人たちもいるんですよっていう程度で、まずは知ってもらえたらいいかな。

セルフヘルプ・グループに出会うことで、Bさんにとって顔のあざの問題は、ひとりで「ぎゅっといつもしまい込んで」きた問題から、仲間たちと共有し、社会に「発信」していく問題へと変化しつつある。それまで個人的文脈に内在していたあざの問題が、顔に「ハンディ」をもつ人びとに無理解な社会との関係のなかでとらえ返されている。問題の文脈を置き換えること。これもまた、Bさんが置かれた状況から一歩踏み出すための〈戦略〉として解釈できるだろう。

エステの仕事をはじめる（Cさん）

Cさんは、近々エステティックサロンの経営という「絶対関われないと思っていた美容関係の仕事」に取りかかる計画があることを弾むような声で語ってくれた。

C：エステなんて、顔にあざがあったから、美容関係のお仕事は絶対私には縁がないことと思ってたのに、まあ、レーザーを打ってあざも取れましたし、その、エステも通ってますから、だんだん肌もよくなって。だから、まさかそういう仕事に自分が就けるようになるとは夢にも、あざもずーっとあったんだから、夢にも思ってないのに、こうやってエステの店をオープンする縁があったっていうのはすごい私にとってはラッキーというか。人生のこう、折り返し地点というか後半にかけては、こう、ああ、いいなあと思って。自分では妙にあの、わくわくというか。あざがあったのにそのあざが取れて、今度はエステのお店ができるなんて、そんなことは絶対考えてもみなかったけど、まあ、世の中そんなに悪いことばっかりじゃないなとか、そういう気持ちはもちましたよ。

＊：あの、エステの経営なさろうと思ったのは、いつ頃ですか？

C：エステはねえ、今年の四月ぐらいに思いついたっていうか。

＊：あざが取れてから？

C：そうですね。そうそうそうそう。

Cさんは、レーザー治療の途中から客としてエステに通いはじめた。「あざのある顔を人様にさらすのは絶対いや」と頑なだったCさんがなぜエステに通ったのか不思議に思い聞いてみると、「レーザーを打って治っていくっていうことが、確証じゃないけど、実感できてからは」あざがあることを人に打ち明けることもできたし、エステで素顔になるのも平気だったという。

Cさんは、エステの仕事を「美容」や「メイク」に関わる仕事として認識している。また、「私、今あざが治ってなかったらね、そんなエステの、こんな仕事なんか絶対できない。自分がエステに行くこともしない、きっと。絶対に行かなかった」と語っている。Cさんにとって、あざのある人間は「美容」に関わる仕事に就くことはできないし、「美容」のためにエステに通うこともできないのである。

このようにCさんは、顔にあざがあることで「美容」から いわば疎外されてきた。レーザー治療によって「普通の顔」を取り戻し、これまで無縁だった「美容」との関わりを手に入れていく。セルフヘルプ・グループを通じての友人であるBさんが、エステ経営に着手したCさんについて「彼女は生き直しているみたい」と感想を述べたように、それはまったく違った人生の幕開けだっただろう。

あざがあった頃のCさんは、「顔にあざがあるっていうことのハンディ、これを仕事をがんばってすることで見返してやろう」という「意地みたいなもの」で生命保険の営業をしていた。実際、全国で一〇位以内という優秀な成績をおさめ、会社から表彰されたこともあったという。それがエステの仕事については、次のように思っている。「あざも取れたから、自分を素直に受け入れることができるから、仕事をそういう気持ちじゃなくって、人様が喜んでくれるように、それと自分も楽しく仕事ができたらいいな」。かつてのCさんにとって、仕事はあざのある自分の「名誉挽回」(石川 1992)のための道具だったのだろう。あざがあるというマイナス面を、仕事の成績で埋め合わせようとしていたのである。それに対してエステの仕事は、あざが取れた「普通の顔」、いわばプラスマイナス・ゼロではじめられる。もはや「名誉挽回」の必要もないから、余裕をもって臨めるのだ。「女の人はみんなきれいでいたいから、喜んでくれる、そういう手助けができる仕事をがんばってやっていこう」といったように。

あざが取れ、エステに通っていることで肌の調子もよくなり、「エステのお仕事にこの年から関わっていける」Cさん。これからの自分の人生について、「若い頃、あざの出た頃はつらかったけど、今からはいいなあ」「人生の後半はいいんと違うかなあ」と「けっこう自負している」という。この意味で、Cさんにとってのエステの仕事は、自らが疎外されてきたものを取り返し、新たな人生を形づくっていくための〈戦略〉として理解できるように思う。「普通の顔」を手にすること、「美容」との関わりを獲得することが好ましいことであるかどうかはともかく、社会的に価値があるとされているものから疎外されてきたというCさんの経験は押さえておく必要がある。

おわりに――「普通」からの自由、「普通」への自由

あざのある女性たちは、〈美／醜〉よりむしろ〈普通／普通でない〉という問題をストーリーの中心に置いて語っている(1節)。つまり彼女たちにとって、あざのある顔は「美しくない」以上に「普通でない」顔として経験されているのだ。

このことは、三人が共通して語っている化粧という行為に凝縮して表れている。インタビューのなかで語られた化粧は、通常考えられているようなより美しい自己を他者に呈示するためのものではない。「普通の顔」をもつみんなとは違い、毎朝三〇分かけて化粧をしなければならなかった「悔しさ」を振り返るAさん。「普通の顔」として「普通にやり通せる」プラス面と、そのぶん「問題を先送り」してしまうマイナス面を「化粧の功罪」と表現するBさん。「自分じゃない顔」「普通じゃない顔」を受け入れまいと必死に化粧をしていたCさん。彼女たちが語っているのは、何より「普通の顔」になることを目的とした化粧である。彼女たちの語りに向き合ったとき、「美醜の問題を抱える女性たち」という私の思い込みがいかに早計であったかがわかる。

彼女たちはまた、あざのある「普通でない顔」を生きる困難にただ翻弄されているのではなく、その困難に立ち向かお

うと、あるいはそこから抜け出そうと〈戦略〉を行なっている（2節）。「普通と違う顔」ゆえの状況を打開しようと手術を受け、その結果得られた顔を「肯定的に」とらえていくAさん。見た目のことに右往左往してきたこれまでの自分をじっと見つめ、セルフヘルプ・グループを通してあざとの「折り合い」を模索しているBさん。治療に多くのエネルギーを注ぎ込んで「普通の顔」を取り戻し、人生の後半を歩みはじめたCさん。「普通」という基準との関係で整理するならば、Aさんは、社会の支配的な価値である「普通」から距離を置き、自らの顔に価値を見出している。あざのある顔を「受け入れたい」と語るBさんにも、「普通」という基準を相対化していく契機が読み取れる。一方Cさんは、「普通じゃない顔」を返上し、「普通」という基準に依拠している。こうした違いはあるものの、それぞれがあざのもたらす困難に対処していくための〈戦略〉であることは何度も強調しておきたい。

最後に、〈美／醜〉の問題と〈普通／普通でない〉という問題との関連を考察しておこう。たしかに、三人の女性たちが語るストーリーの中心に置かれているのは〈普通／普通でない〉という問題であるけれども、〈美／醜〉の問題もそれと不可分なものとして語られている。たとえば、Bさんは、あざのある顔を「普通じゃない」とも「美しくない」「きれいじゃない」とも語っている。Bさんの語りから、〈普通／普通でない〉という問題と〈美／醜〉の問題はまったく無関係ではないといえそうだ。では、両者はどのように不可分なのだろうか。

〈美／醜〉とはおそらく、「普通の顔」になることで駆り立てられる問題なのではないだろうか。それを示唆しているのは、Cさんの語りである。レーザー治療によって「自分の顔」「普通の顔」を取り戻した彼女は、エステに客として通い、今度はその経営に乗り出そうとしている。Cさんが語っているのは、「普通の顔」を取り戻すことではじめて「美容」と関わりをもつ資格を得た喜びである。この意味で、あざのある女性にとって、「美」を追求するゲームに参加することは容易なことではない。[9]その参加資格を得るには、まずは「普通の顔」を手に入れなければならないからである。「美しさに対する基準」によると、「美人じゃない顔」よりも「あざのある顔の方が劣る」と語るBさん。彼女にとって、あざのある顔は、「否応なし」に「美しい範疇には入らない」。Bさんが語っているのは、あざがあるというそれだけで、「美しさに対する基準」から外れてしまうということ、すなわち「美」のゲームへの参加資格が与えられないということではないだろうか。

「普通の顔」をクリアしないと「美」を追求するゲームの段階に進めないこと、言い換えるなら〈普通／普通でない〉という問題の延長線上に〈美／醜〉の問題があること。ここにジェンダーの作用がみえてくる。顔にあざがある女性たちのライフストーリーから浮かび上がるのは、こうした女性と外見をめぐる問題の重層性である。

注

1　筆者は、二〇〇〇年九月から二〇〇一年七月にかけて、三名の顔にあざがある女性たちにインタビューを行なった。語り手の特徴としては、顔に何らかの問題を抱える人びとが構成するセルフヘルプ・グループに所属している点と、あざを取るための手術や治療をすでに経験している点があげられる。インタビューに要した時間はそれぞれ二時間から三時間程度である。以下の引用文の（　）内の補足は筆者による。本文中の「」はインタビュー記録からの引用であることを示す。語り手のプライバシーに配慮し、彼女たちが所属するセルフヘルプ・グループの名称が語られた場合は、△△と表記した。

2　早合点というのは、今読み返せば、町野の文章にも美醜の問題には回収しきれない微妙な問題が含まれているように思われるからである。たとえば、中学三年からあざを隠すために化粧をはじめた町野は、化粧について次のように述べている。「私は人並みに見られる対象として化粧をしたため、アザという深くて重いコンプレックスを化粧の下に埋め込んで他人に対してアザを、タブーにした」（町野 1985: 22）。ここで語られている化粧は、美しく装うためのものではなく、「人並み」の顔になることを目的としたものである。そう考えると、彼女が抱えていた問題を美醜の問題としてのみ理解してしまったのは、やはり早合点というべきだろう。

3　ここでは、ある集団やコミュニティのなかで特権的な位置を占める語りとして用いる。

4　毛細血管の拡張により、血液が停滞するためにできる境界のはっきりした赤色のあざ。

5　あざを隠すための化粧品。Aさんが使用しているものを見せていただいたが、通常のファンデーションより粘度があり、油絵の絵の具のようだった。

6　Bさんは、「あざがあるから結婚は無理」と、親に経済的自立を説かれて育つ女性がいることを聞き知っていた。Bさん自身は親にそのように「お尻を叩かれる」ことはなかったが、彼女が「あざがあると女は結婚できない」という社会通念を受け入れ、その外側に自分が位置していると思い至るには、この逸話は大きな影響を及ぼしたことだろう。

7　表皮基底層にあるメラノサイトが真皮層に増加すると青色を呈するが、そのうち三叉神経領域の皮膚や眼球にみられる母斑を太田母斑という。

8　これをふまえ、あざのある女性たちとセルフヘルプ・グループのモデル・ストーリーとの関係について考察しておきたい。「顔には、あざや傷がある顔を〈美／醜〉ではなく〈普通／普通でない〉という文脈に置いて語られていると考えられる。なぜなら、前者＝とりわけ女性に限定された問題ではなく、後者＝性別を超えた問題に文脈を設定することで、「男女差はない」といえるからである。あざのある顔を「美しくない顔」というより「普通でない顔」と感じている彼女たちが、こうしたモデル・ストーリーに共感するのは当然かもしれない。

9　BさんやCさんが語っている恋愛の問題は、「美」のゲームへの参加資格がないゆえの困難としても解釈できるだろう。あざがあるために「美」のゲームに参加できない彼女たちにとって、外見の美醜が大きな要因となる恋愛ゲームに参加することも容易なことではない。

参考文献

石川准 1992『アイデンティティ・ゲーム―存在証明の社会学』新評論

町野美和 1985「女の価値は顔」(『女を装う』駒尺喜美編、勁草書房：2-40)

奥村和子・桜井厚 1991『女たちのライフストーリー』谷沢書房

桜井厚 1996「戦略としての生活―被差別部落のライフストーリーから」(『講座差別の社会学　第二巻　日本社会の差別構造』栗原彬編、弘文堂：40-64)

―― 2002『インタビューの社会学――ライフストーリーの聞き方』せりか書房

鷲田清一 1989『モードの迷宮』中央公論社(→一九九六　ちくま学芸文庫)

吉澤夏子 1997『女であることの希望――ラディカル・フェミニズムの向こう側』勁草書房

差異をもつ〈わたしたち〉の語られ方
——あるレズビアン・アクティヴィストのライフストーリー

飯野由里子

1　差異をもつ〈わたしたち〉のストーリー

〈わたしたち〉のストーリー

カミングアウト・ストーリーとは、ある個人がレズビアンあるいはゲイであることを公言／告白することを目的に、自らの生と内面を語ったストーリーである。カミングアウト・ストーリーを通して、わたしはレズビアンあるいはゲイである〈わたしたち〉の一員として、〈わたし〉のアイデンティティを表現する。それは、わたしが体験してきた孤独や痛みを、個人的で特殊な体験としてではなく、レズビアン・ゲイである〈わたしたち〉に共通の問題として語ることでもある。このように、個人的な問題を政治的な問題へと変換するストーリーを、ここでは〈わたしたち〉のストーリーと呼ぶことにしたい。

さて、レズビアンである〈わたしたち〉のストーリーを考えた時、それがもっとも明確に語られてきたのはレズビアン運動の場面においてである。そこでの〈わたしたち〉のストーリーは、性差別と同性愛嫌悪の文化の中で否定的な受けとめられ方をするか、あるいはあっさり見えないふりをされてきたことへの抵抗として語られる。その一例を、一九七〇年代のレズビアン・フェミニストたちによる「レズビアン」の再定義に見ることができる。それまで「レズビアン」は、「男のような女」とか「男になりたい女」というように、ジェンダーの倒錯として理解されることが多かった。ところが、レズビアン・フェミニストたちの考え方が強力なはずみとなり、「レズビアン」は「女性のことを第一に考える女性」として書き直されたのだ。ここから、レズビアンはジェンダーの倒錯などではなく、むしろ女性的なものの最も高められた本質を表現するのだという〈わたしたち〉のストーリーが生まれた。[1]

しかし一方で、「レズビアン」を集合的アイデンティティとしてとらえようとする〈わたしたち〉のストーリーが、規範的に働いたり、レズビアンの間にある差異を押さえ込んだりした上で成り立ってきたことも事実である。たとえば、レズビアン・フェミニストによって生み出された〈わたしたち〉のストーリーは、「男役」のレズビアンを、男性の特権を女性が使って女性を搾取しているとして嫌悪し、排除してしまうという結果を招いた。

また、当然のことながら、より多くの女性がレズビアン・コミュニティに関わるようになれば、セクシュアリティが共通するからといってすべてに共感しあえるわけではないという認識は深まっていく。レズビアンの多様化が進むにつれて、レズビアンの間にもエスニシティ、年齢、関心や経験などに基づく差異があり、それらを軽々しく捨て去ったり、強制的に組み入れたり、同化したりできないという認識はますます強くなる。〈わたしたち〉のストーリーが一枚岩的なレズビアンを語ることはもはやできないのである。

差異のストーリー

こうしたことを背景に登場してきたのが、「レズビアン」というカテゴリー内の差異について語ったストーリーである。ここでは、こうしたストーリーを差異のストーリーと呼ぶことにしたい。

一九九五年よりレズビアンのライフヒストリーの聞き取り調査を行なっている杉浦は、自らを積極的に「レズビアン」として自己同一化している女性たちがいる一方で、「レズビアン」というカテゴリーへ同一化することに対して違和感をもつ女性たちがいることを指摘している。そして、後者の女性たちの語りに、「「レズビアン」というカテゴリーに属するとしても、その内部は多様なのだという差異への感受性」、「「同性への性的欲望」にもとづいてアイデンティティを形成できない、したくないという感受性」を読みとる（杉浦 2002: 75-76）。

ここで杉浦が注目しているのは、「レズビアン」というカテゴリーへ自己同一化することに違和感をもつ女性たちが語る差異のストーリーである。杉浦がこうした女性たちの語りに関心を寄せるのは、ライフヒストリーの聞き取り調査という場で、聞き手である彼女が暗黙のうちに「レズビアン」としてカテゴリー化していた女性たちの口から、そのカテゴリーとの距離感が語られたことへの杉浦自身の驚きがその背景にあるからであろう。その驚きは、女性たちによって語られたこうした差異を「真摯に受けとめたい」（杉浦: 90）という思いへとつながり、彼女はそこに「（女）性差別と（同）性愛差別を重層的に背負った身体が、既存の言語体系に頼らざるをえないという拘束性と格闘した跡」（杉浦: 91）を読みとる。

しかし、「レズビアン」というカテゴリーへ自己同一化することに違和感をもつ女性たちと、違和感をもたない女性たちとの間に二項対立的な区別をすべきではない。というのも、そうした違和感を語らなかった女性たちも、実際には違和感を抱えている場合が多いからだ。そもそもレズビアンに何かはっきりとした共通の要素があるわけではないので、「レズビアン」が一体何を、誰を指し示すのかはっきりと分かっている人はいない。したがって、「レズビアン」というカテゴリーへ自己同一化していると語る女性たちも、実際にはそのカテゴリーとのズレを多かれ少なかれ感じざるを得ない。

「レズビアン」というカテゴリーとのズレを感じているにもかかわらず、彼女たちがレズビアンである〈わたしたち〉を語るのはなぜか。それは、彼女たちが自分たちを公の場面から消してしまおうとする暴力に脅かされているという点については共通の認識を持っているからではないだろうか。彼女たちは、語り続けなければ自分たちの存在が消し去られ、忘れられてしまうことを痛いほど知っている。彼女たちが「わたしはレズビアンです」と語る時、彼女たちは「レズビアン」というカテゴリーへ単に自己同一化しているわけではない。そうではなく、彼女たちはそう語ることで、自分たちの存在を証明しようとしているのである。自分たちの存在を証明しなければいけないという政治的必要性があるからこそ、彼女たちは「レズビアン」というカテゴリーとのズレを感じつつも、レズビアンである〈わたしたち〉のストーリーを語るのである。

確かに、杉浦の指摘するように「個々人は多様であり、自己がさまざまに語られることは不可避的である」（2002: 77）し、「語られる個別の差異を軽んじることはできない」（90）。しかし、「わたしはレズビアンです」という語りは、語り手が自己を「レズビアン」としてカテゴリー化する以上の重みを持っていることも見逃すべきではない。これまで指摘してきたように、多くの女性たちが「レズビアン」というカテゴリーとのズレを感じつつ、それでもレズビアンである〈わたしたち〉を語るのは、それを語らなければならない政治的必要性があるからだ。レズビアンの間の差異に耳を傾けることは重要である。しかし、そうした差異を一気に個人のレベルに到達させることは、自らを「レズビアン」として表現する女性たちの語りが持つ政治性を脱色し、その語りを単なる個人のアイデンティティの問題へとすり替えてしまう危険性を持っている。

そこで本稿では、あくまでレズビアンである〈わたしたち〉のストーリーに関心をおき、それが差異のストーリーとぶつかる地点に焦点を当てたい。また、差異をもつ〈わたしたち〉のストーリーが具体的にどのように語られるのかを検討することで、そうしたストーリーがもつ可能性についても考えてみたい。その際、一九四七年生まれの女性Iさんのライフストーリーを手がかりとして議論を進めていくことにする。[2]

2　語り手の紹介

ウーマン・リブからレズビアン運動へ

Iさんは東京に生まれた。一歳の時、ポリオにかかり、右腕に軽度の障害が残った。母親はリハビリのため、彼女を「おぶって」、往復三時間ほどかかる病院へと約二年半通い続けた。もちろん、彼女自身は幼かったので、そのことを「全然覚えてない」。しかし、この時の苦労を「いつも親から聞かされてた」ため、「母に対して頭が上がらない」という思いを抱き続け、反抗したり強く自己主張することもなく育った。また親も、「この子は弱い子なんだから、自分たちが守ってあげなきゃいけない」と、軽度とはいえ障害の残ったIさんに対して「過保護」で「甘かった」。

大学卒業後、田中美津を中心とした「ぐるーぷ・闘うおんな」と出会ったことをきっかけに、Iさんの「人生（は）変わってしまった」。ウーマン・リブに、彼女はそれまでとは違う〈女〉のあり方を見出したのだ。それは、自分の母親のように、結婚生活の中で「苦労する」、「我慢させられる」〈女〉ではなく、家から出て自立する〈女〉だった。それまで「すごく過保護に育って」、「いざとなったら親に頼れるみたいなのもあった」Iさんだが、ウーマン・リブとの出会いによって親の家から出ること、つまり自立する道を選ぶことになった。

その後、リブ新宿センター[3]を中心に活動していたが、七五年六月に渡米し、オークランドにあるフェミニスト・ウィメンズ・ヘルスセンターで活動する機会に恵まれた。ここでIさんは性に対する考え方を一変させることになる。ウーマン・リブは、従来の婦人運動においてタブーとされてきた性や身体の問題を、女性の立場から考え、語っていこうとした点で評価されている。[4]しかし、そこでの性の問題は、男性との関係、つまり異性愛の関係に位置づけて語られることが多かった。それは、男性との性的な経験を持っていなかったIさんには「ついていけない」話題だった。他方、フェミニスト・ウィメンズ・ヘルスセンターでの運動は、これまで「自分のからだの一部でありながら、自分のものでない」とされてきた女の性を、今度は自分たちの手で取り戻していこうとするものだった。この運動にふれることで初めてIさんは、性の問題を自分の問題として、さらには他の女性たちと共有できる問題として考えるようになっていった。

Iさんはまた、フェミニスト・ウィメンズ・ヘルスセンターでの活動を通して、レズビアンというセクシュアリティのあり方を発見する。というのも、ここで活動している女性たちの多くが、レズビアンだったのだ。彼女たちとの出会いを通して、性の関係が異性間だけではなく同性間においても可能であることを発見していった。さらに、「女のために」「もう理屈抜きでほんとに一生懸命仕事してる」レズビアンたちの姿を見て、レズビアン＝「女のためにエネルギーを注げる人」というイメージを明確にしていったのもこの時期である。こうした雰囲気の中、ある女性との性的な経験を経て、Iさん自身も自らをレズビアンとして自覚していくことになる。

七六年六月に日本に帰国した。ちょうどその頃、日本でもレズビアンの運動が始まりつつあった。[5] Iさんが帰国した七六年、『すばらしい女たち』[6]の編集作業が、リブ新宿センターで行なわれていた。日本で初めてのレズビアンのためのミニコミ誌といわれるこの『すばらしい女たち』の編集作業に、Iさんも途中から参加している。また、八四年には、Iさんを含めた五人のレズビアンが集まって「れ組のごまめ」[7]というグループを結成し、『れ組通信』というミニコミ誌の発行を開始した。Iさん自身の中で、レズビアンの活動が「ダァーっと」始まったのは、このグループがきっかけである。八五年の一一月には第一回国際レズビアン会議[8]が開かれ、Iさんも準備スタッフとして参加している。その後、八七年三月、日本で初めてのレズビアンの事務所である「れ組スタジオ東京」が誕生し、Iさんもその設立メンバーとして参加している。

アジア系レズビアンネットワークの設立

「れ組スタジオ東京」を起点として、Iさんの世界は急速にレズビアンの運動へ向けて広がっていくことになる。ここから彼女はさまざまなレズビアンの運動に関わることになるのだが、その中のひとつであり、もっとも力を入れたのが、アジア系レズビアンネットワーク（以下ＡＬＮ）である。

ＡＬＮが設立する直接のきっかけとなったのは、一九八六年三月にスイスのジュネーブで開催された第八回国際レズビアン会議である。それまで国際レズビアン会議の参加者はその大半が欧米の白人であった。このため第八回会議では、より国際的なつながりを持つことを目的に、アジア、中南米、アフリカおよび障害をもつレズビアン計一八人が招待された。

会議ではさまざまな分科会が開かれたが、そのうちのひとつに「アジア系レズビアン」の分科会があり、タイ、インド、中国系アメリカ人、日本からの参加者により各国の状況や個人史などが発表された。こうした意見交換の中から、アジアにおけるレズビアンたちがおかれている厳しい状況が確認され、「アジアの中でもっとレズビアンが生きやすいようにするためには、（略）ネットワークがあった方がいい」という声があがったことで、ALNが設立された。

第一回ALN会議は、四年後の一九九〇年一二月にタイのバンコックで開かれた。中心となったのは、「アンジャリー」というタイのレズビアン・グループである。この会議には、タイ、バングラデシュ、インド、マレーシア、シンガポール、インドネシア、フィリピン、台湾、日本のアジア九ヵ国からの参加者のほか、アメリカ、オーストラリア、イギリス、オランダからのアジア系レズビアン、約六〇人が集まった。

後にIさんのライフストーリーの中でも語られることになるが、第一回ALN会議は、タイからの参加者の中に、タイ在住の白人女性が入っていたことをめぐって「紛糾した」。この点については、とくに欧米に在住しているアジア系のレズビアンから、もっとも強い抵抗感が示された。しかし、その後のALN会議に白人のレズビアンの参加を認めるかどうかという問題に折り合いをつけることは難しく、ALNは第一回会議以降もこの問題をひきずることになった。

このため、日本で開かれた第二回ALN会議[9]では、その準備段階から、会議に白人のレズビアンの参加を認めるかどうかで大きくもめた。以下、本稿で注目していくIさんのライフストーリーの大部分は、この時の体験について語ったものである（なお、トランスクリプト中のIは語り手で、＊は筆者である）。

3 「アジア系レズビアン」である〈わたしたち〉

「日本人であること」のとらえ返し

そもそもなぜ、IさんはALNに力を注ぐことになったのだろうか。彼女のライフストーリーの中では、アメリカ在住中に味わった「日本人であること」のとらえ返しという経験が、その理由のひとつとして語られている。この「日本人であること」のとらえ返しは、自らが直接に経験した人種差別だけではなく、他の人たちの経験を見聞きするなかで起きてきたものとして語られる。なかでも第二次世界大戦中に強制収容所に入れられていた日系二世の女性との出会いは大きかったようだ。

I：その人は二世で、あの、サンフランシスコに住んでる人で。で、その方がね、強制収容所に入ってたのよ、入れられてたわけ、あの、ティーンエイジャーのころ、うん。で、その方との出会いってのもすごく大きかったよね。で、それで、なおさら、あたしはすごくそういう日系人の受けた差別っていうのをいろいろ聞いて、で、やっぱりショックだったし、んー、やっぱ自分の問題として、考えるようになったの。（略）自分自身はなんか日本にいて、日本人であるってことを誇りに思ったことなんて一度もなくて、むしろあの、なんて言うのかなー、（・・）うーん、誇りに思うっていうのはすごく愛国主義みたいな感じで、嫌だなってむしろ思ってたですよね。でも、じっさい自分が日本人であるっていうことを、否定されてみると、やっぱりすごく逆にとらえ返す、だから愛国主義的、愛国主義とは違った側面で。

I：だから、あたし自身はだからその、アメリカで、そういう自分がアジア人としての、アイデンティティを持ったっていうことがやっぱり、のちのちにアジア系レズビアン・ネットワークをすごく一生懸命つくろうっていうかね、やっぱそういう風に思ったこととも繋がってると思う、うん。

ここにはある視点の転換が語られている。すなわち、それまで「日本人として誇りに思う」ことを「愛国主義」と同一視し、抵抗を感じていたIさんが、「日本人であるっていうことを、否定され」るという経験を通して、むしろ日本人である〈わたし〉、さらにはアジア人である〈わたし〉を強烈に感じるようになっていったのである。これが、Iさんの言う、日本人であることを「逆にとらえ返す」という経験である。

レズビアンであり、アジア人であること

さて、この「日本人であること」のとらえ返しという経験は、「レズビアン」というカテゴリーもまた、エスニシティを軸にして分割されているという認識へ繋がっていく。この認識は、先にふれた第一回ALN会議での逸話を語るライフストーリーにおいて次のように語られる。

I：その会議に、タイに住んでいる白人の人も来てたわけですよ。／／＊：うん／／そーれでねー、（会議の）最終日だわね、（アジア系レズビアン）ネットワークの中に、非アジア人レズビアンを入れるかどうかで／／＊：うん／／すごい議論になったわけ、うん。で、そのーーー、結局アジアの中だと、白人の人たちっていうのはある意味ですごいサポートをしてくれる／／＊：うん／／人たちいるわけじゃない？　まあ日本もそうだけども。だから、レズビアンの集まりをアジアでやる場合には、やっぱ白人のレズビアンがその中に関わってくることって結構すごく多くて。ただその時にどういう風に関係を作るかっていうことって、私はすごく問題だと思うのね。／／＊：うん／／（略）やっぱ白人だっていうことで、アジアではある意味ではすごく優位な立場で暮らせる人たちっているわけだから。そうすっと、やっぱそういう意味で、できるだけアジア人としてのアイデンティティっていうか、そういうものを中心に考えた時には、白人の人たちと本当に対等な関係でできればいいけれども、んー、なかなかその辺は私自身は難しいなって思ってたんですね。たとえば、英語圏から日本へ来た多くの白人の人たちは、英語を教えて高い給料をとっている。日本に住んでいるのに日本語を使わず、学ぼうともしない。そういう人たちを見るとオカシイと思う。//＊：うんうん//だから、やっぱALNでは、やっぱりアジア人だけでやる方が、私自身はいいと思ってたけれども。でもたとえば、んー、ほんとにコミュニティがなくて、アジアの国で、で、やっぱり白人の人が来て、いろんなインフォメーションをくれたりとか、やっぱりそういう中で、コミュニティが形作られたりとかってこともあるわけだから。//＊：うん//まあ、「アンジャリー」の場合には、（白人のレズビアンを）入れたわけだよね。（略）でもそれに対して、欧米で暮らしている人（で）、アジア系の人たちからはすごい反発があったわけ。//＊：うん//もう、あのー、自分たちは、その自分たちの住んでいる欧米の国で、常にやっぱりマイノリティーとして//＊：うん//暮らしてるわけでしょ。//＊：うん//んで、「やっとALNで来たのに、またここでも白人の人がいるのか」っていうか、「それはやめてくれ」っていうかね、「エイジャン・オンリーのスペースを確保して欲しい」っていうか。で、もう、その話になっちゃうと、もう全然やっぱり折り合わないっていうか。生きてる状況が違うから、すごく分かり合うことが難しいですよね。で、ま、私自身はアメリカで、そういう人種差別受けたりしたから、やっぱりー、分かるんだよね、その辺はね。あのー、うーん、エイジャン・オンリーっていうのは、それはそうだろうなっていうか。で、その問題は、日本でもひきずったわけ。日本で（第二回ALN会議を）やった時にもね。

ここでは二つのストーリーが同時に語られている。一つは、会議の最終日に起こった問題について分析的に語るストーリーである。Iさんは、アジアに住むアジア系レズビアンと欧米に住むアジア系レズビアンとでは「生きてる状況」が違うのだと語る。すなわち、アジアに住むアジア系レズビアンにとって、白人のレズビアンは「インフォメーションをくれたり」、「サポートをしてくれる人たち」であり、協力関係にある場合も少なくない。他方、欧米に住むアジア系レズビアンの場合、アジア人であるというだけで、常に白人の視線にさらされ、差別されている。彼女たちにしてみれば、「エイジャン・オンリー」のスペースを確保してほしいという気持ちがあるのは当然だ。このように、前者と後者では、白人のレズビアンとの関係のあり方に違いがあるため、会議に白人のレズビアンの参加を認めるかどうかという問題に決着をつけるのは難しい、とIさんは分析する。

この問題に決着をつけるのは難しいとしながらも、Iさんは、「ALNでは、やっぱりアジア人だけでやる方が、私自身はいいと思って」いるとも語る。これがもうひとつのストーリーである。もちろん、「白人の人たちと本当に対等な関係でできればいい」。しかし、これまでの自分の経験からすると、それは「難しい」。しかも、「私自身はアメリカで、そういう人種差別受けたりしたから」、「エイジャン・オンリー」のスペースを求める気持ちは「やっぱりー、分かるんだよね」というふうに、もうひとつのストーリーは語られる。

このように、Iさんにとって、「日本人であること」のとらえ返しという経験は、たとえ同じレズビアンであり、運動において協力関係にあるとしても、アジア系のレズビアンと白人のレズビアンとでは決定的に違うところに位置させられているという認識へと繋がっている。この認識によって、「レズビアン」である〈わたしたち〉は、「白人」であるか「非白人」であるかを軸に分割され、アジア系レズビアンである〈わたしたち〉が語られ始めるのだ。

4 〈わたしたち〉のさらなる分割

どのような〈わたしたち〉を語るのかをめぐって

Iさんにとってアメリカでの差別体験は、「レズビアン」というカテゴリーがエスニシティを軸に分割されているという認識へとつながっていた。そこでは、アジア系レズビアンと白人のレズビアンとの関係は、差別 - 被差別の文脈で語られる。しかし、Iさんがもう一つのストーリーにおいて同時に語っていたように、白人のレズビアンと一緒にコミュニティを作り上げてきたアジアに住むアジア系レズビアンの多くは、白人との関係を、必ずしも差別 - 被差別の関係として認識してはいない。日本のレズビアン・コミュニティもその例外ではない。まさに、この認識の違いが、日本で開催されることになった第二回ALN会議の準備段階で、表立って現れることになってしまう。

I：ただ、(第二回ALN会議の) 準備をしている段階で、やっぱり、あのーー、みんな違うじゃない？ やっぱ考え方が、ねえ。それで、やっぱいろいろあって、で、それは大変だったね、すごくね、うん。

＊：具体的にどういうことが？

I：うん、だから、あたしなんかはやっぱりアジア人ってことにすごく、アジア系ってことにすごく／／＊：うん／／こだわって、それでやりたいって思って、ほんとにもう自分の仕事も、アーハハハハ、二の次にしてぐらいに。（略）で、やっぱりすごくアジアっていうアイデンティティにこだわってやってたけれども、でもそうじゃない人もいるわけじゃない？（・・）ねえ。なんか『ALNってなんザンショ！』とかっていうパンフレットが出たのよねぇ、ハハハハハ、ハッハ。頭きたよ、あれ見た時、すっごい。ほいで、あーのー、まあ、後から考えたらおかしいんだけどね、そん時はとても頭にきました。

＊：それは誰が出したんですか？＝

I：＝だから何人かの人が出したわけよー、ハハハ、うん。だから、要するに、んーー、だから、「ALNってなんざんしょ」って思ったんでしょうねー、／／＊：うーん／／うーん。まあ、だからあたしも今から考えたら、そういう風に、「だってALNつったら、アジアでアジア人にこだわってやるんだっていうのは、みんなそれは共通の認識でしょ」って私は思ってたわけよ。それとか、自分がやっぱりアメリカで経験したこと、その白人と有色人種って違うし、日本でも、同じレズビアンでも、白人の人と日本人のレズビアンはぜんぜん立場が違うとか、／／＊：うん／／「そんなのはもうみんな言わなくたって分かるでしょ」って私なんかは自分でやっぱ思ってたけど、でもそれは間違いなのよね。やっぱ実際そういう人種差別、自分で受けた体験のない人には分かんないですよね。むしろ、そういう白人の人と一緒にやることの方がすごくいいみたいな、あと恋人が白人の人だったりとか。

I：やっぱり、あのー、日本でも、日本のレズビアンのコミュニティは、欧米人の、白人の人たちとも一緒に作っているから、ALN会議の時にも白人の人を入れてもいいんじゃないかっていう人もいたしね。／／＊：うーん／／だから、その辺は、すごくやっぱり、みんなこだわってることとか違うなって思いましたよね。

Iさんにとってみれば、ALNなのだから、「アジア人にこだわってやる」ことは当たり前のこと、みんなの「共通の認識」だと思っていた。しかし、実際には、「こだわっていること」の違いに直面してしまう。ここで、「アジア人にこだわってやる」〈わたしたち〉に対して、「そうじゃない人」たちは〈かれら〉の位置におかれる。なかでも象徴的な〈かれら〉として語られるのが、ALNの準備会を痛烈に批判した『ALNってなんザンショ！』というパンフレットである。

「アジア人にこだわってやる」自分たちとそうではない人た

ちとの違いをIさんは次のように分析する。「同じレズビアンでも、白人の人と日本人のレズビアンはぜんぜん立場が違う」ということは、人種差別を「受けた体験のない人には分かんない」のだと。アジアに住むアジア系レズビアンとアジアに住むアジア系レズビアンとでは「生きてる状況」が違うとする先述した語りにおいてもそうであったように、ここで「こだわっていること」の違いは、差別体験があるかないかの違いとして語られる。こうして差別体験はIさんの語りの中でくり返し引き出される。

既に述べたように、アメリカでの差別体験はIさんに、「日本人であること」のとらえ返しという経験を迫った。「白人」優位の文化の中で「非白人」として生きるとは、「日本人」とか「アジア人」とかいうように単一化され、周縁におかれるということでもある。だからこそ、むしろ強烈に「日本人である」ことや「アジア人である」ことに気づかされてしまう。こう考えれば、「日本人であること」のとらえ返しという経験は、「白人」を中心とした関係の中に、日本人やアジア人である〈わたしたち〉を位置づけ直すという経験だった、とも言えるだろう。

「同じレズビアンでも、白人の人と日本人のレズビアンはぜんぜん立場が違う」。つまり、レズビアンの間でも「白人」は中心で、「非白人」は周縁におかれている。こう考えるIさんにとって「アジア系レズビアン」という〈わたしたち〉とは、「白人」と「非白人」の非対称性を告発する〈わたしたち〉でもあるだろう。ここに「アジア系レズビアン」である〈わたしたち〉を語ることの重みがある。

他方、白人のレズビアンとの協力によってつくりあげられてきた日本のレズビアン・コミュニティにとって、白人のレズビアンを含んだ〈わたしたち〉を維持していくことも大切だった。「アジア系レズビアン」である〈わたしたち〉を語ることは、白人のレズビアンを含んだ〈わたしたち〉の間の裂け目を認めることでもある。そのことに抵抗を感じた人たちがいたとしてもそれほど不思議ではない。白人の女性と親密な関係にあった場合、〈わたしたち〉の間の裂け目を認めることはより困難であったことだろう。

一方に、「アジア系レズビアン」としての〈わたしたち〉を語ることの重みがあり、もう一方には白人のレズビアンを含んだ〈わたしたち〉を維持していくことの重みがある。第二回ALN会議の準備段階で表面化した「こだわっていること」の違いとは、どちらの〈わたしたち〉を語ることを重視するのかをめぐる違いだったとも言えるだろう。

〈他者〉の「叫び」

どちらの〈わたしたち〉を語るのかをめぐる相違はあった

ものの、第二回ＡＬＮ会議は、予定通り一九九二年五月に開かれ、日本から約一四〇人、海外から約三〇人、計約一七〇人が参加した。会議への参加者は「アジア系オンリー」ということで決定した。しかし、白人のレズビアンの参加を認めてもいいのではないかという意見も根強くあったため、「折衷案として」、前夜祭だけには白人のレズビアンも参加できるようにした。こうして、第二回ＡＬＮ会議に、白人のレズビアンの参加を認めるかどうかという問題は、とりあえずの解決を見た。しかし、会議の開会式において、エスニシティをめぐる新たな問題が起きてしまう。

開会式では、参加者の紹介が行なわれることになっていたが、一七〇人もの人たちを一人ひとり紹介するわけにはいかない。そこで、「インドから来たレズビアンの人、どうぞ（立ってください）」というように、国ごとに紹介し、挨拶をするという方法がとられた。

Ｉ：で、それで、日本の順番が来た時に、司会の一人が「日本に住んでいる、日本人のレズビアンの人、立ってください」って言っちゃったのよ、うん。（・・・）ねえー。私もそん時、会場にいたけど、自分でもやっぱり「うかつだったなー」っていうか、自分自身でそういうアジア人とかってことにこだわって考えてたのに、やっぱりこのなかで在日の人たちのことってすっぽ抜けてたんだなって。それは別に在日だけじゃなくて、日本には日本人だけじゃないわけじゃない？　住んでんのは、ねえ。（略）いろんな人たちがいるわけでしょ？　うん。だから、「日本に住んでいるレズビアンの人、立ってください」って言うんなら問題ないけど、日本に住んでるの日本人だけじゃないっていうことに、やっぱりこう、気がつかないっていうか。で、そん時に気がついた人はいたのよ、すぐ。「あっ、それちょっとおかしい」とかつって、で、だから、いちおう謝ったのね、その司会は、後で。あの、気がついてっていうか、抗議がきて。／／＊：うん／／でも、それでおさまんなかったの、／／＊：うん／／うん。

Ｉ：やっぱり私の中ではアメリカにいた時に自分がそういうアジア人っていうことで自分はなんかすごくこう白人に対しての、やっぱりこう、うーん、人種的なそういう、アイデンティティっていうかな、やっぱそういう少数派にいる立場の人のそういう辛さとかは分かってたつもりではいたけども。でも、日本ではやっぱり自分は、やっぱり日本人であって、そういうアイデンティティは問わないでも生活できちゃう自分っていうものをやっぱ改めて感じたし。

開会式でのこの出来事によって、Iさんは、「アジア人とかってことにこだわって考えてた」にも関わらず、自分のなかで日本に住んではいるが日本人ではない在日コリアンたちの存在が「すっぽ抜けてた」ことに気づかされる。アメリカでの差別体験を通して、「少数派にいる立場の人の……辛さとかは分かってたつもりではいた」。しかしそのわたしは、日本人として日本に住んでいる限り、「アイデンティティは問わないでも生活でき（る）」という特権的な場に位置しているということを「改めて感じ」させられたのだ。

在日コリアンの参加者Sさんからの抗議を受け、司会者は謝罪したが、事態はそれでは「おさまんなかった」。会議終了後、Sさんに「ゆっくり話したい」と申し出たが、彼女は「もうカンカンに怒っちゃってて」、「もう全然そんな感じではない」。手紙を送っても、彼女の怒りがおさまることはなかった。ありありと迫ってくるSさんの怒りに直面して、Iさんは圧倒され、「どうしていいか分か」らず、けっきょく彼女と理解しあうことも、和解することもできなかった。こうした意味において、IさんにとってSさんは〈他者〉であった。

しかし、この〈他者〉との出会いをきっかけにして、Iさんは自分の「身のまわりに」いる在日コリアンたちの存在に、かれらの痛みに気づかされていく。そしてまたその経験を通して、あの時は感じとることができなかったSさんの怒りの意味を感じとるようになっていく。

I：彼女（Sさん）は多分、すごくそのセクシュアリティのことで、やっぱり在日の中でも孤立してると思うのよね。だからすごく期待してたと思うのよね、あの、日本人のレズビアンに対して。で、やっぱり、期待してるがためにより強く。どうでもいい人だったらそんなに怒んないじゃん、ね。あ、「バカ言ってら」ぐらいに、聞き流しちゃうけど。でもすごく期待してた人たちから裏切られたような、すごく強い絶望感。だから期待と絶望感て裏腹だよね、うん。で、ああいう風にぶつけられたんだなぁっていうか、うーん。でもなんかあれはちょっとすごく、あのー、やっぱり（・・）大きな体験で、でもそれだけつよーく、すごくショックっていうか、受けたもんだから、ほんとうにやっぱり。

I：でもまあ、後から考えれば、それだけすごい期待してたんだと思うのよね、うん。だって、やっぱ在日であるってことだって大変なのに、そこでまたレズビアンってことで、いろんな意味でその人にしてみれば厳しいわけでしょ？　で、だから、あのー、単純なレズビアンの集まりではなくて、アジア系レズビアン・ネットワークの会議に来たわけじゃない？　ところがそこでー、いわゆる一般の、日本社会で受けるのと同じような仕打ちというかね、無視されるというか、存在がないものにされるっていうかっていうことは、やっぱり、その人にしてみれば、非常に、やっぱショックだったろうし、頭にきたと思うんですよね。（略）でも、私自身は、そのことをきっかけに、あのー、ほんと改めて、「ああ、そうか、私たちの身の回りにはいるんだなー」っていうか。んで、お店やってた時に、そのことがあった後でね。（略）私がたまたまこういうことがあったんだって話を（あるお客さんに）したら、「いや、実は私は（在日なんです）」って言われて、「えっ」とか思って、すごいびっくりした、うん。（その人は）両親が在日で、結婚してる相手も在日だから、在日の人なんですよね。でもやっぱり日本名使ってたから、分かんないよね。「そっかー、やっぱりみんなそういう風にやって、あの、生きてる人ってまわりにいるんだなー」ってことがよく分かったから。まあやっぱり、その、会議の時に、こうほんとに、こう、突きつけられたっていうことが、ほんとにそういう意味ではよく分かったなーって、やっぱりそういう風にされないと逆に、分からないっていうかね、あの、当事者の人の、そういう叫びっていうか、中途半端じゃないかたちで突きつけられたことによって、自分自身もやっぱ考える機会を与えられたなーっていう、あの、辛かったけど、いい経験だった（・・・）ですね。

あの時、Sさんと理解し合うことはできなかった。だからこそ、あの怒りの背後にあったであろう「鬱積したもの」、その体験の重さを、Iさんは別のかたちで感じとるしかない。自分の身近にいる在日コリアンたちから感じとった痛みを通して感じとるしかないのである。在日コリアンであり、レズビアンであるSさんは、エスニック・マイノリティであるだけではなく、セクシュアリティという面では、自らのエスニック・コミュニティにおいても、あるいは自らの家族の中でも周縁化された存在である。それまでの経験が「厳しい」ものであった分、彼女は期待を胸にALN会議に参加したにちがいない。それにも関わらず、そこでも在日コリアンであることで周縁化され、「無視され」、「存在がないものにされ」てしまった。このようにSさんの体験の重さを感じとることで、彼女のあの時の怒りは、そうした「仕打ち」を受けたことに対する「強い絶望感」として初めて感受される。そして、こう感受することによって、Sさんのあの時の怒りは「叫び」となってIさんの耳にこだまするのだ。

5　おわりにかえて

レズビアンの存在を公の場面から消してしまおうとする暴力が未だに存在している以上、レズビアンである〈わたしたち〉のストーリーを語る政治的必要性は失われてはいない。確かに、一枚岩的なレズビアンを語ることはもはやできなくなった。〈わたしたち〉の間の差異を軽々しく捨て去ったり、強制的に組み入れたり、同化したりすることはもうできない。しかし、このことは、レズビアンである〈わたしたち〉というストーリーを語れなくなったことを意味しているわけではない。そうではなく、それは、レズビアンである〈わたしたち〉というストーリーを語ることが、より困難になってきたことを意味しているのだ。

Ｉさんのライフストーリーが語っているのは、そうした困難さである。そこでは、レズビアンである〈わたしたち〉を語る際に、エスニシティを軸とした差異そのものが問題化してしまう様子が語られていた。そこで語られる差異は、〈わたしたち〉のストーリーに亀裂を生じさせて、〈わたしたち〉を幾重にも分割していく。一見、〈わたしたち〉を断絶していくようにも見える。しかし、Ｉさんのライフストーリーにおいて白人と非白人の間の関係が、日本人と在日コリアンの間の関係が問い直されたように、そこでの差異は〈わたしたち〉を分割していくと同時に、〈わたしたち〉の間の関係を問い直す契機を生み出してもいた。このことは、差異を語ることが、単に「レズビアンと言ってもいろいろな人がいる」といったスタティックな認識として終わるのではなく、レズビアンである〈わたしたち〉の間の関係を問い直していくような、よりダイナミックな運動になりうる可能性を示唆しているのではないだろうか。

レズビアンである〈わたしたち〉の間の関係を常に問い直していくこと。レズビアンである〈わたしたち〉の間の差異を語ることに積極的な意味を見出すことができるとするならば、まさにこの点においてである。そして、〈わたしたち〉の間の差異を語り合い、それぞれお互いがお互いにとって何であるのかを考えていく中で、レズビアンである〈わたしたち〉が何であるのかについて考えることもまた可能になるだろう。

〈わたしたち〉の間の差異のストーリーが出現してきたからといって、レズビアンである〈わたしたち〉のストーリーを語る必要がなくなったわけでも、語れなくなったわけでもない。そうではなく、差異のストーリーの出現は、〈わたしたち〉のストーリーがこれまでとは違う別のかたちで、つまり〈わたしたち〉の間の差異を消し去ってしまわないかたちで語られなければならなくなったことを意味しているのだ。差異をその内に含む〈わたしたち〉のストーリー。おそらくそうしたストーリーは、わたしたちの目の前に、わたしたちに語られるために受動的に横たわっているようなものではない。むしろ、それは、わたしたちが〈わたしたち〉の間の差異を語り合い、〈わたしたち〉の間の関係を問い直していく中から生み出され、育まれていくようなものなのではないだろうか。

注

1　レズビアンのフェミニスト的な再定義を論じたものとして、Radicalesbians (1970)、Abbott & Love (1972)、Rich (1989) を参照。

2　Iさんへの聞きとりは、二〇〇二年四月に一回、二〇〇二年五月に二回、のべ約六時間程度にわたって行なわれた（聞き手はすべて筆者）。本稿で用いるのはこの聞きとりによるテープ記録である。なお、Iさんへのインタビューにあたって、LOUD（レズビアンとバイセクシュアル女性のためのセンター）の大江千束さんに大変お世話になった。この場を借りてお礼を申し上げたい。

3　リブ新宿センターは、一九七二（昭和四七）年九月三〇日に、東京・新宿駅近くの2LDKのマンションにオープンした。名称に「新宿」とつけたのは、全国各地にセンターができて欲しいという思いからであった。センターの主な活動としては、避妊・中絶・離婚・家出などの相談、『リブニュース・この道ひとすじ』の発行、優生保護法「改悪」阻止のための集会や厚生省前の座り込み、キーセン観光への抗議運動、「ドテカボー座」による「ミューズカル・女の解放」の公演などがあった。七七年五月に閉鎖。

4　ウーマン・リブが性や身体の問題をとりあげたこと、およびその評価については、江原（1985）、金井（1989）を参照。

5　付記すれば、日本で最初のレズビアン・グループとして知られているのは、一九七一年に発足した「若草の会」である。

6　日本で初めてのレズビアンのためのミニコミ誌として知られる『すばらしい女たち』は、レズビアン・フェミニストたちによって発行された。一九七〇年代後半は、日本においても、レズビアンのフェミニスト的な再定義を行なうレズビアン・フェミニストたちの声が聞かれるようになった時期である。『すばらしい女たち』の他にも『ザ・ダイク』（一九七八年一月創刊）、『ひかりぐるま』（一九七八年四月創刊）というレズビアン・フェミニスト雑誌が発行されている。

7　一九八四年当時、アメリカで製作された『ウーマン・ラビング』というスライドの上映会が日本で開催された。このスライドは、カミングアウトしているレズビアンたちの写真をもとに製作されたものである。「れ組のごまめ」はもともと、このスライドの日本版を作ることを目的に結成された。しかし、当時の日本において、レズビアンが顔を公表することは今以上に危険を伴うことであり、困難なことであった。そこで、スライドの代わりにミニコミ誌を作ろうということになり誕生したのが『れ組通信』である。『れ組通信』は「れ組スタジオ・東京」によって現在も毎月発行されている。

8　国際レズビアン会議のきっかけとなったのは、一九八五年六月に埼玉で開催された第二回国際フェミニスト会議である。この会議において、日本人とアメリカ人のレズビアンがレズビアンの関係性に関する合同分科会を開いた。分科会は大盛況で、「今度はレズビアンだけでやりたいね」という話になり、五ヵ月後の一九八五年十一月に第一回国際レズビアン会議が開かれた。この会議は、第二回からは「レズビアン・ウィークエンド」に、その後「ウーマンズ・ウィークエンド」に名前を変え、現在も全国各地で開催されている。

9　日本で開催された第二回ALN会議は、「ALNまつり」と呼ばれた。これは、「会議」とすると「堅い」とか「難しい」というイメージを抱かれ、参加を躊躇する人たちがいるのではないかという配慮からであった。

参考文献

Abbott, Sidney & Barbara Love 1972 *Sappho Was a Right-On Woman: A Liberated View of Lesbianism*, New York, Stein and Day.

Darty, Trudy & Sandee Potter 1984 *Women-Identified Women*, Mayfield Paolo Alto.

江原由美子 1985『女性解放という思想』勁草書房

Faderman, Lillian 1991 *Odd Girl and Twilight Lovers: A History of Lesbian Life in Twentieth-Century America*, New York, Columbia UP.（＝リリアン・フェイダマン 1996『レスビアンの歴史』富岡明美・原美奈子訳、筑摩書房）

石川准 1992『アイデンティティ・ゲーム――存在証明の社会学』新評論

掛札悠子 1992『「レズビアン」である、ということ』河出書房新社

金井淑子 1989『ポストモダン・フェミニズム――差異と女性』勁草書房

Plummer Kenneth 1995 *Telling Sexual Stories: Power, Change and Social World*, London, Routledge.（＝ 1998『セクシュアル・ストーリーの時代――語りのポリティクス』桜井厚・好井裕明・小林多寿子訳、新曜社）

Radicalesbians. 1970,'The Woman-identified Women', in Hoagland and Penelope eds. *For Lesbians Only, A Separatist Anthology*, London, Onlywomen Press.

Rich Adrienne 1986 *Blood, Bread, and Poetry: Selected Prose 1979-1985*, New York, W. W. Norton & Company, Inc.（＝ 1989『血、パン、詩』大島かおり訳、晶文社）

杉浦郁子 2002「「レズビアン」という自己――語られる差異とポリティクスをめぐって」(『実践のフィールドワーク』好井裕明・山田富秋編、せりか書房: 74-93)

子どもが生まれても不妊
——「不妊の経験」の語り

松島紀子

1　はじめに

自助グループは、同じような悩みを抱えた人たちが集まり、情報の交換や自分の経験を話しながら互いに支え合うグループである。専門家の指導下にあるのではなく、同じ悩みや疾患などからくる生きにくさを共有する人たちによって運営され、当事者同士の語りの場を提供する。そのような自助グループのひとつに、子どもが欲しいにもかかわらず子どもが産めないことで悩み苦しむ女性たちの集まりである不妊の自助グループが存在する。

私はある不妊の自助グループのイベントに参加したとき、このグループのメンバーが子どもを同伴していることに驚いた。不妊の自助グループは子どもができない辛さを互いに語らう場である。そこに子どもを連れた人たちが参加している。それではたして不妊の自助グループとして成り立つのだろうか。

不妊治療の辛さは「ゴールの見えないマラソン」あるいは「先の見えないトンネル」のようだ、と表現されることがある。不妊治療の成功率はけっして高くはなく、どのくらい治療をすれば自分の子どもが抱けるのかわからない。つまり先が見えないのである。不妊に悩む女性にとって妊娠し出産して子どもができることは「ゴール」だろう、と私は思っていた。それは、私自身不妊で悩み不妊治療に通っていたころ、子どもができることがゴールであると信じて治療に通っていたからだ。それに不妊治療に通っている時期には、妊婦や子どもの姿を見ることさえも辛いことがあった。だから私は当初、どうして子どもがいるのに不妊の自助グループにかかわっている人たちがいるのかが理解できなかった。

不妊の自助グループは、なによりも子どもが欲しいのに子どもができなくて悩み苦しんでいる女性たちのグループのはずだ。そのグループに子どもがいる女性がいる。子どもができたにもかかわらず、なぜ不妊の自助グループに参加し不妊の問題とかかわっているのだろうか。それとも彼女たちも、かかわらなければならないなんらかの問題を抱えているのだろうか。

本稿では、不妊の自助グループで活動してる女性の語りから、不妊であることがどのようにその人の人生にかかわり、不妊とはどのような問題なのか、そして子どもができてもなお不妊であるのはなぜなのかを考えてみたい。

2　不妊の位置

医学の分野での不妊は「不妊症」という定義づけがあり、WHOでも不妊症の定義がある。「通常の性生活を送りながら二年以上経過しても妊娠が成立しない夫婦」が「不妊症」である（桑原 1996: 14）。医学においての不妊症は医療行為の対象になる。したがって不妊の語りが医学のなかで影響力をもつのは、生殖補助技術が社会の中で合意を得るため、なぜその技術が必要であるかを訴えるときに参照されるときである。

日本で最初の体外受精を成功させたと報道されると、その大学病院には全国から問い合わせの電話が殺到したが、そのときの状況は「受話器から子どもを産めない夫婦の悲しみと悩み声が流れてくる。（略）多数の手紙でも子どもを持ちたい切実な訴えが届けられた」（鈴木 1983: 81）というものだった。不妊は悲しいことである、ということに、おそらく多くの人が共感するであろうし、医師は不妊で悩む人の訴えを、子どもを望む切なる願いであると解釈する。「瞼から真珠のように光る大粒の涙を落としつつ、子どもがいない家庭生活のさびしさ、将来に対する不安を訴え嘆願する」（鈴木 1983: 78）。このように医師は不妊患者の語りを代弁する。医学の中での不妊は不妊症であり、子どもができないことは身体的な疾患を疑われ、医療の対象となり、患者という位置づけをされる。不妊の原因が明確でなくても「機能性不妊」と呼ばれる。子どもが欲しいのに子どもができない女性が病院へ行くことによって、「不妊患者」になるのである。子どもができないことは治療すべき疾患であり、そこに、子どもを産めない女性を「かわいそう」とみなす医師のまなざしをかいま見ることができる。

生殖技術（不妊治療、中絶、生命の質の選択）はさまざまな言説の対立を生み出した。フェミニズムでも、ファイヤーストーンに代表されるように、生殖技術の発展は女性解放や女性の地位の向上への可能性を開くといったような生殖技術を肯定する言説もあるが、概してフェミニズムは、生殖技術に対して批判的な言説が多い。生殖技術のなかの不妊治療においては、女性の身体が実験台になっているという批判、家父長制イデオロギーによる女性への子産みの強制といった批判がある。この批判では、不妊女性は家父長制イデオロギーの中で主体性を剥奪され、子どもを産まなければならないという強迫観念をもたされる存在、という被害者的な位置づけをされる。フェミニズムの身体論は、「産む・産まないは女性が決める」といった自己決定論の流れのなかで、母性と母性愛における神話を脱構築し、女性が子どもを産みたい、子どもを持ちたいと思ってしまうことが、社会的・文化的に構築されたものであることを指摘した。フェミニズムは、生殖技術を批判しても生殖技術を受ける女性を批判したわけではない。しかしながら、こうした批判は「女だからこそ私は子どもを産みたい」という声をかき消してしまうおそれがある。また「産む・産まないは女性が決める」といったスローガンは、産みたくても産めない女性の存在を隠蔽してしまうことになる。フェミニズムの視点は、女性が「声」に出しにくかった「母性」や「家族」イデオロギーを可視化してきた一方で、「女だからこそ産みたい」といった不妊の声は拾いにくいという問題を抱えている。

当事者の視点から、不妊で悩む女性たちの声をそのまま伝えたのが『不妊　いま何が行なわれているのか』（クライン 1991）である。原題は「不妊治療を受けた女性たちの告白」で、この原題からもわかるように、不妊の辛さが不妊治療によってさらに増していることが当事者の声としてまとめられている。この本が日本で翻訳され、「マスコミに『フィンレージの会』と『不妊』が取り上げられるにつれて会に手紙の数が増えてきた。（中略）『誰にも悩みをわかってもらえない』と訴える手紙が続く」（フィンレージの会 1994: 6）。そして翻訳メンバーの有志によって「『フィンレージ』の会から」というニュースレターが発行され、自助グループとしての活動をはじめた。交流会が開かれ、不妊の辛さや不安、周囲からの傷つけられた体験などが話し合われた。この活動は現在も続いている。

3　聞き取り調査の困難

今回、私が聞き取り調査を依頼した人たちは、日本海に面した地方都市を拠点に活動し、フィンレージの会とは異なる不妊の自助グループのメンバーである。この自助グループは約二〇名ほどの会員数で、会員の多くは子どものいない女性で、不妊の悩みを持ったあとで子どもができた人も数は少ないがメンバーとして参加している。主な活動として、ニュースレターの発行や、月に数回メンバーたちが集まって交流会を行なっている。聞き取り調査に協力をしてくれたのは、Sさん（二〇代）、Oさん（三〇代）、Aさん（三〇代）、Tさん（三〇代）、Yさん（四〇代）の五名で、Sさん以外はみな子どものいる人であった。Oさん、Sさん、Tさんは専業主婦であり、育児をしながら不妊の自助グループの活動（週に一回）をしている。

私は聞き取り調査の依頼をする際、これまでに経験した取材や調査に対して、どのような不快なことがあったのか話し合ってから聞き取り調査を行なうことにした。その話し合いの中で出てきた不満の声は「調査したらそれでおしまい、なんの報告もなし」ということだった。自分たちが一生懸命話したことがどのように使われているのかわからない。研究者にとって都合のいいところだけを使っているかもしれないという不安もあるという。それに単なる研究対象にされたくないという思いが強い。

聞き取り調査に入る前に、私はフェミニスト・リサーチの調査理念を説明した。S・ラインハルツによれば、フェミニスト・リサーチは、女性学の視点から当事者と調査者が対等の立場に立ち、女性にとってその研究が女性問題に貢献できるものであり、女性の環境を改善するための調査である。調査される側に、研究対象という位置づけを与えるのではなく、自らの体験を語ることでその研究に参加しているという意識をもつことを重視する。調査に参加することで自らが置かれている状況を改善していくという意識を、調査する側と共有し、エンパワーメントを形成していく可能性が求められる。

また、彼女が「Feminist Methods」と方法を複数形で表わしているのは、女性たちがさまざまな声を持っているのに合わせて、フェミニスト・リサーチの方法論が一つだけではないということを意味している（ラインハルツ 1992）。そうしたラインハルツの理念を伝えながら私たちは話し合った。私たちは、〈調査する - される〉という関係ではない調査のあり方をともに考えた。不妊にはいろいろな辛さもある。人によって不妊のとらえ方も違う。また不妊のイメージも違う。不妊ではない人たちにどうやって不妊を伝えられるのか。不妊の声を聞いた人たちの反応が知りたい。さまざまな意見が出た。そうした意見を交換しながら自分たちの経験を話し合うことで、不妊や不妊治療に対する偏見や誤った不妊治療への認識を社会に伝えていくという自助グループの目的と、今回の聞き取り調査のねらいを一致させることができるはずだと考えた。調査に入るまで時間を重ね、議論をし、話し合うことで、フェミニスト・リサーチの調査理念を共有した。そしてメンバーから「私の不妊の体験を聞いて欲しい」という言葉が出てきたことで、私は〈調査する - される〉という壁が取り払われたことを感じた。こうして私たちのフェミニスト・リサーチがはじまった。

不妊のことを話し合いつつ、私がなによりも疑問に思ったことは、子どもがいるのになぜ不妊の自助グループにかかわっているのかということだった。六人で話をしながら、途中誰かが用事で抜けたり、また興味のある話題になると参加したりと自由に話し合った。話し合いの基本的な柱を、不妊治療を受けたか受けなかったか、どうして子どもがほしいのか、不妊の何がつらいのか、医療や社会に望むことはあるのか、ということにして、あとは自由に話し合った。常に六人で話したのではなく、時に二人になったり三人になったり、一対一になったりの状況のなかで、不妊全体についての話や、個々人の不妊についての話、取材を受けたときの話など、途中で中断しながらも三〜四時間にわたって話し合った。

4 不妊の語り

子どものいない生き難さ

今回の聞き取り調査においてSさんだけ子どもがいない。彼女は、二〇代後半でパート勤務をしている。これからも不妊治療を続けていくのか迷っていた。

S：ほんとうに子どもが好きで欲しいのか、ただみんなが産んでるから欲しいのか、ちょっとわかんないですけど。でも、だんなに産んであげれないのがかわいそう。だって、そのことでだんなは会社行っても、なにか言われたりするわけでしょう。いまはあんまり言われないみたいだけど、ま、最初のころは「作り方しってんの」とかって、（略）自分は敗者、さっき、勝者、敗者って言ってたけど、私は敗者だと思ってたの、私のこと。この人にできるのになんで私にはできないんだって。（略）みんなにできることが、なぜ私にはできないのか。

子どもができないことは、世間的には「敗者」である。子どもができないことに対する悔しい思いから、Sさんはそうした思いを強くもっている。子どもがいないことで、自分の周囲からあれこれ言われるだけではなく、夫も会社の仲間から「作り方しってんの」と嘲笑される現実がある。そんな夫が「かわいそう」と、産めない自分を責める。子どもがほんとうに欲しいのか、みんなと同じように産みたいだけなのか、それとも夫に対する申しわけなさによるものなのか、不妊を悩む自分の本心がわからない。みんなと同じように子どもが生まれれば、他者からの干渉や詮索をされずにすむ。Sさんに子どもがいないのは、望んでそうなっているものではない。望んでいるにもかかわらず生まれないために、周囲から子どもの有無の問いかけや出産の奨励は一種の圧力となり、それが心の傷になってしまう。その状況から脱する一つの手段として不妊治療があるのだ。子どもができることは、なによりも身近な人たちの自分の性や生殖への干渉から身を守ることになる。私の身を守るために、すなわち私が敗者とならないために、子どもが必要になってしまっている。「ほんとうに子どもが好きで欲しいのか」わからないのは、そうした世間の干渉や詮索に深く傷ついているからである。

Yさんは四〇代、保育士で、子どもが一人いる。自助グループではスタッフとしてかかわっている。

Y：私がそこに行った理由は、要するに、二人目不妊で、一〇年後に二人目できた人なのね、そこのお姉さんが、「私そこの病院でできたのよ。そこの先生がつくってくれたのよ」って。「あなたも行きなさいよ、その病院へ行けば大丈夫よ、できる人いっぱいいるんだから」「あぁそうですかぁ」って私、なんかね、わりとね、あっけらかんとしててさ、子どもいなくても。いなくてもいいってわけじゃないんだよね。いつかできるだろうって、その程度に考えてたの。

＊：結婚して何年目くらいで（不妊治療に）行ったの？

Y：何年だろう？ あれさ、二年、いや、アハハハー曖昧なんだよ、忘れた。

＊：きっかけとしては？ 義理の姉とか、何かが？

Y：そうそうそう、私自分から行こうなんて、さらさら思っていなかった。／／＊：へぇー／／なんかのんきだったんだよね。

＊：そんなもんなんだぁ、義理の姉に言われて？

Y：「行きなさいよ、病院に行きなさいよ」って、あのおんなが一生懸命だったから、ものすごく一生懸命。

結婚しても子どもが生まれないことに対しては、本人よりも周囲の反応のほうが早い。義理の姉から病院へ行くことを勧められたことが、通院するきっかけとなっている。義理の姉に言われたら、たとえどんなに自分が「あっけらかんとしてて」「いつかできるだろう」と思っていても、やはり病院へ行くしかない。義理の姉は、一〇年間二人目ができず、その病院に行くことで子どもができたという経験から、その病院を信頼し強く勧めている。彼女は子どもは一人ではなく二人欲しいと考えていて、少なくとも子どもがいない夫婦は考えられないのであろう。だからこそ、不妊を避け、不妊治療を受けるように子どものできない義理の妹に「一生懸命」通院をすすめるのである。親族など身近にこうした考え方を強くもっている人がいると、子どもができないなら子どものいない人生もありうるという選択肢を設定することが困難になってくる。不妊患者になる以外の選択はむずかしい。Yさんにとって選択権はなかった。「病院に行きなさいよ」という身内の言葉は、嫁として子どもを産まなければならない環境であることをYさんにはっきりとわからせることになった。Yさんにとって子どもを産むために努力をしているという意思表示は、不妊治療に行くことなのである。

不妊治療と葛藤

Yさんの不安は、不妊治療に行くことでさらに大きくなる。医者は、なぜ自分は子どもができないのか、子どもができるためには、これからどのような治療方針でいくのか、自分に投与される注射はどのようなものなのか、いっさい説明しなかった。

＊：医者に聞けない？

Y：聞けなかった。で、その病院にずっと続けるか、転院しようか、でも数年病院に行ってるのに疲れちゃったんだよね。治療やめてから自然に妊娠した。（・・・）不安、不信、不安、うーーん（・・・・）この先生についていって、ついていってって変なんだけど、ずっとここでやっていくのか、転院するか（・・）岐路に立ったんだよね。その間の葛藤が長いわけよ。

＊：葛藤はどのくらい？

Y：真綿で首を絞められるようになってから（・・）葛藤、三年ーー。二年っていうのもあやふや。二、三年、だから三年くらいはそうやって悶々と考えてた。

＊：いわゆる不妊期間だよね。

Y：私、六年できなかったから（・・・・）もっとだね。

＊：不妊期間六年かぁ、突然できたという感じではなかったわけ？

Y：葛藤して、葛藤して、あきらめたわけだもん。

＊：あぁ、あきらめたのか、一時、あきらめたの？　子どもを？　できないと思って？

Y：うん。だからさ、転院しようか、どうしようかという時に、もう、病院行くの疲れたねぇ。あのー、うちからわりと近所だったから、その時にさぁ、もう（・・・）その、あげればきりないけどさ、たとえば、近所の人に会ったらどうしようとかさぁ。／／＊：あぁ／／何も言わない先生に言えない自分がいて、その葛藤もあるわけでしょう。／／＊：あぁなるほどね／／私はたまたま先生が勧めなかったから、考える時間があって、自分には子どもも、自分にとって子どもって何だろうって考える時間ができた。

＊：その答えって出た？

Y：でないよ。今でもでないよ。

＊：それがでないんだよねぇ。どうして子どもがほしいかって答えはおそらく永久に出ないだろうね。／／Y：でな

い、でない／／子どもがいても出ない？

Y：（大きく、強い声で）でない、でない、それも今ね、私もすごいテーマなのね、うん。子どもってなんなのって、私のテーマなのよね。うーん。もうエピソードが数え切れないほどある。

治療をやめてから自然妊娠をした。この経験をもとにYさんは不妊とは何か、不妊治療とは何か、をあらためて問い直さなければならなかった。不妊治療中の葛藤は、Yさんに子どもがなぜ欲しいのかを問いかけることになる。

既婚女性にとって、子ども産む理由はほとんど問われることはない。子どもがいる女性に「どうして子どもを産んだの？」とは聞かない。しかし、子どもがいない理由を問われることはたびたびある。「お子さんは？」から始まり、「二人目は？」「どうして子どもつくらないの？」といったものが多い。結婚してほどなく子どもができれば、女性は「子どもとは何か、なぜ子どもを産みたいのか」と自問自答することは少ないだろう。しかし、不妊、そして不妊治療という経験を通して、なぜ子どもが欲しいのか、というきわめてむずかしい問題に突きあたる。結婚したら子どもが生まれることが当たり前だとされているからこそ、不妊という経験によって「子どもとは何か、なぜ子どもが欲しいのか」という通常なら問われないことに悩まされる。これも辛い経験のひとつである。不妊治療に行くにも心身共に疲労してしまったYさんは、不妊治療をやめたものの、そう簡単に子どもをあきらめることはできなかった。自然妊娠までの期間、Yさんは医師に聞きたいことが聞けないような、そんなふがいない自分に腹立たしいだけではなく、病院へ行ってることを近所に知られたくないといった、そんな子どもが産めないことをあからさまに主張できない自分にいらだちを覚えていた。やがて、この葛藤はYさんの中で「子どもって何なの」という新たなテーマとなっていく。

「葛藤して、葛藤して、あきらめた」。不妊治療をやめることが、子どもをあきらめるとことに直接つながっている。その辛さを表現したものだ。インフォームド・コンセントがきちんとなされていない。それが医師に対する不安や不信感を醸成し、通院を続けるかどうかに悩むことになる。不妊治療を続けていれば、そのうち妊娠できるかもしれないというかすかな希望もある。子どもが欲しいと願う女性にとって、不妊治療をやめることは自ら出産を断念するということに等しい。惰性のように続ける不妊治療よりも辛い選択となる。Yさんはそんな葛藤に葛藤をかさね、不妊治療に行くことをやめたのである。

Y：自分がたいした、のんきだったわけよ。子ども、子どもって、ものすごく最初から、私、欲しい、絶対欲しいなぁ、欲しいっていうのじゃないのね。周りに言われて、じわじわ、じわじわ真綿で首をしめられるように、姉に言われて、姑に言われ、えー、なんだ、（・・・）母に言われ、親戚に言われ、言われ、言われて、もしかしたら私って、このままできないんじゃないかしら、できなかったらどうしよう。

＊：できなかったらどうしようってなっていくわけだ。

Y：うん。できなかったらどうしよう。私、この先どうすんだろう。

＊：で、結局できたじゃない。

Y：いきなり、そこ飛ぶ？　その葛藤がものすごくある。

Yさんは子どもができなかったらどうしよう、という不安を結婚当初から抱えていたわけではない。姉、姑、母、親戚たちとの相互関係のなかで「女なら子どもを産むもの」という女らしさのアイデンティティが形成されていったのである。結婚したら女は子どもを産むのが当たり前だと思いこんでしまった。子どもはそのうちできるだろうとのんきに構えていたYさんに、「女は子どもを産むもの」という観念が強迫的にすり込まれる。子どもがなかなかできなかったYさんは、しだいに焦り出す。子どもがなかなか生まれないことで、しだいに子どもが「できなかったらどうしよう」という不安が生じる。子どもが産めない自分という現実と女は子どもを産むものという観念の葛藤の末に、子どもができない自分を受け入れようとした。そんなときにYさんは妊娠をする。産めない私でよい、とやっと自分らしい選択をしたとき、Yさんは妊娠し、子どもを産んだのである。

「結局できたじゃない」。私のいささか短絡的な問いかけに対して、Yさんは「いきなり、そこ飛ぶ？」と不本意な表情で返答したのも、彼女が葛藤を重ねてきたその過程こそ、不妊のもっとも基本的な問題が隠されていると考えていたからであった。私は単純にも、自分の経験から不妊のゴールは子どもができることだと思っていた。どんな葛藤があったにせよ、結局、子どもができたのだからYさんにとってよかったのだという思いから発した言葉だった。しかし、出産は不妊のゴールではなかった。不妊の辛さの経験は、子どもができることではけっして解消するものではない、ということなのである。

子どもができても

＊：何がつらいって一言じゃむずかしいね。

Y：一つじゃくくれないよね。そのときの自分がやっぱり、ほら、人間として価値がないっていう（・・）さぁ、思ったわけよ、自分は。
＊：うーん、価値が、なに、子どもが産めない自分は価値がないって？
Y：そうそう、なんのために自分はさ、//＊：重いねぇ。//だから女っていうのは、子ども（・・）自分にもものすごいすり込みあるよね。だから女って子ども産まないと価値がないって、あって、自分は何のために、子ども産まないのに何のために生まれてきたかって、そういうふうに思うようになったのね。
＊：でも、できたでしょう。それはどうなの？
Y：それは、あれだよね。いっときは、あのね、私、どっかの文章に結構書いてるんだけど、あのね、えーと、ほんとうに、子どもができた喜びじゃないんだよね。
＊：どういうこと？
Y：勝利者になった喜びなんだよ。//＊：勝利者？//子どもを得る喜びより勝利者になった喜びなんだよね。
＊：何に対して？
Y：いままで自分に対して圧力をかけてきた人、攻撃した人、ざまぁみろって。

子どもがいないことでYさんに圧力をかけたり攻撃した人たちは身近な人たちだった。辛いことがあった時、通常身近な人たちがそのサポートにあたる。しかしYさんは子どもがいないという理由で身近な人たちに心を傷つけられる。身近で親密な人たちだからこそYさんの受ける心の傷は深いのである。Yさんの出産は、自分もみんなと同じように子どもが産めるのだと、見返してやったという思いなのである。Yさんはそんな自分を「勝利者」と呼ぶ。

Yさんが「産めない自分は価値がない」と思うようになったのは、女なら子どもを産むもの、という観念が子どものときから形成されてきたからである。なぜ女なら子どもを産むもの、と思うようになったのかをふりかえると、たとえば、月経は将来おかあさんになれる証といった性教育での言説や、初潮をむかえたときに家庭で赤飯を炊いて祝う風習があることなどが思い起こされる。生理や妊娠のメカニズムを学ぶ機会はあっても、不妊の例が少なくない現実を知る機会はほとんどない。結婚をしても子どもができないことを経験しないかぎり、不妊が何であり、不妊で悩む人がいる現実は知られることがない。

Y：○○の会〔自分の属する不妊の自助グループの名称〕やってるって、みんな知ってるんだよね。それにもかかわらず、子どもがらみのさ、（保育士の）仕事したあとにさ、お茶飲みながらさ、子どもの話するでしょ。「早く二人目産めばいいのよ」って、言ーわーれーるーのよ。よくぅー（笑）。／／＊：うーん。／／ばっかやろうーでしょうー。

＊：一人いるのに？

Y：うん。で、もっとひどいことといわれたのはね、えーとね、（・・・・・）前ね、何年か前にね、「子どもはね、一人二人もってはじめて家族っていえるのよ。子どもが一人じゃ家族じゃないのよ」って。

Yさんは友人に「早く二人目産めばいいのよ」と言われた。友人はYさんが不妊で悩んでいたことを知っていたはずである。ところが、Yさんには子どもが一人いるから周りの人たちは二人目ができないとは思わないのだ。とりわけ苦労をすることなく母親になった人たちには、Yさんの状況や気持ちはとても理解できない。多くの母となった女性は、その実体験があるから子どもは簡単にできるものだと思っている。そして、その典型的な家族像は「子どもが一人じゃ家族じゃない」という表現にこめられる。やっとの思いで一人目の子どもができても、その家族像をしっかりともっている女性からは「早く二人目産めばいい」「子どもが一人じゃ家族じゃない」と責められることになる。

Y：不妊の時、あのー、ものすごーい気持ちになってるわけでしょ。それが癒されないまま、子どももってるんさ。

＊：だって、不妊ていうのは子どもができたら癒されるんでしょう？

Y：どうして？

＊：だって、子どもができないことが不妊なんだから、欲しくて、欲しくて、できなかったものができたら、それは終わるじゃないって、だれだって思うんじゃない？

Y：じゃぁ、そのときの、じゃぁ、私の気持ちは、じゃぁ、子どもがいれば、子ども育ててれば癒されるの？

＊：子ども産んで育てたことで癒されるのと違うの？　自分から望んだ子どもなんでしょう＝

Y：＝そのとき、あのー、悩みは、やっぱり、その部分で癒されなければ子どもができたとしても子どもに伝染させるだけだよ。その気持ちをね。

＊：で、その気持ちって？

Y：ものすごい辛かった気持ちがさ（・・・・）あのさ、子どももいないってだけでさ、それだけで悩む？　いろんな人に言われ、いろんな人に傷つけられ、医療に傷つけられるから悩まない？

＊：総合的に（・・）そういったことを含めてやっとできた子どもなのよね。

Y：だから、医療者、他人、親まして自分の親に、ものすごく傷つけられてきてるよね。子どももいないっていうことだけではないでしょう、ね。そういう人たちからの傷つけっていうのはさ、癒されてない。そのときに傷ついたものは、そのとき癒されないと。

子どもができたからといって、癒されるものではない。不妊であることで傷ついた気持ちは子どもができても解消されない。不妊の経験は子どもができたことによっては癒されないことにあらためて気づかされた思いがした。子どもができないことも辛いが、子どもができないことで人間性までもが否定される経験は、子どもができたという目先の現実で見えなくなってしまっていた。不妊だからこそ不妊の悩みを共有できるという私の考えはどうもまちがっていたようだ。「同じ不妊の経験」というものは存在しない。不妊を経験したからこそ、わかり合える辛さはたしかに存在するが、その逆に、不妊を経験したがゆえに、それぞれの固有の経験があるのだということも真実なのである。

Yさんは、子どもが産めることが女性としては当たり前であり、子どもの産めない女性を同じ女性が受け入れない、あるいは、社会が受け入れないという体験をする。周囲から「産めない自分（女）」を受け入れてもらえず、しかも子どもが一人いても受け入れてもらえない体験をする。子どもを産むというきわめてプライベートな出来事にもかかわらず、不妊から出産までの過程で、親戚、友人、医療が介入し、ひどく傷つく。子どもが産まれ育てていても、過去に受けた傷ついた経験は癒されることはない。

自助グループの存在は、そうした社会から受けた心の傷を癒してくれるのかもしれない。共通の経験をもつ者同士が語り合うことによって、過去の経験を思い起こし、共有し、共感し合う。それがYさんのいう「その時に傷ついたものは、そのとき癒されないと」いけないということであり、Yさんがはたしている自助グループの役割になるのである。

Tさんは三〇代で、不妊治療によって生まれた子どもが一人いる専業主婦である。

T：子どもがいてもずっと、ずっとひどいんだもの。

＊：何がひどいんだろう？

T：だって子どもが産まれたら「あなた子どもが産まれたからそういうふうに言うんでしょう」って、手のひら返された。//＊：うん//産んだ今でも変わりがないはずだって。それをみんな他の人たちに証明させるためにこうやっているのに、それなのに、昨日までいっしょにずっとそうだよね、って言ってきたのに「あなたは産んだからそんなことが言えるのよ」って。言ってることは、昨日とまったくかわりないのに。//＊：うーーん//どうして、じゃ、私はどうしたらいいの。

＊：じゃ、子どものいる人とつきあってみるのは？

（（参加者全員（この時点ではTさん、Yさん、Oさん）全身で否定する。））

O：それ、すっごいつらいんだよ

[[

T：そういう問題ではないし、それは、すっごく辛いのよ。余計つらいよ。

（（子どもが激しく泣き出し、中断））

T：子どものいる人とつきあうの 、すごくたいへんだよ。だって、こうやっていたら、子どもがいるこの姿見たら、誰が、いったい、私がこの子産むまでにどれくらい、どんなことがあったのか、誰も知らないでしょう。

＊：なるほどねぇー、むずかしいー。

T：べつにわかってくれとは言わないけど。でも二人目を望むってことは、私にかぎって言えば無理だろうし、二人とも、私も夫も、もう一回、またあの病院通いをするつもりは今のところないし（（略））その不妊とかっていう、そういうことにはいっさい関わらず、やっぱり家族は増えていくものって感じで、周りは、一人目いるからすぐできるわよって。一〇年間不妊で、ＡＩＨ〔配偶者間人工授精〕で子どもができた。子どもがいても、べつに不妊が治ったわけじゃない。不妊が治ったとして、自然に子どもができたとしたら、子どものいる人たちとやっていけるかもしれない。今は自分の居場所がない感じ。

子どもがいても子どもの数が一人では、母親同士の和に入ることができない。子どもが一人いるということで不妊であるとは思われず、簡単に子どもができるものと思われ、不妊である自分の身体を再度直視しなければならないことになる。自らの力で子どもを妊娠したのではない。再度不妊治療に通わない限り、二人目は望めない。「子どもがいても不妊が治ったわけじゃない」。一方、不妊の辛さを語り合ってきた友人たちは「手のひらを返す」ように態度を変えていく。何か少し違うことを言うと「子どもが産まれたからそういうふうに言うんでしょう」って。子どもができたことによって、Tさんは「居場所」を失う。

　不妊治療は産めない身体を産める身体にするものではない。子どもを産むためのプロセスに人工的に介入する技術であるからこそ、治療ではなく生殖補助技術なのである。不妊治療は、文字どおり不妊を治療するかのように思われるが、実際には治療とは異なる。それゆえ、二人目を望んだとしても簡単に妊娠できるわけでもない。この不妊の経験を共有できないいらだちとあきらめから、子をもつ母親たちの中に入っていけない。不妊の悩みを共有していたはずの友人も、Tさんの妊娠と同時に離れていく。不妊の悩みや苦しみという共通点で結ばれていた絆は、仲間の妊娠・出産によって分断される。子どもができたことで、いままで築いたコミュニケーションも崩れていく。

5　不妊のふりかえり

不妊の経験は、子どもができないというだけの悩みではない。子どもができないことを身近な他者から指摘されたり、医療関係者から発せられる心ない言葉で、傷つけられる経験である。不妊の辛さの語りは、人びとが女は結婚して子どもを産み育てるもの、ということをなんの疑いもなく受け入れていることを物語る。女性の身体は子どもを産むものと定義されているのである。

Yさんたちが子どもができても不妊の自助グループでサポートを続けているのは、不妊によって生じる悩みや苦しみは子どもができても解消できないものであることを物語る。不妊の経験をふりかえり、このふりかえりを通して共に語り、いまなお不妊で悩み苦しんでいる人の気持ちを理解するとともに、自らを癒し合うことができたのである。またTさんの語りからは、子どもができた結果、それまでの「居場所」を失うことで、不妊の自助グループにとって子どもの欲しい人と子どものできた人が混在することの困難をうかがうことができる。不妊が辛いのは、「女は子どもを産むもの」という根強いジェンダー観があるからである。なぜ子どもを産むのか、子どもをもつということはどういうことか、という主体的な問いを発する意識が芽生えにくいのは、女性にとって子どもを産むということがあまりに当然のこととして認識されているからである。不妊によって傷つく経験を通して、はじめて「子どもとはなにか」を自問自答しなければならなくなる。

結局、「私が子どもを欲しい」のは、子どもが好きだからか、周りのみんなに子どもがいるからなのか、周りの人が子どもをもつことを勧めるからなのか、子どものいない理由をたずねられるからなのか、語り手にとってもはっきりしない。

不妊で苦しんだすえに子どもができる体験は、不妊を乗り越えたという体験ではない。不妊に伴う苦しみの経験を乗り越えることと、子どもができた経験とは違うのである。たとえ子どもができても、不妊である自分の身体も、傷つけられた心もかわらない。ところが、周囲の人たちは、自分たちが発した心ない一言がいかに不妊の人たちを傷つけているか、想像すらできない。結婚したら女性は子どもができて当たり前であり、しかも子どもは二人以上が当たり前といった家族観をごく当然のように押しつける。

ただ、語り手もこうした女性の身体観や家族観をある程度共有しているからこそ傷ついたのである。この身体観や家族観を作りだし、それを支えているのは、世間というマジョリティである。マジョリティに組みする人たちは自らの位置を問うことも問われることもない。だからこそ、YさんやTさんは自らの不妊の経験のふりかえりによって、産んでも産めなくても、不妊の経験そのものは変わらないということを伝えなければならなかったのである。

不妊の経験のふりかえりは、二人の子どもという家族観や、女は子どもを産むものという女性の身体の定義化を問い直すターニングポイントになった。Yさんは勧められるままに病院へ行き、不妊治療に悩み葛藤するが、それはこうした一般的な家族観や女性の身体観をもとにしていた。結果的に子どもは生まれたが、不妊の経験から「子どもってなんだろう」という新たなテーマが浮かび上がる。それは、不妊の経験のふりかえりを通して浮かび上がったテーマであり、それまでの身体観や家族観の問い直しであった。不妊の経験を自分の視点に置き換えたとき、産めない自分を受け入れたアイデンティティを再構築できたのである。

6　最後に

「子どもができても不妊は癒されない」「子どもができないっていうだけが辛いのか」「子どもがいても不妊が治ったわけじゃない」「子どもがいてもずっとひどい」。これらの語りは、従来の不妊の語りではけっして出てこなかったものではないだろうか。それは、不妊の辛さを語るインタビュー調査はあっても、不妊のその後をも含んだインタビュー調査がなかったからではないだろうか。不妊は子どもができないから悩み苦しむのであり、子どもができたらそこで不妊は解決すると思われていたからであろう。不妊をテーマにした研究でも、不妊から出産を経た研究は多くない。

不妊は女性だけの問題ではなく、男性の問題でもあるのに、これまでは常に女性にその責任がゆだねられてきた。そのため女性にとって不妊であることは実際上、生きにくい。そのため医療で解決しようと生殖補助技術が発展してきた。この技術によって子どもを得られたカップルもたしかに存在するし、子どもができて幸せだとのちに語ってくれた人も多い。しかし、不妊ののちにに子どもができても、なお苦しんでいる人たちがいる。そうした語りは今回のインタビュー調査以外でも存在する。これまで不妊女性は女失格のレッテルを貼られてきた。だから、不妊であることを他者になかなか伝えられない。『不妊』という本を通して不妊で悩む女性たちは、こんな思いをしているのは自分だけではなかった、という思いを共有した。「フィンレージの会」という自助グループは、そんな状況から立ち上がっている。

当事者の集まりである自助グループの場は、不妊の経験の語りを共有し、自分を縛っていたもの、苦しめていたものを見据え、発見する効果がある。不妊の経験をふりかえることのできる場、そしてその経験を許容し受容する仲間が必要だったからこそ、Yさんたちは自助グループに残り、子どもができても不妊の辛さが存在することを伝え合う。子どもができても不妊の辛さが存在することは、だれにも伝えることができない。不妊の人にも不妊ではない人にもわかってもらえないからだ。不妊、不妊の後、これらの悩みや苦しさをわかち合うために不妊の経験のふりかえりを行ないながら、自助グループとして活動を行なっているのである。

参考文献

浅井美智子・柘植あずみ編 1995『つくられる生殖神話』作同人社
江原由美子編 1996『生殖技術とジェンダー』勁草書房
大日向雅美 1992『母性は女の勲章ですか』扶桑社
河上征治編 1994『不妊の治療』永井書店
グループ・女の人権と性 1989『ア・ブ・ナ・イ生殖革命』有斐閣選書
桑原慶紀 1996『不妊外来』メジカルビュー社
コリア・ジーナ 1993『マザーマシーン』斉藤千賀子訳、作品社
桜井厚 2002『インタビューの社会学』せりか書房
菅沼信彦 2001『生殖医療』名古屋大学出版会
鈴木雅洲 1983『体外受精―成功までのドキュメント』共立出版
根津八紘 2001『代理出産』小学館文庫
フィンレージの会編 1994『レポート不妊――フィンレージの会活動報告書』フィンレージの会
Klein, Renate D. 1989 *Infertility: Women Speak Out Their Experiences cf Reproductive Medicine*, Pergamon Press, London.（＝レナーテ・クライン編 1991『不妊』「フィンレージの会」訳、晶文社）
山田富秋・好井裕明 1991『排除と差別のエスノメソドロジー』新曜社
好井裕明・桜井厚 2000『フィールドワークの経験』せりか書房
Nicolson, Paula and Ussher, Jane 1992 *The Psychology of Women's Healin and Health Care*, The Macmillan Press.
Sue, Emmy Jennings 1995 *Infertility Counselling*, Blackwell Science.
Reinharz, Shulamit 1992 *Feminist Methods in Social Research*, Oxford University Press.

〈障害をもつ子どもの父親〉であること
——母親が語る／子どもが語る／父親が語る

土屋　葉

1　はじめに

どうも父親の存在が見えてこないという思いを、障害をもつ人や母親への聞きとり調査を行なっていく過程で抱くようになった。当初から父親の存在を除外していたわけではもちろんない。しかし、つてをたどって「親の方にお話をうかがいたいんです」とお願いすると、紹介されるのはたいてい母親の会であり、母親その人であった。ある時から意識的に、お話を聞かせていただいたご本人やお母さん方に、「お父さんにもお話をうかがえますか？」と聞くようにした。しかし、やはり「いや、ちょっと、無理だと思います」という曖昧な返事がかえってきた。そうしたやりとりをくり返すなかで、父親に聞きとりを依頼することに、ある種の重い感触がつきまとい、自分から言い出せなくなかった時期もあった。

この〈父親の不在〉について、私自身、あきらめに似た思いを抱いていた。通常の子育てにおいても父親が積極的に関わるということは少ない。障害児であればなおさら、母親はほとんどの場合、それまでの仕事を辞め、子どもの世話に専念していくことになる。こうした場に父親が不在であることは当然のようにも思われた。また、母親と子どものデータのみでも、多くの語るべきことがあり、それらだけでも手一杯であった。ともかく積極的に父親に近づこうとはしなかった私がいた。

しかし、たまたま私が出会えなかったというだけではなく、障害者家族には父親不在の傾向があるらしい。たとえば、障害をもつ子どもが生まれた夫婦に離婚が多いことが指摘されている。また、聞きとりにおいては、父親の会で積極的に活動をしている父親と対比し、生まれた子どもが障害児であると聞いて病院から黙って姿を消した父親について語られた。さらにある調査では、障害をもつ子どもをもつ世帯のうち、父親が不在である世帯が一割を占めていることが指摘されている。一般世帯における母子世帯の比率は六・五％（「人口統計資料集」、「国勢調査」『平成一三年度国民生活白書』185）であることから、障害をもつ子どものいる世帯は、父親不在である割合が高いことが推測できる。

父親の存在は、障害をもつ当事者への聞きとりのなかからも見えてこなかった。こちらが質問を発しない限り、父親については語られなかった。そしてやっと父親について聞けたとしても、障害をもつ人たちは、しばし沈黙したのち、「あんまり自分とは関わらない人だったよね」「父親と自分の関係ってなんだったんだろうと思う」といった言葉を口にすることが多かった。尋ねられてみてはじめて、父親との関係について考えてみた、といった表情が印象的であった。母親からは、「そうねぇ、よくやってる方だと思いますよ」といった肯定的な評価が多く聞かれたことは、意外であった。しかし、こちらから尋ねなければ父親については語られないのは同じであった。

ひととおり母親と子どものデータの分析を終えたとき、存在がみえてこないことや、語られないことを理由に、〈父親〉を無にしてはいけないのではないかという思いにかられた。不在であるということが、すなわち子どもや母親との関係を作っていないというわけではない。語られないのであればその理由を問い、語られないなりの出現のしかたを描いてみる必要がある、と考えるようになった。

同時に、こうして意識してみると、私のフィールドではほぼ不在であった父親に出会うことが多くなった。書店の福祉の棚において、母親の手記とならんで父親の手記が、数としては決して多くはないが、ともかく並んではいる。また、インターネットの検索サイトにおいて、「父親の会＋障害児」というキーワードで検索をしてみると、こちらも「母親の会＋障害児」の三分の一強にあたる九二件がヒットした。また、注意してあちらこちらで聞いてみると、いくつかの会では父親の姿を垣間見ることがあるという。ある地域では、父親が積極的に勉強会を開催しているという話も聞いた。

近年、家族における〈父親〉の存在に目が向けられつつある。それと同じように、どうやら障害者家族においても父親への関心が高まっているようだ。また、石川准が障害児の父親たちの新しい「親性」を見出したように、関心を向けられるだけではなく、父親たち自身が、新たに動きはじめていることもみえてきた（石川 1995）。

本章ではこうした新たな父親たちの出現に注目したい。まず、先行研究や父親の手記から、父親がどのような体験をし、どのような思いを抱いてきたのかを、時系列的に描いていく。とくに、こうしたなかで母親と父親がまったく異なる役割を課せられ、まったく異なる経験を通じて、〈障害者の母親〉と〈障害者の父親〉という非対称なものとして構成されていく過程を明らかにする。[2] 次に、これまでに得られた母親と子どもによるインタビューデータから、父親がどのように語られているのかに着目する。最後に、少数ではあるが、私が出会うことができた父親自身が語った語りをみていく。ここから、かれらが新たな価値観を獲得し、新たな一歩を踏み出そうとする動きに、新たな父親たちの出現の萌芽を見出していく。

2 父親の体験

障害者家族についての学的研究の領域においては、父親の存在は非常に希薄である。障害者・児と親についての分析は、多くは母親と子どもを中心としたものに偏っている。家族論にジェンダーの視点がとりいれられて以来、女性が介護・世話役割を負っていることが指摘されてきた。しかし、障害者家族について中心として論じられるのは、依然として母親のストレスと母親への支援である。また、障害児誕生という出来事に関しては、母親の〈ショック〉や母親の〈障害児受容過程〉について言及されることが多く、父親の経験は看過される傾向にあった。ここでは子どもの誕生や、訓練などの出来事を通じた父親の経験を読み解いていこう。

告知——父親への告知／母親への沈黙

障害をもつ子どもが誕生すると、子どもの障害は、医療従事者によって親に伝えられる。特徴的であるのは、こうした告知がまず父親対してのみに行なわれることである。そして多くの父親は母親には黙っているように、と諭されるという。山口平明は次のように自らの体験を綴る。

医師は「女の人で気丈な方でも、やはりお産はものすごい仕事だから負担が大きいんです。あまりひどいと、出産後、精神病にかかる人もいるほどです。朝も回診のとき、奥さんはお子さんのことを聞いてこられましたが、ちゃんと答えなかった。男同士で話していったほうがよいので、これからもそうしていきましょう」という。(山口 1997: 22)

告知に時間差を設けるという医師のやり方は、広く行なわれているようだ。野辺明子はこうした状況について、母親が受けるショックを配慮した医療側の対応であると一定の評価を下しつつも、「強いお父さん、がんばるお母さん」という幻想にもとづくものであると強く批判し、対応の仕方を検討する必要性を説く(野辺 1999: 226)。医師から父親へ示される「強いお父さん」という役割期待は、父親に関する役割規定のごく初期のものであるといえるだろう。

ショックと受容

障害児が産まれたショックは、母親のそれについては多くの指摘がある。父親の経験は、〈産む〉という体験をしないという意味で、母親とは異なるものであろう。しかし、父親がショックを受けないというわけではない。手記ではほとんどの父親が、その瞬間の動揺や衝撃を率直に綴っている。

> いざ生まれてきた赤ちゃんの姿を見るなり動揺してしまい、自分を失ってしまっていた。「なんでなんや?-」、「夢を見ているんと違うやろか?-」と信じがたい現実を受け入れようとしていなかった。生まれてしばらく夜一人で泣いていた。(野辺・加部・横尾編 1999: 26)

しかし父親は、自らが動揺する姿を他者に見せることはないようだ。ある父親は、誕生時のショックにつづけて次のように書く。

> 琴美(註:娘)が障害をもって生まれたことを知ったのは、義母からの電話によってでした。その電話中は、あまりの衝撃に受話器を持つ手が震え、胸がはりさけそうな状態でした。次の日、妻の故郷へ着くまでがとても長くつらい時間に感じられました。妻へどういう態度で接したらよいのか、私が動揺して皆に悪影響を与えてはいけない、どうにかして落ち着こう、そして落ち込んじゃいけないと色々思考しながらの道程でした。(野辺・加部・横尾編 1999: 158)

これは、一般的に男性に求められる、「感情的にならない」という規範が影響していると考えられる。また、先にみた医師からの母親を支える役割への期待とも、無関係ではないだろう。父親は子どもの誕生当初から、誰にも相談できず孤立を余儀なくされていく可能性が高いのである。

ショックを受けた父親は、そこにずっと留まっているわけではない。多くの母親と同じように苦しみながらも「この子どもを受け入れていかなければ」という気もちへと移行していく。山口は子どもが生まれた当初、「到底あの子とかわってやれない」、「無理だ」と思い、「そんな自分が厭でたまらなかった」という(山口 1997: 24)。しかし次第に次のように変化していく。「あのころ、僕は明日を見ていなかった。その日、苦しむ天音(註:娘)がわずかでも楽になれたらとだけ念じ(略)」(山口 1997: 112)。正村公宏も同じように「私たちの目の前にいる彼を見ながら、親である私たちがその死を望むということは不可能であった」と書く。かれらは「障害児」というよりも、目の前で苦しむ存在を助けてやりたいという一心で、子どもを受け入れていく。

〈母子一体〉構造からはみだす

障害児が生まれた直後に受けるショックは、父親と母親とでとくに異なるものではないようだ。これは石川准の指摘を裏づけるものである（石川 1995: 29-30）。しかし同時に石川は、子どもの成長につれ、両者の意識は大きく隔たっていくと述べる。なぜ、母親と父親の意識にこうした乖離が生じるのだろうか。

この要因として、子どもが成長していくにつれ、子どもの世話や訓練に関わるすべての責任が、母親のみに課せられていく構造が挙げられる。責任が、母親に偏ったかたちで委ねられていくため、父親と母親の間では経験も、思いも、もちろん子育てに関わる責任感も異なるものになっていくことは容易に想像できるだろう。もちろん一般的に、子育ての責任はもっぱら母親にあるとされることは多い。しかし、障害をもつ人に関しては、とりわけ母と子どもを一体視するような、特有の「母子一体」構造があることが指摘されている。

ではなぜ、障害者家族において「母子一体」構造がつくられやすいのだろうか。この背後には、障害をもつ子どもの出産は、母親に原因があり、母親が責任をとるべきだとする考え方（母親責任説）がある（要田 1999: 64）。もちろんこの基礎をなすものとして、〈健常＝幸せ〉という健常者思想が見え隠れする。母親は、子どもの障害の理由を自らの身体に帰されることにより、「健常でない子供を産んだ」という罪責感を抱き、その世話役割を当然のものとして引き受けていくのである[3]（土屋 2002: 166）。

母親は障害をもつ子どもを産んだ自らの責任について、「私のおなかで育てて、私から生まれてきたのだから、私のせいだと、自分を責めて、何度も子どもにあやまっていました」と語る（野辺・加部・横尾編 1999: 164）。しかし母親が抱くこうした罪責感を、父親が抱くことは少ない。母親の謝罪の言葉を黙って聞いていたり、慰めたりするのが関の山である[4]（山口 1997: 15、水上 1980: 22）。

母親責任説を基礎として、障害をもつ子どもが生まれた瞬間から、その養育の責任は母親に課せられていく。結果的に父親をその場から除去することを助けるこうした構造は、性別役割規範に基礎づけられたものであるといえる。つまり、「近代家族における女性役割が女性を子供へと釘づけにしたのとは対照的に、男性役割は、父親を子供から遠ざけ、子供に十分関わらないことに正当性を与えてきた」（石川 1995: 49-50）のである。

母親主導の訓練

こうした役割期待のもと、医師からの言葉も主に母親に向けて発信される。正村は次のように記す。

「蒙古症」というのがその診断であった。重い精神薄弱で治療の方法も改善の見込みもない、と医師は手短かに説明した。「お母さんはこれから大変だと思います」ともいった。しかし、それだけであった。（略）その医者は、「こういう子は一年とは生きられないのが普通です」と付け加えた。その日、家へ帰りつくと、家内は熱を出して寝込んでしまった。（正村 1983→2001: 12-13）

「これから大変」とは、何を指しているのだろうか。おそらくこれを構成するものの一つに、子どもの機能訓練が挙げられるだろう。機能訓練は母親主導で行なわれることが多い。もちろん父親に訓練への思い入れやこだわりがないわけではない。しかし次のような記述からは、訓練に関してあくまでも父親は補助的な存在であったことがうかがわれる。

訓練は一年半ぐらいかかり、初めは週に一度学園に来てその方法を学び、あともそのつど子どもの状態をチェックしながら、母親が中心になって家で行う。訓練とか療法といっても、一般の治療のような欠陥部を動かすのでなく、全身運動で筋肉の動きを見ながら、脳に刺激を与えて発達を促していく。

妻のヒロミはKさん（註：理学療法士）の言葉を聞きながら、訓練をきちんとやっていくためには仕事を辞めなければいけないかなあ、と思ったらしい。（山口 1997: 42-43）

また正村も、時には妻に代わって訓練を施す役割を引き受けつつも、基本は母親主導であったと書く（正村 1983→2001: 53, 57）。これらの記述からは、母親に責任が課せられるだけではなく、母親自身もそれを積極的にであれ消極的にであれ、選びとっていく様子が読みとれる。同時に、父親は消極的にであれ積極的にであれ、こうした母子関係から除外されていくのである。

父親の役割は？

では、父親はどのような役割を引き受けているのだろうか。[5] まず、子どもと母親を経済的に支援する、すなわち「お金をかせぐ」役割がある（Traustadottir 1991: 220-221）。「とにかく金を稼ごう、金がなければこの子には何もしてやれないのではないか」（佐藤 1999: 30）という思いである。水上勉も自ら（おやじ）の役割について次のように書く。

おやじはまあ、資金づくりにとび回るぐらいで、そんなものは何の力にもなりません。お金は、なくては不都合なものですけれども、（略）。ぼくは外野から見ているわけだけど、男はやっぱり、悲しいんでねえ。治療にいる費用とか器具とか、芝居を見たいとか、どこかへ行きたいとか、どこへ行くにもゼニがかかるんで、つまり車もいるし、ぜいたくではなくても、それくらい出来るものを提供するのが父親の役目なんでねえ、いっしょうけんめい働いて……。（水上 1980: 90-91）

二つめとして、ケア役割がある。といっても母親が担うような膨大な、一日中つづく身辺ケアなど、実際的なケアではない。[6] 父親が行なうのはレジャー的ケアとも名づけられるものであり、非日常的なものである。たとえば、夏の休暇で旅行へ行ったり、デパートへ連れて行ったりといったものが挙げられる。「私はつい仕事に逃げてしまっていて、妻には申し訳ない気持ちを持っていましたので、父親参観日や親子療育のキャンプには必ず出席するようにしました。」（清水 1999: 43）というように、母親への罪滅ぼしとしての意味をこめて、レジャー的ケアを行なうという父親もいる。

父親の役割の三つめとして、母親を評価し母親に感謝する、またケアについてすすんで議論する役割がある（Traustadottir 1991: 220-221）。これを裏づけるものとして、手記のなかで母親への評価と自らへの反省が語られた箇所がある。たとえば以下のようである。

私とは違って、彼女は、彼（註：息子）の生活のすべての面を、避けようのない責任として背負っていた。当時の私が、その彼女の立場をほんとうにどれだけ理解していたか、彼女がもっとも苦しかった時代に私がどれだけ彼女の力になりえていたかをいま思うと、深く悔やむところが少なくない。（正村 1983→2001: 79）

（母親は自分の骨を切って娘の骨に移植した）あのとき、歩けるという保証はありませんでしたが、大手術でした。お医者さんの中には反対する人もいたわけですが、女房は決行したんです。二人とも仮死状態にさせられて、大工さんがやるように骨を切り取ったわけですねえ。女房は無償の行為をやったが、おやじは落第でした。（水上 1980: 90）

孤独な存在としての父親

父親は、障害児誕生の際にはショックを受けるが、そこから立ち直って子どもを受容するというように、一見母親と特別に異なった経験はもたないようにもみえる。しかし、その後子どもが成長するなかで、母親と父親に求められる役割は大きく異なっていく。とりわけケアと訓練に関してはもっぱら母親がその責任を担っていく構造があり、そのなかから父親は除外されていくこと、こうした構造が両者を隔てていくことが見てとれたと思う。

しかし先にも指摘したように、父親たちは、実は孤独な存在でもある。近年の手記のなかでは、「父親だって本当は辛かったのです。職場はなかなか障害児のことを口に出せる雰囲気ではありません。悩んでばかりでは仕事に支障をきたし、それが結果的に家庭の安定を揺るがせることになりかねません。」（山田・川本・野沢 1999: 82）など、その赤裸々な体験がうち明けられている。[7]

〈強い父親〉であることを求められるため、弱音を吐くことが許されない。母子一体構造のなかで相談相手もいない。職場においても、子どもの話は話題にはなりにくい。同じ立場の人間とめぐり合うことがなかなか難しく、情報も得られないなかで、初めは母子を支えるために、結果として仕事に埋没し孤独な存在となっていく。

3　父親をめぐる語り

次に、母親や障害をもつ子どもの語りから、父親がどのように語られるのかをみていこう。その後で父親自身が自らをどのように語るのか、母親の語りを対比しながらみてきたい。以下で用いるデータは私が一九九七年から継続して行なってきた、重度の障害をもつ人を対象とした二六名の聞きとり調査、および二〇〇〇年三月から五月に集中的に行なった一五名の家族（一二事例、うち父親は二名）への聞きとり調査のテープ記録からの抜粋である。このうち七組が血縁関係にある。英字（大文字）のあとのmは母親、fは父親、cは子どもを示す。

〈母親の役割〉と〈父親の役割〉

母親への聞きとりにおいて、こちらからあえて尋ねない限り、父親についての語りは登場することはなかった。また、多くの母親が父親を介助に関わらせるのは困難であるとも感じているという指摘（Mardiros 1985: 25）のとおり、実際には父親は、日常的に子どもと関わったり、日常的なケア役割を引き受けてはいないようだ。

しかしこうした〈関わらない父親〉に対する批判はあっても、母親によるケアを疑問視したり、問題化する視線が強くあるわけではない。むしろこうした父親たちに対して、比較的若い、学齢期の子どもをもつ母親たちは高い評価を与えている。[8]

小学校に在籍する子どもをもつAmさんは、父親と母親の違いに関して、子どもとあらゆる生活場面を共にしたり、実際的な介助役割を担うのは母親であるが、父親はそれを支えていると語る。

Am：子どもと終始一緒にいるのはお母さんで、傷つけられるのはお母さんだからだよね。お父さんはそのときにさ、会社に行くわけじゃない。だから昼間終始子どもといて、傷ついていくのはお母さんじゃない、近所の子と比べて、何々ができないって言われちゃったとかさ、いうこととか、そういうことで傷ついていくのはお母さんじゃない。（略）お父さんは子どものことであんまり傷つく場面がないんだよ。でしょう？　だって子どもといるのはたいていお母さんじゃない、病院に行って何か宣告されるのも、教育委員会も、お父さんは一回くらいデモストレーションで行った以外、お母さんじゃない、実際的なことは。っていうなかで、やっぱりお父さんよりもお母さんだよね。担任ともし何かあったりとか、校長に呼ばれたとか、そういうことはたいていお母さん、それで打ちひしがれたりしてる、のもお母さんなんだよね。

子どもの生活場面に関わるのは、ほとんどが母親である。病院に行って障害を告知される場面からはじまり、近所の子と比較され、出来ないことを指摘される場面、教育委員会で就学について交渉する場面などに「デモストレーション」で一回程度は参加するが、学校から呼び出しを受ける場面、校長や担任の先生との話し合いの場面などなどで、母親はそこで発せられる多くの言葉や出来事に「打ちひしがれ」、「傷つけられて」いく。[9]

しかし「子どもと終始一緒にいる」母親を残して「会社に行く」父親に対し、非難の目が向けられるわけではなく、むしろそこに好意的なまなざしがある。

＊：お父さんっていうのはどういう方ですか？

（略）

Am：どういうふうに言ったらいいんだろう。すごく誠実だし、a（註：息子）と私を支えてくれることを徹底してしつづけたし、（略）家族のなかでこうしてこうしてこうやっていこうっていうのは、うちは夫が決める必要はないと思ってるし、私が決めてきたと思う。っていうのはaをみてるのは主に私だし、療育センターに行ったり、いろんな人に会ったりしてるのは私だから。ただそれに対して、とてもまっとうにいつも最大限の努力をしつづけてくれた（略）。

子どもの世話をする母親を父親は「支えてくれ」、その決定の支援に「いつも最大限の努力をしつづけてくれた」という。世話役割を引き受ける母親である私を、経済的にも精神的にも支えてくれる父親である夫に、高い評価が与えられている。

高い評価——学齢期の子どもをもつ母親から

父親への高い評価は、父親の協力や理解といったキーワードと共に語られる。養護学校高等部に在籍する子どもをもつBmさんは、父親が自分に対して協力する姿勢をとっていることを強調した。朝早くから出て夜一〇時過ぎに帰宅するサラリーマンの父親は、平日は子どもに関わる時間がまったくない。当然子どもの介助も行なっていない。しかし、彼への評価は実際の行動ではなく、あくまでも協力する姿勢ではかられているようだ。

＊：お父さん自身っていうのは、やっぱり協力的＝
Bm：＝ああ、お父さんですか。うん、協力はね、自分でも意識してしようとしてるんです。やっぱりこう、土曜日もし何かあって、私がちょっと出かけるときがあったりすると、一人で全面的にみなくちゃいけないじゃないですか。そうするとそれがすごく、たいへんなことだっていうことが、最近、やっとわかってきて。
＊：あ、やっと。
Bm：やっとなんですよ、わかってきて、だからせめて、自分が休みの時はなるべく協力しようっていう、気持ちで最近そういう姿勢が見られてきた。

父親の姿勢に変化がみられたのは、Bmさんが腰を痛めて入院した時からだという。また、Bmさんが友人と出かけることについても、父親は寛容な態度を示す。

Bm：配偶者が、自分の、そういう理解があるだけで私はまだ救われるんで、もし逆に向こうが「しょっちゅう出歩いて」とかなんとか言うようであれば、きっとそれはストレスとしてたまっていくでしょうけど、そういうのがないんで、「うん、行ってきな」とかいう感じだから、今は、一人でやってるんだっていう意識はないです。

やはり高等部に通う子どもをもつCmさんも、父親を高く評価し、父親の協力する姿勢について言及する。

＊：お父さんっていうのはどういう感じで接してらしゃいますか。

Cm：ん、普通に。うん、よくやりますよ。私は普通だと思ってたけど、他のお父さんの話を聞くと、ああ、うちはよくやるなという感じで。だからこの人に関することは全部できる。だから私が一人で旅行にもでかけられるし、友達と（　　）したり。で、私が出ることに関しては何も言わないし、うん。けっこう他の人はそういうの難しい人もいるから。

〈協力する父親〉は、とりわけ、子どもが乳幼児であったときの大変な時期を共に乗り切ったというエピソードのなかで語られる。夜中に二、三時間ごとに起きておむつを代えたり、ミルクを与えるといったことを、Cmさんは父親と交代で行ったという。

Cm：そういう協力もあったから、もしかしたら（子どもを）殺さないでいたかもしんないけど。もしかしたらずーっとあのまんま、一、二時間しか寝れない生活をつづけてたら、精神的におかしくなっちゃうよね。それで、もし相手が協力的じゃなかったら。うん、だったかもしんないなぁって、ふりかえると思うね。けっこう、育児ノイローゼとかってテレビでやると、うん、私も旦那さんに協力してもらわなかったら、もしかして人ごとじゃなかったかもなぁって。病院に一緒に行くとか、そういうことはあんましないけど。ね、平日、私ができるわけだから。だから（父親は）いえのこともよく、掃除とか洗濯とかするし、うん。

不満——成人後の子どもたちとかれらの母親から

成人後の子どもへの聞きとりにおいても同様に、父親の存在感は希薄であった。しかし、かれらの父親への評価、すなわち先の母親・父親よりも一世代上（五〇代後半以上）の父親への評価は概ね低く、「母親の負担をわかっていない」、「自分に関わってくれなかった」といった言葉が聞かれた。また、この世代の母親からも、不満の言葉は聞かれた。

たとえば二〇代後半のFcさんは、父親が母親に協力的ではないことへの不満を語る。自営業を営む父親の手伝いをする母親の負担は非常に大きい。母親は自らの負担を直接的に表現することはなかったが、子どもは母親の代弁者として、「しょっちゅう、私にお母さん愚痴ばっかり」、「「（父親は）なんでわかってくれないんだろう」って言ってますよ」と語る。

＊：お父さんはお手伝いとかなさらないんですか。おうち

のこととか。

Fc：しない人ですね。ぜんぜんしない。しょっちゅう、私にお母さん愚痴ばっかり。（略）だから、「普通こういう子がいるのにお店手伝うって大変なのに、なんでわかってくんないんだろう」って言ってますよ。（略）「しょうがないじゃないか、食べていくんだから」しか、お父さんは言わない。（お母さんは）「一人でやればいいのに」って。

また、父親が自分に関わらなかったことへの不満も表明されている。三〇代後半のGcさんは「父親と自分って何だったんだろう」と述べ、三〇代前半のHcさんは父親が自分の介助をしなかったことによって母親に「べったりにならざるを得なかった」と表現している。

Gc：（父親は）それも昔の人間だから、子どものことは母親がやるもんだという感覚をもってる人だし、自分は働くのが仕事だと思ってたから、例えば風呂とか、母親ができないところに関しては手伝うけど、子育てとかそういうことに関しては積極的に関わってる人じゃなかったよね。（略）だからあんまり接点ないよな。そう考えると、父親と自分って何だったんだろうって思っちゃうけどね。

Hc：おやじはね、いるかいないかわからない。小さい頃ってお母さんべったりだったから、べったりにならざるを得なかったってのもある。というのも、おやじが何にもしないわけじゃない。だから風呂も、おやじは入れてくれない。いつもおふくろがやるもんだって決めつけてるから。

三〇代の子どもをもつ母親は、子どもの将来についての話を父親が受けつけないことを、控えめに語っている。

＊：お父さん自身っていうのはどう考えていらっしゃるんでしょう。

Dm：それはねぇ（・・）、うーん、嫌な部分みたいね、この先のことやなんかも、うん。話したりとか、まぁ施設見学とか一緒に行ったりしても、まぁおれは子どもをみてるから、みたいな感じで。（略）わりとあれですよね、男の人ってだらしないですよね。（略）

＊：さっきの、施設見学っておっしゃったのはどういう施設。

Dm：療護施設。うんあの、父母の会のなかでの見学とか行ったことがあるんですけど、だからそういうときにも、なかの様子とか見ないで、外で（　　　）の周りを歩いてる感じっていうか、あんまり先の話するのも好きじゃないっていうか。うん、そういう、情報も、受けつけないっていうのか、受けつけたくないっていうのか、ちょっとわかりません。

ここでは、子どもの将来についての問題を先送りにし、情報を「受けつけない」父親に対する、不満が表明されているといえるだろう。

〈子ども扱い〉する父親

子どもの将来についての問題を先送りにするのは、実は、子どもに対していつまでも〈小さな子ども〉としての視線を注いでいることの裏返しである。次の言葉からは、母親も子どももこうした父親を、冷静にとらえている様子がみえてくる。

Cm：もう一人のお父さん、べたべたなのね。おふろに入るときにも、（略）恥ずかしいって妹さんが言うくらい、「やー」っていう感じなのね、かわいいかわいいで。そのお父さんなんかは、その将来のことをまだまだ話したくないわけ。だから、そういうところから少しずつ洗脳していかないと。

＊：そのお子さんは女の子＝

Cm：＝男の子で二十四歳なんですけど、（略）ほんとに赤ちゃんに話しかけるみたいに、話しかけるしね、いまだにね。

Ic：父にとっては私は一〇歳にも満たない、たぶん父にとっては五、六歳なんですよね。（略）電話するとね、電話だけで、ああ、よくかけてきたよくかけてきた、よくやった、なんて、もう、ほんとに子どもが（　　　）実際子どもなんだけど、小さな子どもに話しかけるような。あれ聞いててね、母もいやがるね。四〇にもなる娘をつかまえて、なんだあの言い方は、って。陰では言うけどやっぱり面と向かっては言えないんだよね。何でもそうだけどね。

父親がどのように語られるかを、子どもと母親の語りからみてきた。母親たちは、自分の役割と父親の役割を明確に区別しており、こうした分業を疑問視する視線はほとんどない。とくに学齢期の子どもをもつ母親たちは、父親を協力、理解という面から高く評価していた。

母親たちの語り方として、「うちは、よくやる方だと思う」

など、他者と比較した評価が行なわれていることに注意したい。実際に、ここで引用した学齢期の子どもをもつ父親たちは、比較的若く、家事や育児に〈協力的〉である父親層に偏っていたことが予想される。年齢が高く、〈協力的ではない〉父親たちの存在についても、考慮する必要があるだろう。

また、成人後の子どもをもつ父親については、子どもたちと母親双方から不満が表明された。これらはともに、父親が子どもを幼児のように扱い、子ども自身と向き合わない、あるいは子どもの介助を担う母親と向き合わないことに対する不満であった。これについては、最後にもう一度考えていくことにしよう。

父親はどう語るか

次に、一組の父親と母親（Efさんと Emさん）の子どもについての語りの非対称性をみていこう。この際の聞きとりは両者と聞き手で行なわれた。インタビュー当時、かれらは共に五〇代前半であり、子どもは二〇代前半であった。

父親がケア役割を担わないからといって、まったく子育てに関与しないわけではない。Efさんの語りからも、節目節目で子育てに関わってきたという歴史や自負がうかがわれる。幼少時の入院経験、就学時の教育委員会や担任教員とのやりとり、修学旅行など、多くの出来事について母親と記憶を共有し、それらは子どもにかかわる思い出として語られる。

父親は子育てにおいて、決して不在ではない。しかし少なくともかなりの部分において〈希薄〉であるといえるだろう。インタビューは、主に母親が語り父親が相槌をうつかたちで展開された。また母親の方が、多くの出来事について自信をもって語り、父親が記憶を正される場面もみられた。

客観的に語る

語り方については、特徴的な相違がみられた。母親が子どもに共感を示す語り方をするのに対し、父親は当時の出来事体験を対象化し、客観的に分析して語るのである。たとえば、幼少時に病院に入院した息子についての語りがある。

Ef：やっぱそのときは、情緒面とかそういうのじゃなくて、最初に言われた医者に、「訓練すればある程度は、松葉杖はつくかもしれないけども、つけば歩けるくらいに、もしかしたら回復するかもしれない」って言われて、じゃ、訓練すればいいんだっていう方が先にたって、子どもの情緒面っていうのを考えてなかった。

Em：何も知らなかったしね、周りの人が言ってくれるままに、それがいいんだろうっていう感じで。でもあれがやっぱり、子どもにとっては一番かわいそうな時期だったね。（略）うちの子はなんかね、どっかませた子でね、普通の、やっぱよその子っていうのは、日曜日にまた病院つれて帰ったときに、泣くんですよ。やだやだって言ってね。うちの子はね、笑って「ばいばい」ってやる子だったからね。だからあれは（・・・）、ああ、おもいだしちゃった（泣きながら）。あれは無理してたんだろうなって思ったんだよね。

Ef：病院だと、みんなからだが不自由だから子どもと子どもどうしっていうのがあんまり少なくなってて、逆に看護婦さんとか先生と、っていうつながりが強くなっちゃって。だから、かわいくすれば先生と面倒みてくれるっていうのがあるじゃないですか、そういうのが非常に強くなってきたような気がしたんで、それでまぁ、来年から学校行くというふうになって、あわてて、学校の準備もあって、退院させて。

当時は、寂しくともそれを表に出さなかった様子を思い出した母親は、「子どもにとっては一番かわいそうな時期だったね」と涙ぐむ。これに対して父親は、幼少時のこうした体験が、子どもの情緒面の発達を妨げたと語る。子どもの入院という出来事を抽象化し、情緒面の発達不全を引き起こした出来事として、説明的に語っているのである。

同じ例として、子どもとの関係と現在の自分への評価を語った箇所がある。

Em：今の私がいるのは、やっぱあの子のおかげかなぁって思いますね。すごい自由なんですよ、考え方が。自由になってきたっていうか。いろんなものに縛られなくなってきたっていうか、何でもありじゃないかっていうかね。うん。そういうふうになれたのはやっぱりあの子がきっかけかなぁって思うし。そうだよね。

Ef：そうだね。あれ、普通の子をもってたらとても知りえない世界を、ね。子どもには大変かもしれないけれど、人間としての私たちにとっては、ものすごく、助かるっていうか、勉強っていうかね。いろんな世界を知らせてくれたってことではすごくありがたい、ね。

両者の語りはほぼ同じ内容であるが、母親が「今の私がいるのはあの子のおかげ」と、主観的に表現するのに対し、これに応えるかたちではあるが、父親は子どもが「いろんな世界を知らせてくれた」と、出来事を中心として客観的に語る。

社会のエージェントとして語る

こうした語り方の違いは、そもそも子どもとの関係が異なることに由来する。父親は社会の、母親は反対に子どものエージェント（代理人）として、子どもに相対しているのである。また、父親は会社という、効率的に働けるものこそが価値がある世界に生きている。[10] そして、こうした社会のなかの価値観をもとに息子に接することになる。Efさんは次のように過去を振り返っている。

Ef：私なんかどっちかっていったら、働かざるもの食うべからず的な考え方でいましたし、健康じゃないですか、自分が。弱者って言ったらなんですけど、そういう人たちはほんとに、（弱者の立場に）立つことすらないし、わかろうともしないっていう世界にいましたからね。まだそういうとこありますけどね。

「働かざるもの食うべからず」という世界では、当然「体のきかない障害者は人一倍がんばるべきだ」という思考が導かれる。こうした社会を体現する父親の発言は、子どもにとっては自らの存在を否定するものとなるため、父親は子どもからの、同時に子どものエージェントとしての母親からの異議申し立てに出会うことになる。

Ef：「それは障害者の立場のものの言い方じゃないじゃないか」ってよく（子どもに）言われていましたからね。おれの言うことはたいしたことじゃないっていう判断は、してた、かもしれないね。（略）どうしたってねぇ、前提議論っていうか、こうあるべきっていうかたち（があって）。こういうこと言って、ぜんぜん別のつきあいで、建前＝

Em：＝だから、障害者は人一倍がんばらなきゃいけないとかって言ってた方なんですよ、ね、最初はね。私と息子が、「『障害者だから人一倍がんばらなきゃいけない』なんて言うんだよね。がんばれないのが障害者じゃない、ねぇ」とかって、そういうことをぶつぶつぶつぶつ言ってたから、二人で。たぶん夫の考え方っていうのは社会一般の考え方ですよね。うちの息子は一歩外に出ればそういう考え方を押しつけられて、ずっときてるわけじゃないですか。だからうち帰ってきてまでそれを押しつける必要は私はないと思うんですよね。

日常的に子どもと接することのない父親は、母親のようなわかりやすい価値観の変化は経験しない。石川は、社会のエージェントとしての役割から抜け出せない父親が多いことを指摘する（石川 1995:50）が、これは、子どもと接する機会を多くもたないため、自らが所属する社会の価値観のなかで、子どもの障害をとらえていることに由来するものであろう。

父親が自らをどのように語るかを、父親と母親の語り方の違いに焦点化しながらみてきた。まず、父親と母親の語り方の違いが確認された。母親は幼かった当時の子どもに感情移入したり、主観的な評価を加えたかたちで語るのに対し、父親は客観的な出来事として語ったり、事実のみを語ったりしていた。こうした語り方はすなわち、子どもに対して、障害をもつ子どもの立場に立つか、それに相対する社会の立場に立つかの違いである。効率第一の世界で暮らす父親は勢い、障害をもつ息子に対して「人一倍がんばらなきゃ」社会では認められないという態度、すなわち社会のエージェントとしての立場で子どもと接することになる。

父親の価値観の転換は困難であることはもちろんである。しかし前出のEfさんは、次第にこうした価値観を変容させ、新たな価値観を獲得していく。次節の最後に、その様子をみていくことにしよう。

4　障害をもつ子どもの父親であること

父親と母親の非対称性

障害をもつ子どもが生まれたとき、父親は医療従事者から「強いお父さん」として母親を支える役割を期待される。母親に比べて弱音も吐けず、ショックをうち明ける相手もいないなかで、父親の多くは孤立していく。父親は、まったく子どもと接触しないわけではない。しかし母親が障害をもつ子どもを育てる責任を全面的に負うのに対し、子育て役割を免責される父親は、近代家族における正当性でもって、子どもと関わらないままに年月を過ごしていく。

さらに機能訓練という、父親よりも母親に責任を課する場所において、その傾向はますます強まっていく。訓練に費やす膨大な時間を推し測り仕事を辞めることを決心し、そして実際にやめていくのは父親ではなく母親である。父親はむしろ子どもを経済的に支えることを主とし、その合間に子どもと関わることになる。

これらの結果、子どもとの非常に希薄な関わりのなかで、父親は従来からの価値観を変容することなく、社会のエージェントという役割をもちつづける。そして、母子関係からも一歩引いたところに存在し、孤独な思いを抱えつづけてもいる。父親は、構造的な性別役割分業を基礎として、自らの役割のなかに埋没していく。

性別役割分業について、これまで見てきたように、父親も母親も特別な不満を表明しているわけではない。しかしこの分業体制により、父親たちはもっぱら会社という場面に、母親はもっぱら子どもと家事という場面に非対称に置かれることになる。「ふだん子供と接する時間が少ない父親はどんなに頑張っても、療育面では母親にかなわないように思います。「子供の現状がよくわかっていない。」と言われてもしかたないかもしれません」（山田・川本・野沢 1999: 85）という、ある父親の言葉のとおり、母親に日常生活の世話をまかせてきた父親たちは、母親ほど、子どもの介助・療育等の生活全般についての知識を有していない。

このことは、しかし、単に子どもの世話（ケア）の責任を担わないというのみにとどまらず、子ども自身に向き合うことを回避する方へ向かわせるのではないだろうか。先に、成人した子どもたちからは、自らと関わらない不満、母親からは将来の問題から目をそむける不満が述べられていた。こうしたかれらの不満は、子どもたち自身と向き合ってこなかった父親へ向けられているものである。子どもと向き合わない結果として、障害をもって生きる子どもの存在自体を認めることができない。子どもはいつまでも〈子ども〉のまま、将来像や〈自立〉を思い描けないというという事態が起こり得ることは容易に想像できる。こうした父親たちに対して、子どもや母親たちからのクレイムが申し立てられるのは当然であるといえるだろう[11]。

世代間ギャップ

しかし、学齢期の子どもをもつ父親たちを中心として変化のきざしがみえる。母親たちの世代による差についてはすでに触れたが、父親にもこうした世代間ギャップと呼べるものが生じているようだ。

まず、学齢期、またそれにも達していない子どもをもつ父親たちが、赤裸々に自らの体験を語り始めたことが挙げられる。作家など特定の職種の父親だけではなく、サラリーマンである父親たちが手記に体験をのせていることからも、それはうかがわれる。また、比較的若い世代の父親たちは、子どもたちへの関心が高くなっているようだ。六〇代後半の父親は「若い世代のお父さん方は子供とのかかわりも密で、勉強も活動も熱心に行なわれていますが、私たちの年代は、父親は仕事、子供は母親任せの人が多いのです」。と書く（吉田 1999: 110）。

さらに、各地で若い世代の父親を中心とした、父親の会が結成されつつある。こうした父親たちのネットワークは、子どもたちとの関与を密にしたり、母親への認識を新たにするという点において見過せない動きであろう。こうした会への参加が、新たな価値観を獲得する契機ともなる。

新たな価値観の獲得

障害をもつ子どもの誕生は、母親にとっても父親にとっても、それまで生きてきた価値観をリセットするよいチャンスとなり得る出来事である。しかし実際にはこのチャンスを生かしているのは多くは母親である。これまで見てきたとおり、母親は、とりわけ幼いときには子どもと終始一緒にいることを余儀なくされている。この密室空間での子育ては、これまで目にしてきたいわゆる〈普通の子ども〉とは、まったく異なる子どもを育てることを意味する。この経験はやがてその子どもの存在自体の承認へと向かっていく。〈普通の子どもができることができない〉、〈人と同じように生きられない〉子どもを認める方向へ変化していくのである。同時に母親は、それまでの価値観の転換を迫られる。Emさんは次のように語る。

Em：自分の子どもを認めてあげたいっていうのはやっぱり、親としては働くわけじゃないですか。そういうときに、今までの価値観では、やっぱしその子を認めるわけにはいかないんですよ。価値観をやっぱりずらしていくことによって、その子を認めてあげることができるようになるわけで、この子を変えるよりは自分たちが変わった方がぜんぜんてっとり早いじゃないってことに気がついたっていうかね、そのへんからだね。

母親たちに対し、孤独な袋小路に陥っている父親は、価値観の変革は非常に困難である。若い世代の母親が行なう父親に対する高い評価は、変化のきざしであるのかもしれない。子どもが幼いときから、あるいは成長する過程で子どもと関わりをもった父親は、〈孤独な父親〉、〈経済的に支える父親〉を脱し、母親のように価値観を変革させつつあることをうかがわせる。

最後に父親としてこのチャンスを獲得し、価値観を変容させていった前出のEfさんの例をみていこう。Efさんは徐々に、大変なことではあったが、情報を得ながら徐々に自らの価値観が変化したことを次のように語る。

＊：（人との出会いによって）それで考えが変わられた。

Ef：うーん、変わったっていうか、まぁ努力も。調べりゃいろんな情報が入ってくるけれども、変えるのも、うちの女房も女性と（　　　）っていうんで、私なんかの場合には。まわりにそういう人がいないっていうのがあって。普通どおり会社に行って、会社のなかでもそういう世界に、いわゆる普通のサラリーマンですから、弱肉強食の世界にいるわけですよね、弱いものをたたき落とすっていう、そういう世界にいてなかなか変えることは（・）、いろいろ聞きながら、順次、だったと思うんですけどね。今は逆に、会社ではえらくなれないけれども、豊かな会社生活を送ってるなという、感覚はしてますね。（略）だから、生きていくのが気楽になったっていうか、そんな感じはしますね。

Ef：僕の方は、あの、その人のできる範囲で一生懸命やればいいのかなと。（略）この人のぶんだけおれが動けるからやってやろうっていう、大きな考えはないけれども、自分が動くんだったら精一杯やるべきだろうっていう考え方にたってることは間違いないような気がする（略）。

価値観を変えることによって、会社での地位は獲得できなくなったかもしれない。しかしその代わりに「豊かな会社生活を送ってる」、「生きていくのが気楽になった」とEfさんは言う。また、仕事ができなければ叩き落されるのが常識である会社において「その人のできる範囲で」という価値観を確立することはEfさんにとっては、大きな転換であっただろう。

また、ここでの父親の価値観の転換は、子どもを一人の障害をもつ人間として認めるという際の転換であった。これは「その人のできる範囲で」行なう行為を認めていくという言葉に表れている。

Efさんの〈転換〉に、新たな〈父親〉の出現を垣間見ることができる。それは決してたやすいことではないが、その後つづく自らと子どもとの道のりや、子どもと一人の人間として接していくには、必要不可欠な転換であるといえるだろう。

これまで、父親の主な役割は、経済的に支える、母親の話し相手になるなどであるといわれてきた。しかし何よりも子どもと向き合うこと、子どもと関わっていくことが必要なのではないだろうか。子どもと向き合うということは、他者がいなければ生きることが困難であるという子どもの状態に向き合うことである。それはそのまま、母親と向き合うことであり、同時に母子一体構造に向き合うことでもある。そしてケア役割が女性に偏向している状況やケア役割そのものと向き合い、ジェンダー役割を問い直すことも意味する。逆にいえばこれをすることなく、子どもや母親と向き合うことはできないのである。

注

1　「重度知的障害児（者）の家庭での介護支援についての実態調査」では、「父親がいない家族が九・八％と約一割を占めているのが特徴的です」と指摘される。本人の年齢が四〇歳以上である人も含まれており、父親が既に亡くなっているケースも多いと考えられる。しかし、一五歳～一八歳の年齢層に限定しても、父親がいない世帯（本人と母親三一・四％＋本人と母親ときょうだい四・一％＋本人と母親と祖父母一・九％）が九・四％を占めていることから、障害をもつ子どもをもつ世帯は父親が不在である割合が高く、年齢層から考えても離別の割合が高い傾向がよみとれる（障害者生活支援システム研究会(2002)）。

2　母親が障害者家族を生きる際のリアリティについては、先行研究により明らかにされている（土屋（2002）、春日（2001）、要田（1999）など）。

3　さらにこれは夫方と妻方を明確に区分けし、障害児を妻方の近くにおいて「妻の実家が面倒をみるべき」という言説を正当化するという（要田 1999: 64-65）。

4　水上勉は父親としては例外的に、自分に責任があり、障害をもつ子どもが生まれたと考えた。「私が原因で腰にコブの出た子が生まれたのだろう。先ずそのことが責めさいなむのだった。医者は、私の血を問いただし、私がかつて病気をしたことがないかをたずねたと姉はいった。私を疑ってかかった証拠だ」（水上 1980: 14）。ただし、障害の責任を求める争いも生じる。「私は原因のわからぬ子の不幸を、誰に問いつめようかと考えてばかりいた。なぜ、こんな子にしてくれたのかと妻と私は顔を見合わせてはつい口に出し、心をかげらせていた」（水上 1980: 39）。

5　父親と母親の経験を比較するような研究は非常に少ない。それは、障害児を育てるということについてのジェンダーが無視される傾向にあったからである。その当然の結果として（ケアの本質に関わる議論であるにもかかわらず）父親と母親の経験の違いがしばしば隠されてきたという（Trausdottir 1991: 212）。

6　母親が子どものケアについて責任をもっており、それを自認しているということは、父親が母親よりも家の外で賃金労働に従事しがちであるという単純な事実からは完全に説明することはできない。たとえ父親が雇われていなくとも、また何か他の理由で家にいたとしても、ケアの負担や責任は、平等に分配されるわけではない（Read 2000: 52）。

7　この父親は、父親の会に入会することにより、「自分の孤独感を癒すことができ」たとふりかえっている。

8　親側の層の異なりについては、子どもの年齢によって考えるのが妥当であろう。つまり、親たちの意識には、親自身の世代による差という要因よりも、障害児をとり囲む状況という要因の方が強く作用するということである。

9　父親の対外的役割については、Emさんも言及している。「面白いのはね、私が一人で行くときと夫が一緒に行くときの対応がぜんぜん違うんですよ。行っても夫はほとんどしゃべらないんですよ。ね、ここっていうときにちょぼちょぼ言うくらいで私がほとんどしゃべってるのにも関わらず、対応がぜんぜん違うんですよ。丁寧なんですね。私なんて一人で行ったって、もう「あんたね」っていう言い方するんですよ。だからね、そんだけ違うのかなって思って。「お父さんついて行って」って何回か行きましたね。」（Emさん）

10　社会のエージェントとしての父親について、Icさんが語っている。「うちは、すごい田舎だから。大正生まれの両親で。農業をやってて「働かざるもの食うべからず」みたいなもので、何もかもがそういう調子で、「動けないんだから、施設とかいえとかに閉じこもっていればいいっていう、一人暮らしなんかとんでもない。お前にできるわけがない、まわりの迷惑考えろ」っていうのが、父親の考えだったんですけど。」「父の親戚にとって、私はいない存在なんです。父は面と向かっては可愛がるけれど、世間体をすごく気にする人で、だから（施設を出て）ここへ来るときも「そんなことをしたら、お父さんたちがなんていわれるか、なんて思われるか」ってそれを言われたし。なんて冷たい親だろうって。きょうだい三人結婚したけど、私、結婚式出てないし。」（Icさん）

11　冒頭に触れた、子どもが障害児であると聞いて、黙って姿を消した父親も、母親にも子どもにも向き合わない例の一つであるといえるだろう。本稿で登場した父親はある意味では父親の役割を引き受けた人びとでもある。ここでみた以外の父親たちについては、別稿で考える必要がある。

参考文献

石川准 1995「障害児の親と新しい「親性」の誕生」（『ファミリズムの再発見』井上眞理子・大村英昭編、世界思想社、[25-59]）

春日キスヨ 2001『介護問題の社会学』岩波書店

Mardiros, Marilyn 1985 'Role alterations of female parents having children with disabilities'. *Canada's Mental Health*, 33 [24-26].

正村公宏 1983→2001『ダウン症の子をもって』新潮文庫

水上勉 1980『生きる日々——障害の子と父の断章』ぶどう社

野辺明子・加部一彦・横尾京子編 1999『障害を持つ子を産むということ——19人の体験』中央法規

Read, Janet 2000 *Disability, the Family and Society : Listening to mothers*. Open University Press.

佐藤拓二 1999「親と子で育ち合い——夫婦で学んださわらび」島崎・高濱編、[30-36]

島崎春樹・高濱潔編 1999『父たち——障害を持つ子の父たちの悲しみと喜びと生きがいの記録』あらくさの会

障害者生活支援システム研究会 2002『重度知的障害（児）者の家庭での介護支援についての実態調査結果報告書』ＮＰＯ法人大阪障害者センター障害者支援システム研究所。

清水貞往 1999「実り豊かな人生をめざして——脳性マヒの息子とともに」島崎・高濱編、[42-46]

土屋葉 2002『障害者家族を生きる』勁草書房

Traustadottir, Rannveig 1991 'Mothers Who Care: Gender, Disability, and Family Life', *Journal of Family Issues*,12 (2) [211-228].

山口ヒロミ・山口平明 2001『イノチの天音——響きあう家族のとき』ジャパンマシニスト

山口平明 1997『娘天音妻ヒロミ——重い障害をもつこどもと父の在り方』ジャパンマシニスト

要田洋江 1999『障害者差別の社会学——ジェンダー・家族・国家』岩波書店

山田・川本・野沢 1999「障害児の輝きを世界に告げる「かわせみ」をめざして」島崎・高濱編、[80-91]

吉田政次 1999「重度の障害があっても地域生活——グループホームで暮らす」島崎・高濱編、[110-120]

牧師にならなかった〈牧師夫人〉

——妻・母・教会内外の役割と葛藤

川又俊則

1　ある事件から

一九九九年一一月に東京・音羽でおきた幼女殺害事件は、当初「お受験」に注目が集まった。その後、受刑者（二〇〇二年一一月に懲役一五年が確定）による法廷での証言から、母親同士の関係が取り沙汰された。なかには私のように、受刑者が「副住職の妻」であることに注目した者もいるだろう。当時も今も、宗教者の配偶者を調査研究している私にとって、この事件は、（幼子を持つ父としても）関心を呼び起こすものだった。

私たちは、僧侶などの宗教者について、人々の心の悩みに応える存在だと考える。だが、配偶者すら救えないことがあると世間に知らしめたのがこの事件だろう。私自身は、調査研究を通してすでに、宗教者の配偶者たちで、孤立感を持ったり苦しんだりした方々がいることを知っていた。宗教者は家族を蔑ろにしてでも、信徒優先の行動をとる。もちろん、宗教者の配偶者が皆、犯罪を犯すわけではない。この事件の裁判は、母親への殺意が幼女殺害へ至る犯行動機の経緯を解明せぬまま終了した。「副住職の妻」だから事件を引き起こしたというよりは、受刑者本人の個人的問題に起因する要素が多々あるだろう。

だが、彼女は専業主婦ではなかった。寺院でのアルバイト労働以上に「副住職の妻」としての役割期待があり、それに応えるべく行動していた。例えばそれは、長男出産後すぐに、多数の来訪者を接待した事実などで示されている。この例に見られるように、夫の仕事に対し、妻が補助的役割を果たす場合、社会学では、性差・性別役割分業などの観点から、膨大な研究成果が挙げられている。だがそのなかで、宗教者の配偶者に焦点をあてた考察は少ない。

現代日本では、男女共同参画型社会を目指しても、現実には公的制度などが十分とは言えない。「男は仕事、女は家庭」と表現される性別役割分業の意識は、多少、変化しつつあるだろう。このような社会状況に比して、宗教界における男女の性差は旧態然としている。例えば、世界最多の信徒数を誇るローマ・カトリック教会の教皇ヨハネ・パウロ二世は、女性神父を一切認めようとはしない。女性聖職者を認めているプロテスタント各諸派でも、彼女たちの職場環境は決して恵まれていない。[1]

私は本稿で、牧師夫人を取り上げる。現在の日本の教会では、妻が牧師・夫が信徒という例はわずかに過ぎないが、「牧師の配偶者」ではなく、「牧師夫人」という語が人口に膾炙しているのは、「男性の」牧師しか念頭されていないことが明白に示されている。このことを意識して、以下では〈牧師夫人〉と表記しよう。そして、彼女たちの役割葛藤の問題を考察したい。本稿でいう役割葛藤とは、牧師や信徒たちが〈牧師夫人〉に多くの役割期待を持ち、それに応えきれず発生する内面的なストレスのことである。次節でキリスト教や教会生活、〈牧師夫人〉の簡単な説明をした後、具体的な事例を扱う。

＊：ライフヒストリーという形で、（拙著を）読んで頂いて分かるとおり、ある個人の人生を通して（いろいろ考察したいと）いうことを思っております。早速なのですけれども、生年月日と出身地等々からおうかがいしたいと思います。

Ａ：はい。生年月日は一九四九年〇月〇日です。それから、東京で生まれました。／／＊：はい／／両親と、あと妹が二人いるんですけれども、／／＊：はい／／まったく無宗教の家庭で育ちました。／／＊：はい／／両親は、両方の祖父母は普通の日本人でお参りに行く人だったんですけど、両親は二人とも、家に仏壇も神棚とかもない家庭に育ちました。／／＊：はい／／

このように始まるライフヒストリー・インタビューによって、プロテスタント・キリスト教会を支える〈牧師夫人〉の経験を見ていこう。ここでは、とくに牧師を目指したある〈牧師夫人〉の語りを中心に展開するが、その他の語りも加え、考察を深めたい。その際、ライフコースを丹念にたどるのではなく、とくに役割葛藤が現れやすい、結婚、育児、教会員との関係、教会外での働きという四つの局面における彼女たちの対応に注目しよう。

私の調査は、キリスト教界すべてを網羅しているものではない。だから、ここで私は、日本の〈牧師夫人〉の全体像を示したとは言わない。だが、これまで積み重ねてきた調査研究を通して、〈牧師夫人〉が共有する多くの役割葛藤は考察できると考えている。

2　牧師と〈牧師夫人〉の仕事

一般的にキリスト教は、ローマ・カトリック教会とプロテスタント諸教派という区分で説明される。ローマ・カトリック教会の宗教者たちは、神父であれ修道女であれ、独身である。一方、一六世紀の宗教改革者マルティン・ルターは結婚し、六人の子どもを育てた。プロテスタント諸教派の牧師の多くには配偶者がいる。

そもそも牧師は、聖書に記述された名称ではない。だが、イエスの弟子である十二使徒以降、教会組織が形成されるにつれ、神に選ばれ教会で中心的な奉仕をする者たちが現れるようになった。カトリック教会では彼らを司祭と呼び、宗教改革以降のプロテスタント諸教派では牧師と呼んでいる。神の羊である教会を牧し養う務めを委託された、神に仕える者のことである。

牧師の仕事は多岐にわたる。まず、教会の日曜礼拝、洗礼式・聖餐式などの司式、祈祷会・聖書研究会などの集会がある。次に、信徒宅や教会での個人相談がある。さらに、伝道活動として、地域へトラクト配布（や準備）を信徒たちと共に行なっている。宗教法人の代表役員としての務め、所属教派教団での職務など、非常に多くの業務を抱えている。

牧師には誰もがなれるわけではない。牧師として「神が私を牧師になるようにと召しておられる」と感じる「召命」が必要とされる（鈴木 2002: 15）。雷雨の時に神に祈ったことで知られるルターの「召命」エピソードのような劇的な出来事ばかりではない。むしろ、「人の内にある霊が聖霊の働きかけを受け、心という内なる耳」によって召命を認識する牧師が多い（鈴木 2002: 16）。

牧師としての召命を受けた（と自覚した）信徒は、自らが所属する教派の神学校などで神学・教会史などの教育を受ける。神学校で三、四年間の教育課程を修了し卒業すると、一定期間、伝道師や補教師として、それぞれの教会で、信徒の世話や説教・司式などあらゆる牧会活動を学ぶ。そして、最終的な試験の後に「按手礼」と呼ばれる儀礼を受け、正式な牧師となる。牧師の資格を得た者は、教派によって任命制や招聘制など異なるが[2]、受け入れ先の教会へ赴任し、牧師としての職務を遂行することになる。受け入れ先がなかった場合、所属教会なしで活動していくこともある。

〈牧師夫人〉が牧師と決定的に異なるのは、資格が必要ないということである。つまり、牧師と結婚すれば〈牧師夫人〉になれるが、それ以外にはこの地位を得ることはできないのである。また、牧師が亡くなれば、〈牧師夫人〉はただちに

〈牧師夫人〉ではなくなり、一信徒の立場となる。〈牧師夫人〉とは、不安定な状態にある存在と言えよう。

〈牧師夫人〉の仕事としては、牧師からも信徒からも、牧師の職務遂行の補助と教会の管理が望まれている。信徒数が二〇〇名以上もいる大規模教会ならば、〈牧師夫人〉も信徒組織の一員として奉仕すればよい。だが、日本の多くの教会は五〇名以下の小規模な教会である。そこで、教会堂や隣接地に居住する〈牧師夫人〉に、教会堂の清掃など管理業務が期待される。また、男性牧師がカバーしきれない女性信徒への精神的ケアその他を〈牧師夫人〉が分担することも期待されている。これらを言い換えれば、十分な知識を持ちつつ、「お手伝い、用務員、留守番、掃除婦から事務員になること」を、牧師や信徒から要請されているということであろう（大谷 1979: 25）。

昭和初期のある〈牧師夫人〉は、夫たる牧師に対して、「食事がすむと、頃合いを見はからってヒゲソリ」を用意し、「着てゆくものもボタンがとれてはいないか、カラーがすりきれてはいないかと」服装の心配をし、「手助けがなければ、身のまわりのことが何一つできない」ような夫の世話をした。まさに、「全く自分の時間とて一分もないような緊張の連続」だったという（関屋他 1961: 141-142）。現代の〈牧師夫人〉たちからこのような話は聞かないが、「一昔前」の話として、似たような事例は話題にのぼる。そして、「犠牲と愛をもって」仕えるのが〈牧師夫人〉の姿だという説明は、今なお少なくない（大谷 1979: 4）。

さて、東京出身のAさんは、高校を卒業し公務員として働いていた。「車椅子を押してくれませんか」と勤めていた福祉施設の信徒に頼まれ、伝道集会へ連れて行ったのがキリスト教との初めての出会いだった。聖歌隊の讃美歌や会員の証しを聞いて、「すごく頷けるものがあ」り、「教会の建物に入ったとき、何となく不思議な（神の）臨在感を感じ」たという。だが、門限のためいつも集会の途中で帰らざるを得ず、「後ろ髪引かれる思い」を持った。「大学へ行って青春を謳歌している」友人たちに比べ、「身体の不自由な方のために働いている」自負心を持つAさんは、一方で、実は「自分が思ったより真面目でよい人間じゃないんじゃないかな」と思い始めていた。集会で説教者が述べていた「あなたは罪人です」という言葉は、そんな彼女の心に響いた。

そして一週間後、自発的に一人で伝道集会へ行った彼女に、「その晩、女性の伝道師の方が（私のところに）来て、私にみことばを開いて下さった[3]」。

A：「もし私達が自分の罪を言い表すなら、神は真実で正しい方ですから、その罪を赦し、すべての悪からわたしたちを清めてくださいます」、という言葉を言って下さったときに、／／＊：（聖書の該当）箇所は？／／「ヨハネの第一の手紙の一章の九節」なんですけれども。[4] それまで聖書を全然読んだことがなかったんですけれども、そのまま受け取れて、何か本当に、「お祈りして下さい」と言われたときに、自分の罪を思い出させて下さって、言い表して、イエス・キリストを救い主と信じることができたんですね。そのときからクリスチャンになりました。

そしてAさんは、信仰を持つとすぐに神学校入学を決意した。三年間、神学校で学び、卒業。そして、母教会で伝道師となった。次節では、このAさんを中心に考察していこう。

3　四つの局面における〈牧師夫人〉

(1)　牧師職を棄てて〈牧師夫人〉となること

牧師になろうとして神学校へ入学した女性たちは、卒業の際、結婚して〈牧師夫人〉になることを勧められる者もいる。牧師を目指した場合、「就職難」という壁にぶつかる。牧師として同じ能力を持っていると自認しても、男性が規模の大きな教会の招聘を受け、自分たちは小さな教会にしか招聘されないのである。牧師資格を得た女性のうち、教会に属さない無任所牧師という立場に止まる者もいる。所属教派の指導者や、教会を支える信者たちが、積極的に独身女性の牧師を求めていないことが明白となっている。

夫妻とも牧師資格を持つ場合、夫が主任牧師、妻は担任牧師という分担になることがほとんどである。教会会計が決して潤沢ではない小さな教会が多い日本で、教会員たちは女性に対して、〈牧師夫人〉として牧師の夫に協力することを期待している。

神学校卒業後、伝道師として教会に勤めることになったAさんは、その数年後には結婚し、〈牧師夫人〉へ転身した。そして、牧師の夫とともに地方へ赴任し、一女一男をもうけた。十年後、千葉県で開拓伝道を始め、現在に至っている。なぜ、転身したのだろうか。

＊：三年間の神学校生活というのはいかがでしたか。やっぱり、それまでとは違うわけですよね。

A：（・）そうですね。やっぱり、救われて間もなかったこともあって、いろんな葛藤があって、途中で辞めて帰ろうと思ったこともあったんですけど、なんか不思議と守られて、みことばで。それで、二年生の中頃に、しばらく、心労から病気に。どこが悪いというんじゃないんですけども、なんか起きあがれなくなっちゃって、しばらく寝込んじゃったこともあったんですけど。そのときもみことば。

結局、最終的にみことばで、主が、創世記の、アブラムに語って下さった言葉で、立ち上がることができまして。〈創世記〉十七章の一節で「〈アブラムが九九歳になったとき、主はアブラムに現れ、こう仰せられた。〉わたしは全能の神である。あなたはわたしの前を歩み、全き〈者であれ〉」。

あれっ、ということで。私の弱さも何もできないことも全部分かっているけれども、私に従ってくれれば、全部の責任をとる、見捨てないで導いて下さるということを〈神が私に〉仰って下さって。自分自身の弱さを思っていましたので、X〈彼女が所属した教派名〉は女性伝道師として一人で〈牧会をする者も〉多いんですけど、私は無理だろうと思っていました。で、卒業して〈すぐは〉母教会で、あと二年はY教会〈に勤務しました〉。

Aさんは、伝道師として勤務していた母教会の信徒であった義兄に紹介され、現在の夫と出会い、結婚を決意した。その際、自らは〈牧師夫人〉として夫を支えることにした。なぜ、召命を得て就いた伝道師という職を辞したのだろうか。

すでに挙げたAさんの語りから、神学校生活での苦労や、自己の性格を分析した結果、牧師として一人で牧会することに疑問を持っていたことなどが理由として考えられる。また、神学生時代に奉仕のため、各地の教会を廻ったAさんは、そこで多くの独身女性伝道師たちと出会ったという。彼女たちと接するうちに、自らは彼女たちと異なり、独身のまま一人で牧会することは自分に合わないことに気づいたとも述べている。さらに後述するが、祈祷会その他の少人数の集会で説教をする経験を持ったときに、説教者として、「自分が一人で主任牧師としてやっていくことは難しかったと思いますね。副牧師っていう形で補助的な形でなら」やれるとの見解に達した。さらにAさんは次のように述べている。

A：いろいろ話しているうち、主人を支えて牧会をと思って。

自らを否定するばかりではなく、Aさんは、当時、牧師になりたいという明確な目標を持つ人物〈夫〉に出会い、それを支えることで自らの経験を生かそうと思ったのだろう。教会も教派も異なり、出会って間もないため、結婚を決断するときに迷いはあったものの、「神様のみことばを伝える、神様に従っていく姿勢に」、同じものを感じた人物として、最終的には「私の義人は信仰によって生きる。もし、恐れ退くなら、私の心は彼を喜ばない」というみことば（ヘブル10:38）により、結婚を決めた。Aさんの夫は視力が弱く、ちょうどAさんとの結婚が決まった直後、角膜移植の手術に成功し回復した。さらにAさんという伴侶を得て、視力と妻を「神様に与えられた」とたいへん感謝していた。彼の前向きな姿勢に惹かれ、また、二人で話し合う機会を幾度も重ねるうちに、Aさんは、夫を「支えて（牧会を）一緒にやっていこう」という気持ちになっていった。Aさんとその夫は、新しい教会に赴任する際、自らの教派をそれぞれ離れなければならなかった。そして、親戚知人のまったくいない土地へ転居した。結婚後すぐ、Aさんたちには子どもができ、Aさん夫妻は、牧会と育児両方とも、まさに二人三脚で生活していったのであった。

もう一人、Bさん（一九四九年生、神奈川県）の例を見てみよう。Bさんは、大学在学中にキリスト教と出会い、幼稚園教師をしているときに洗礼を決意した。その後、十年を経て、神学校へ進学した。卒業後、幼稚園教師をしながら伝道した。

B：（神学校を）卒業して半年くらいでしたかね。牧師が私に按手礼を受けた方がいいということで、ある牧師に指導していただいて、今宣教師夫人になってる姉妹と二人で按手礼を受けたんですね。（略）その按手礼を授けて下さった先生が言うには、私の場合は「牧師として一人で立つことは無理なタイプだ」と言われて。信徒伝道師、献身した信徒、「信徒として働くならいい働きをしますよ」と言われて。「結婚ということをすごく握りしめている」って。自分の中で一人で立つのは無理ということはあるけど、しっかりと結婚を握っていたんです。「按手礼を授けるには、そういう結婚を握っていると授けられません」とはっきり言われて、すごく悩んで。だけども、ここまで来ちゃったし、やっぱり、結婚を手放そうということで、「献げます」って「神様に献げます」って祈りました。

それで二年間、幼稚園に勤めながら伝道師の形でしたけど、（伝道）して。主に幼稚園教育として時間をかけて。なかなか伝道師としての働きはできなかったです。そうこうするうちに、主人とのお見合いの話が。

Bさんは、友人の紹介で牧師となる男性と見合いして結婚を決意した。彼女も夫も三〇歳代前半である。Bさんの場合は、按手礼を授けてくれた牧師の助言から、自分の身を神に献げ、一人でも伝道する道なら従いますと決心したが、その後に、「神は伴侶を備えて下さったのだ」と考え直した。Bさんの夫は二年間、招聘される教会がなく、Bさんと共に信徒としてある教会に所属していた。ようやく、ある教会の牧師の異動に伴う形で招聘された神奈川県の教会へ移ると、やがて彼女も、その地で育児中心の生活を始めることになる。Bさんは自らの夫への対応をこう述べている。

B：主人を差し置いてとか、そういうことは考えなかった。もう自然にというか。だからあんまり口を出さないとか、もともとあんまりおしゃべりじゃないから。

AさんBさんの二人は、今後も、牧師にならないつもりなのだろうか。

＊：たいへん不躾な質問なんですけど、（・）万が一突然、事故などでA先生が亡くなってしまったような場合、Aさんはどうされますか？

A：（・）何とも言えないですけど、祈って決めるしかないと思います。（・）今の時点では、私は牧師になれるかなあって思うんです。自分のなかでは自信はないです。（・）いろんな状況で、そうなった場合は、助けて頂いてせざるを得なくなったらするかもしれませんが、自分の意志ではしないと思います。（略）いま〈牧師夫人〉としての生活を）二五年してきて、やっぱり思うのは、牧師と〈牧師夫人〉が、お互い支え合って牧会ができていくんだなと。みことばを語るっていう積極的な面と、あと、いろいろな弱っている方たちを支えたり励ましたりする牧会面と、やっぱり牧師と〈牧師夫人〉が一緒になってやっていける仕事だと思っていますので。私は〈牧師夫人〉としての働きをこれからも続けさせて頂きたいと、今は思います。

＊：（牧師が亡くなった後に、その教会の）いわゆる牧師になられるような方は少ないと思うんですが、（Bさんの所属する教派には）いるんですか。

B：あんまりいないですね。P先生の場合は、ご主人亡くされて。//＊：その後//まあ、ご主人亡くなって退く方が多いんじゃないですか。牧会は無理ですもの。それをあえてなさったP先生は、結婚される前に、伝道師をなさっていたと思います。

＊：ということは、例えば悪いですけれども、Bさんの場合はできますよね。

B：ま、できますよね＝

＊：＝万が一の場合は＝

B：＝信仰があればね（笑）。
＊：＝（笑）さまざまな諸条件が整えば。
B：昔はね、そんなことを思っていたんですよ。主人が亡くなっても牧会しなくちゃなんて思っていましたよ（笑）。

二五年にわたるAさんの〈牧師夫人〉生活で、自らが日曜礼拝で説教したことは二回しかなかった。そのときは「自分が説教者ではないと痛感」したという。牧師の夫は礼拝を病欠したことがなく、他教会へ奉仕に行ったときは、神学生が代務者になった。現在の自らの役割を「助け手」と表現する彼女は、「私自身は〈牧師夫人〉としての働きで、神様にお仕えしていきたい」と思っている。Bさんも、後で見るように、現在は小学生の子どもたちの世話に忙しい時期なので、現実には牧師になるかどうか微妙だが、周囲にそのような例があることは念頭にある。

彼女たちより積極的に、育児を終えると神学校へ通い出し、ついに牧師資格を得て夫の不在時には、教会でさまざまな司式を行なっている者もいる。私がインタビューしてきた〈牧師夫人〉の多くは、〈牧師夫人〉としての仕事を積極的に受け入れ、夫である牧師と、教会や育児などのことをよく話し合っている。それぞれ牧師とも若干のインタビューを試みたが、〈牧師夫人〉とともに牧会しているという意識がうかがえた。

(2) 子どもの母として

〈牧師夫人〉たちの育児をめぐる語りは、クリスチャンとしての生活習慣をしつけることの実践や小学校高学年以降の教育に関することが多い。前者は、例えば、食事の前の祈りなどの具体的な話であり、後者は、塾・部活などの関係で日曜日の礼拝に欠席する場合や進路に関する悩みなどであった。牧師の家族は信徒たちにとって、家族のモデルと見なされている。「牧師の子ども」であるという周囲の眼差しは、子ども本人にとっても、その親である牧師や〈牧師夫人〉にとっても厳しいものとなる。Cさん（一九四九年生、東京都）とBさんの語りを見てみよう。

C：どの子もクリスチャンになってほしいということで、毎日三度の食事には、祈りを持って（います）。ですから、オッパイ飲ませるときも、「これから、お食事をいただきます」と祈ってから。赤ん坊のときからそうしていました。家では小さいときでも、みんな家にいるようなときは、三食とも家族全員が一緒に食事をする。そのときは、祈りを持ってするということで。ですから、たいてい、朝、聖書を一章とまではいかなくても、一章の半分を読んで、そして祈るということを、小学校、中学くらいまでやってたんです。

＊：（家庭礼拝は）いつなさっていたんですか。

C：朝でした。（子どもたちを食卓に）集めるのはたいへんです（笑）。夜は、祈りだけにして。「夜も食事は一緒だ」と主人が言って。今はバラバラになっちゃったんですけど。今は、個人個人が祈るということで。その頃はお父さんが祈ると言うことで始めたんです。

B：主人もしっかり（しつけようという気持ちを）持っていて。毎朝家庭礼拝を（やっています）。（小学生の）子どもたち、イヤイヤやっています。（（略））。いちばんつながっていて欲しいのは、神様。神様を知って欲しい。救いがあることを知って欲しい。

彼女たちが生き方を学んだという先輩の〈牧師夫人〉は、次のように述べている。

「（子どもたちには：引用者が補足）自分の名を呼ばれましたら必ず『はい』と返事をいたすように、小さいうちから訓練しておりました。（中略：引用者）いくら呼んでも『はい』と申しません。その時私は、忙しい仕事も何もあと回しにして、祈りつつまた呼び、祈りつつまた呼び、返事をいたすまで泣いてもかまいませんでした。たぶん一時間あまりもかかってようやく返事ができましたが、この事の後、二度と言うことを聞かずに親を困らせたことはありませんでした。またある時は、お乳を飲みます時の感謝をしませんで、長い時間辛抱くらべをしたこともあります」（小原 1970: 47）。

この本を読み、自らの子どものしつけで模範にした〈牧師夫人〉は、私の調査でも数多くいた。もちろん、クリスチャン・ホームとして、BさんやCさんのように、家庭礼拝や食前の祈りなどを行ない、信仰生活を送る基本的なしつけを行なっているのは、決して牧師の家庭ばかりではないだろう。だが、家庭における宗教教育の成果として、子どもたちがすべて、順調に信仰を堅く持っているわけではない。[5] 次のAさんの例を見ていこう。

A：長女は中学二年のときに（夏に行なわれる超教派の中学生対象の）キャンプで、はっきり信じる決心をしまして、洗礼を受けました。でも、そのときに、私達は洗礼式のときに証しをするんですね。そのときに、はっきりと、「教会は私にとってライバルだった」ということを言いましたので、親としてはとても辛かったですけれど。やっぱり、「親が教会にとられてしまう」という意識があったので。それはとても。その葛藤は引きずっているみたいで。

中二頃から、部活の試合などで日曜礼拝に出なくなった長男は、「経済的なこと」から、自らが第一希望ではない公立高校への進学を余儀なくされた。高一で中退し、フリーターとして働きだした彼は、そこで稼いだ金で各地を旅した。すると、「実際にそこに出てみたら、自分が理想としていたものと全然違う」ことに気づいて、やがて、夜行バスに乗って帰ってきたという。その後、「家でアルバイト生活を始め」、日曜礼拝にも出席するようになり、ついに受洗を決意した。

A：父親が牧師ですから、すごくぶつかるというか、主人は全然なんですけど、彼の方がぶつかって、なかなか。（・）本当は一二月にもう一人の人と一緒に受洗するはずだったんですけど。彼だけ残って一月に。その意味で、彼を通して（自分たちの）狭さとか、数多く、人生とか価値観とか押しつけていたことを、反発されることによって知らされ、いろんなことを経験させてもらって。彼はまだこれから進むべき道をはっきり見るところまではいっていないんですけど、去年とか今年とか教団のキャンプに参加して、アルバイトしたりして、交わりで分かってきたと。

これらの語りで分かるように、親が熱心に家庭で宗教教育を行なっても、子どもたちはキリスト教信仰を直ちに受容するとはかぎらない。紆余曲折を経る場合がある。さまざまな要因で教会を離れ、後に教会へ戻ってくる者、そのまま教会から離れてしまう者が出てくる。[6] 他の語り手からは、牧師になった息子や〈牧師夫人〉となった娘の話も得ている。なお、本稿の語り手ではないが、子どもの学校選択などの場面で、父である牧師が自らの理想を主張し、母である〈牧師夫人〉が子どもの希望を優先させたいとする意見対立があったなどという例もあった。さらに、牧師の家族特有の問題として、教会と牧師館が併設され、空間上、公私の区別がなきに等しい場合もある（川又 2002）。

A：彼女たち［長女と長男］は、お友達を連れて来てくれたし、また、（牧師の住居の居間を集会に提供していた時期は）自分たちの部屋を荒らされたりと被害があったし。（略）祈り会が（午後）七時にあって、子どもたちを七時までに寝かせつけました（笑）。

＊：七時ですか（・）、辛いですね＝

A：＝そうですね（笑）。子どもたちも。だからやっぱり失敗だらけですけど。今だったらそんなことしないけど、私達も若いですから張り切って（笑）。

牧師の家を開放すると、子どものプライバシーもなくなり、部屋に置かれた物や金が紛失することもある。友人たちと比べて決して裕福ではない牧師の家庭では、新しい玩具などはなかなか買ってもらえず、私学への進学が困難など制限され、友人たちにコンプレックスを持つこともある。さらに、さまざまな教会行事で子どもたちと過ごす時間が少ない親に対して、「教会に取られる」という感覚を持つ場合もある。Ａさんの長女が述べたように「教会がライバル」と認識されてしまうのである。

もちろん、牧師の家庭に子どもがいれば、同年代の子どもを教会学校に呼び込む契機となる。小中学校で保護者会の会長・副会長など役員を務めた牧師の例も多く聞く。開拓伝道は信者数ゼロから始まる。教会の案内、聖書のメッセージなどを掲載したトラクト配布ばかりではなく、さまざまな形で地域住民へアプローチすることが要請される。そのときに、子どもを通じて保護者や知人へ教会の存在が伝わることも、伝道につながる可能性を開く。信徒数が増加しなければ、そもそも教会形成がうまくいかないのである。

（3） 教会員との関係

〈牧師夫人〉は、教会員からの厳しい眼差しを感じてきた（川又 2002）。同じ信仰を持つ集団の一員とはいえ、他人である教会員との関係は、〈牧師夫人〉にとって、大きな負担となる。さまざまな年齢層、感受性が異なる教会員全員に満足してもらえる〈牧師夫人〉は、まずいない。それぞれ何らかのストレスを持つことになる。

Ｂ：子どもがいない時期というのは、ある信徒さんに言わせれば「バリバリと目を光らせて私のことをよくやっていた」。（略）。（子育てが始まると）「そんな要素がなくなった」と言われましたけれども。信徒さんとしては、そういうバリバリなというか、割とそういう、いろいろな考えがあると思いますが、その人は学生だったから、「〈牧師夫人〉としてもっとやってほしい」。自分のなかでは、子どものいない時期はやったけれども、やっぱり子どもに目を向けようというか、教会のことはちょっと置いておいて、子ども、家族の世話を、そっちに本当に重きを置くべき（・・）。

自ら進んで育児優先という選択をしたＢさんに対して、

〈牧師夫人〉としての働きが変わったとやや批判的な人がいた。それまでのBさん自身は、〈牧師夫人〉として特別な学びをしていなかったものの、奏楽・掃除・食事など多くの教会の仕事を、自らの働きとして引き受けていた。だが、育児中心の生活に変えるため、徐々に、教会員への仕事を分担するようにした途中で、先の意見が出たのだという。

Aさんからは、最近の若い教会員の行動に対する対応への戸惑いが述べられた。

A：（自分たちの教会生活の基本は）年配の方たちに育てて頂いたという感じがあるんですね。（略）信徒の方々、最近の若い人たちはとっても豊かな時代に大切にされて育っているので、やってもらうのが当たり前で、どうしたらいいのか分からない。こちらが言うことが、向こうに分からないんじゃないかな。（略）例えば、掃除でも、私たちの時代は時間があったらワイワイ集まったり。でも、今の若い人は、お茶でも飲んだらそのままで片付けない。そのまま帰っちゃったりするんですよ。何故なんだろうと思っていたのですが、この前、そうなのかと思ったのは、三〇歳代の方で、みんなで奉仕しているときに、（お茶の）片付けをまったくしないでいたのを見た子どもが「お母さんだけどうして片付けないの」と言ったら、「いいんだよ、教会では好きな人がやるんだから」って。全然悪びれないで。それを聞いて、何故なのか、多少、分かったんです。

教会員との関係を、「昔はお姉さん的な、仲間としての関わり方だし、今はお母さん的な関わり方」になっていると自覚するAさんは、若い世代に対する接し方をどうするか苦慮している。もちろんこれも世代で括れるものではなく、三〇歳代でも礼儀作法や人に仕えることが身に付いている者はいる。教会全体を考えると、「なぜいつも私達だけが片付けるのか」と不満を持つ教会員もおり、Aさんは、適切な対応をしなければならないと述べている。

私の調査した〈牧師夫人〉たちは、牧師のアドバイスも得るが、女性同士の人間関係という部分で、〈牧師夫人〉の先輩や友人などの実体験を参考にすると述べる者が多かった。そして、このような教会員同士もしくは〈牧師夫人〉と教会員との間の軋轢において、彼女たちは「まず祈る」という行動をとる。これは、先述の小原鈴子の著書にも描かれている通り、〈牧師夫人〉の基本姿勢として、彼女たちに広く流布している。しかし、祈るだけで解決する問題ばかりではないだろう。個々の現場で起こった具体的な問題の解決策を、彼女たちは常に考え続けなければならないのである。

（4）教会外での働き

〈牧師夫人〉の彼女たちは、教会員たちとの関係に気を遣う一方、子どもが与えられると子育て、すなわち母役割にかなりの力を注いでいた。そして、やがて育児が一段落すると、再び〈牧師夫人〉役割に重きを置くようになる。だがそのときは、当然齢を重ねているため、育児経験前より、教会内で高年齢層に位置するであろう。私が調査した〈牧師夫人〉たちの多くは、教会内の役割ばかりではなく、教会外へ視野を広げていた。拙著では、大学院の修士課程、さらに博士課程へと進学した〈牧師夫人〉の例を紹介した（川又 2002）。Aさんも積極的に教会外で活動している。

A：私は実は、（千葉）開拓時代の二年目、（教団から開拓教会へ五年間援助される支援金の）二〇％カットが始まってから三年間はZ市の簡易マザーズホームというところで、保母をしていました。障害児のお母さんと障害児が通ってくる施設なんですけども、（略）。その後、去年一年間、ですから十四年目ですね、開拓十四年目に、学童保育の指導員として一年間働いたんです。それ以外は、一応専業主婦として、〈牧師夫人〉という働きをしてきました。

＊：それ〔保母〕はどういう経緯でやられることになったんですか。

A：一つは経済的な理由で。で、もう一つは、社会福祉の方、直接伝道〔牧師を志し、神学校へ入ったため〕の方で、一旦辞めましたけれども、やっぱり教会の働きのなかにそういう福祉的なものも必要だという気持ちがありましたので、そういう人たちとのつながりをもって、何かお手伝いできることがあればなあという気持ちで始めました。

前者は保母資格を持ち、後者は子育て経験者として勤めたものである。教会学校の教師に役立つと思ったAさんは、保母の資格を神学校入学以前に取っていたのである。その資格を生かし、いわばアルバイトという形で教会経済に貢献した し、自らの関心に叶った仕事をした。Z市の広報に出ていた募集広告を見て応募したAさんは、今後も、「自分にできる範囲で」、何かしたいと言う。

＊：ご主人は何か、前向きにおっしゃっているのか、あるいは。

A：経済的なことだけでだったらやっぱり賛成できないけど、そういうことで、だったら積極的に応援してくれる。

Aさんは、牧師ではなく〈牧師夫人〉として夫を助け、以前より考えていた社会福祉に関する仕事に就くことを、千葉の開拓伝道のなかで実現した。その際、夫たる牧師は協力的だという。開拓教会という経済状況の厳しい教会生活を送ったAさんやBさんより、少し年上のDさん（一九四二年生、東京都）は、こう述べている。

＊：（神学校を卒業したということは）教職資格をお持ちだったんですよね。

D：でも、夫が牧師として牧会をするなら、私は牧師としてではなく、アルバイトをして生活費を、少しですが稼いで、（子どもたちの）教育費に充てようと考えて。

経済的困難は、日本の多くの教会に共通する。牧師資格を持つ〈牧師夫人〉に対して、牧師ではなくあくまでも無給の〈牧師夫人〉として招く教会が多いのは、教会が経済的に恵まれていないというのも理由の一つだろう。だが、経済的困難にあっても、〈牧師夫人〉がまったく教会に関係ない職業に就いてフルタイム働くことを教会員は望まない。教会が経営する幼稚園で働いたり、パートタイムで教会を少し空けるだけ、さらには、教会を空けずにじっとしていることが望まれたりしていた。Dさんも、パートタイムとして教会の近所で働いていたのである。

母役割の後の教会外の役割は、私が出会った多くの〈牧師夫人〉にとって、経済的側面でプラスに働いているばかりではなく、彼女たち自身の経験をより豊かにしていると言えよう。本稿のAさんの場合は、若い頃に取得した保母としての資格を、開拓教会で経済的困難な時期に生かすことができたという満足感が述べられた。さらに、教会外での出会いで教会に直接貢献する形でも現れている。

この経験を生かし、Aさんはこの教会で木曜礼拝を始めたとき、参加者の幼児を預かって世話をしているという。今後Aさんは、ボランティアなどを続けたいし、教会を開放して短時間子どもを預かるようなことも考えているという。

4　まとめ

Aさんたちは、ときには意見が衝突することがあるにせよ、夫たる牧師と緊密なコミュニケーションをとって牧会生活を共に歩んできた。

一度は牧師を志しながら、自らの資質を考え、熟慮の末、〈牧師夫人〉になることを選択した彼女たちは、一方では教会員からの役割期待に悩みつつ〈牧師夫人〉役割を果たし、他方では育児で奮闘する母として生活してきた。とくに、長女長男が成人し、それぞれ信仰告白したAさんの場合、近年、教会外での働きも充実しており、余裕を持って過去を振り返っている印象がある。その雰囲気が教会内でもよい影響を与えていることが推察される。

Aさんに限らず、私の調査で出会った〈牧師夫人〉の多くは、それぞれのライフ・イベントにおいて何らかの役割葛藤を経験したが、インタビューの時点では、それをじっくり回顧する状況にあった。〈牧師夫人〉が抱える役割葛藤に関する問題は、本人だけで解決できるものばかりではない。夫たる牧師との愛情にもとづく関係があってこそ解決するものもある。もちろん、解決できずに抱え込んだままの場合もあるだろう。[7] クリスチャンとして、何かあると神に祈って解決をはかろうとしていることは、ライフヒストリー・インタビューのなかからもうかがえる。神様の前では信徒も〈牧師夫人〉も同じクリスチャンだが、立場が異なる。〈牧師夫人〉たちは、孤独とも戦ってきた。信徒の個人的事情が何らかの形で伝わってきても、牧師と同様に守秘義務がある。〈牧師夫人〉は、「自分の生活のすべてが教会とつながっていても、自分の問題を相談できる特別に親しい友を教会の中につくることは許されない」と言われてきた（鈴木 2002: 340）。Aさんは最近、長男が自分のことをよく理解してくれていると述べる。牧師の家族として同じような境遇にある長男は、これまで牧師だけが頼りだったAさんにとって、今後大きな存在となるだろう。

私の調査による〈牧師夫人〉のインタビューには、自分たちの苦しみに対して夫たちがしばしば登場してきた。もしあの副住職が、私の出会った〈牧師夫人〉の夫たちのように、自分の妻と早くから向き合えていれば、あのような事件は起こらずにすんだのかもしれないと思うと残念でならない。人々の心を救うべき宗教者も孤独であるが、宗教者の配偶者も、そして家族も孤独なのである。それを救う役割を担っているのは、宗教者自身なのである。

注

1 日本の状況を一例挙げよう。二〇〇三年は日本で女性教職が誕生して七〇年を迎える年でもある。その一〇年前に、女性教職神学研究会の一〇周年記念集会が開催され、「主任牧師として、男性牧師同様の処遇をもって女性牧師を招聘する教会は、皆無に等しいのが現実です」との発言もあった（山本 1995: 147）。

2 按手は人や物の上に手をあてて聖霊の働きや祝福を与える行為。教派ごとに内容は異なるが、書類審査・学科試験、面接など、検定試験の合格者に対し、すでに聖職にある者が手を置いて祈りを持つ儀式を按手礼という。これを経て、牧師の職が任じられる。

3 祈り続け、その結果、個人的に神からメッセージを与えられたという経験は、他の〈牧師夫人〉（や牧師、信徒たち）も語っている。筆者が出会った語り手ばかりではない。例えば、日本人牧師と結婚し、アメリカから山形へ渡って〈牧師夫人〉となった田中ジェーンは、周囲の日本人〈牧師夫人〉と自分を比較し、何もできない自分に落ち込み神に祈った際、次のような経験を持ったと述べている。「あなたはわが内臓をつくり、わが母の胎内でわたしを組み立てられました」（詩篇 139：13）という聖書のことばを通して、神のみ声が聞こえてきました。『私は、あなたが牧師の妻になる前に、あなたを選んだのだよ。わたしは、あなたが何かできるからとか、できないからということであなたの価値を決めたりはしない。わたしは、あなたの内にある可能性を知っている。だから何も恐れることはないんだ』その時から、わたしは自分というものを喜ぶことができるようになりました」（田中 1997：63）。このような長文ばかりではなく、キリスト教信徒たちが祈りを通じて与えられるものは、聖書の一語、一節など短いものも多い。また、このようなメッセージをたいへん重視する教派がある一方、そうではない教派もある。

4　日本の多くの教会で用いられている聖書は「共同訳聖書」と「新改訳聖書」である。本稿の聖書の引用は、Aさんが属する教派で用いる「新改訳聖書」による。

5　ある牧師の長男が中一のとき、「お父さんは自分がなりたくて牧師になったり、お母さんだって聖書学院にまで行って、自分がなろうと思って牧師夫人になったんだから、一生懸命やっていることに反対しない。けれども、僕は牧師の家に生まれたくて生まれた訳ではない。僕の好きなように生きる権利があるから、教会に行けと言われても行きたくない」と言って反発し、その後、牧師と朝まで議論しつづけたことが述べられている（岸・高塚 1983：67-70）。

6　私はこのように教会を離れている信者を〈信徒周辺〉と概念規定した（川又 2002）。日本のキリスト教を考えるには、毎週礼拝に熱心に参加する信徒だけではなく、〈信徒周辺〉も含めて考察する方が有効であると拙著で議論した。

7　私はこれまで、主に紹介を通じて〈牧師夫人〉のインタビューを進めてきた。調査拒否を受けることもあった。問題を抱えたままという事例は間接的には得ているが、自らの調査では得ていない。

参照文献　（関連文献は http://toshi-k.net/booklist/R&G.htm を参照）

川又俊則 2002『ライフヒストリー研究の基礎――個人の「語り」にみる現代日本のキリスト教』創風社
岸千年・高塚郁男他 1983『主よ、みこころのままに――〈牧師夫人〉の美しく強い信仰』聖文舎
小原鈴子 1970『かくれし力』日本基督教団出版局
大谷賢二・大谷松枝 1979『がんばれ牧師夫人』日本教会新報社
関屋綾子・斎藤文子・山室民子・佐波薫 1961『母を語る』日本基督教団出版部
鈴木崇巨 2002『牧師の仕事』教文館
田中ジェーン 1997『わたしの宝石箱』一元社
山本菊子編著 1995『豊かな恵みへ――女性教職の歴史』日本基督教団出版局

「仕える女」の精神
——ある奉仕女の語り

堀千鶴子

1 はじめに

「奉仕女」（ディアコニッセ）の存在を知っているだろうか。日本においてはあまり知られてはいないが、現在でも「奉仕女」と呼ばれる女性たちがいる。

ディアコニッセとは、新教の社会救済事業に奉仕する女性献身者のことである（深津 1955a: 22）。上富坂教会の深津文雄牧師は、「ディアコニッセ」を奉仕女と訳し、一九四九年の説教の中で紹介した。深津の説教を聞いた女性会社員Aさんは、「奉仕女」として生涯を献身に捧げて生きる決意をした。それから五年後の一九五四年、埼玉県においてディアコニッセに志願するための儀式「着衣式」が行なわれた。それによって、日本において初の「母の家」である「ベテスダ奉仕女母の家」が開設され、四人の奉仕女が誕生した[1]。Aさんは、この時に着衣式を受けた、最初の奉仕女の一人である。その後、約五〇年、Aさんは奉仕女として乳児院、ハンセン病療養所、婦人保護施設等で奉仕を行ない、現在では、婦人保護施設「かにた婦人の村」施設長としての立場にある。

奉仕女は、社会福祉実践を支えてきた女性たちであるが、人数の少なさもあり、その存在が注目されることは少ない。そこで本稿では、奉仕女であるAさんの語りから、奉仕女の生活を素描し、奉仕女とはどのような存在なのか、奉仕女の働きとはいかなるものなのか、社会福祉実践との関わりに焦点をあてつつ考察したい。

2 ディアコニッセとは

ディアコニッセ（Diakonisse）とは、ギリシア語「διάκονια（ディアコニア）」を原義とするドイツ語「Diakonos」の女性形であり、キリスト教における初代教会の役職の一つとして教会の貧者救済の仕事に携わる人を指していた。一八三六年、ドイツにおいてテオドール・フリートナー牧師（Theodor Fliedner 1800-1864）が、「母の家」を基盤とするディアコニッセ組織を確立し、以後、各地で「母の家」が設立された（レーヘルト 1955: 6、坂本 1989: 53, 1991b: 27）。母の家は、ディアコニッセによる生活共同体であり、ディアコニッセたちは、そこから派遣されて教会、病院、社会福祉施設等、様々な場において実践を行なった。

フランクリンは、「ディアコニア」を「キリスト教的愛から発して、人間の困窮に実際的奉仕の行為をなすこと」と定義し（フランクリン 1964: 136）、それを受けて坂本道子は「ディアコニッセ」を、「その行為をなす女性」と定義している（坂本 1991a: 77）。さらに具体的に言うと、奉仕とは、「キリストに仕えられるから仕え、人々に仕えることによってキリストに仕え」（石居 1998: 102）るといった精神を根本とし、「具体的・物質的」に「隣人の必要に備えて助ける」（石居・門脇 1977: 14）と理解できよう。

坂本道子は、ディアコニッセ研究には、二つの系譜があることを紹介している。一つは、神学・聖書学における「用法」や解釈の研究であり、もう一つは、クリスチャンたちが実践した「ディアコニア運動」やその実践を記録化、分析し、社会福祉実践の根底思想としての「ディアコニア」という視点から研究である（坂本 1995: 22）。後者に関しては、坂本による一連の研究がある（坂本 1989, 1991a, 1991b, 1994b）。

本稿は、上記のいずれの系譜とも異なり、ディアコニッセであるAさんの語りから、Aさんの主観的リアリティとしての奉仕女像に迫るものである。

3 「奉仕女」の生活
——制服、共同生活、独身制が意味するもの

日本では奉仕女の数は少なく、我々が奉仕女の世界を窺い知ることは少ない。そこでまず、Aさんの語りから奉仕女の世界の一端を素描したい。Aさんの語りから、奉仕女を特色づけているものとして、制服、母の家での共同生活、独身制等が浮かび上がった。なぜなら、これらのものは奉仕女の証であり、奉仕女が「ディアコニア」の精神を保持するためのものであり、その意味で奉仕女を特色づけるものである。

（1）制服が表すもの

ディアコニッセ志願者たちは、着衣式において制服を授けられ、ハウベ（頭布）を戴帽される。制服には、普段着、外出着、礼拝着の三種類、それぞれ夏用、冬用がある。

Aさんは、インタビュー時には、普段用の制服であるグレーのブラウス、スカート、エプロン、ハウベを身に着けていた。私服の着用についての質問に対して、Aさんは、「私服

を着ることは、ありません」と語った。実際に、私服を着用するのは、就寝時、施設での作業時、徒歩遠足等の場合に限られ、日常生活では、ほとんど制服を着用しているという。それでは、Aさんにとって制服を着る意味とは、いかなるものなのであろうか。

ディアコニッセだけに限らず、制服には、外部に対する自己の立場の表明という意味と、自分自身に対しては、立場の自覚、役割の内面化といった意味がある。Aさんは、ディアコニッセにとっての制服の意味として、まず次のように語った。

＊：奉仕女にとって、制服の意味っていうのは？

A：まあ、あの、まあ自分自身の自覚っていうのもあるでしょうし//＊：んん//それから、まあ守られてるかなっていうのもありますよね。まあ、自覚っていうのも大きいかなと。

Aさんは制服を身に着けることで、奉仕女としての立場を意識している。さらに、制服によって「守られている」と、神との絆を意識している。これらは、Aさんの内面に制服がもたらす意味である。

また、服装は自己表現の一つであり、制服を着用した場合は、自己表現を抑制するものであるのかという筆者の質問には、次のように語っている。

＊：で、よくこう洋服っていうのは、自己表現だっていう言い方があるんですけど//A：ああ、ああ、そうですね//そういう意味では、奉仕女であるっていうのは、自己表現というのはしない、まあしないっていうのも変ですけど、控えるものなんですか？＝

A：＝でも、まあ、一つの、制服が自己表現じゃないですかしらね。

＊：奉仕女としての自己表現？

A：ええ

Aさんにとって制服は、自己表現の抑制ではなく、奉仕女としての自己を表象するものである。前述したようにAさんは、ほとんど私服を着用しない。つまり、常に奉仕女としての自分自身を表し続けているといえよう。

制服のメリットは、実際的な側面にもある。Aさんは、「いちいち、あの、何を着ようと心に煩うことなく、やれるという、これはプラスですよね。」と、着る物に煩わされない点を上げている。さらに、制服は母の家から支給されるため、「もし私服だったら（経済的に）とても大変なことだったと思います。」と経済的側面のメリットもある。

一方、日本では、奉仕女の存在はほとんど知られていないため、「おもしろい格好」をした人として注目されることもある。

A：やっぱり、この制服で歩いてると、駅に（奉仕女たちが）ぞろぞろ行くと、子どもたちが、きょとんとして眺めて（笑）。あるときには、これは、十年くらい後だったかしら、なんか、ある駅のプラットホームで、あの、座ってたら、普通、看護婦さんていうのは、外に出たときには、キャップはずされるでしょ／／＊：ああ、ええ、そうですね／／だから、その看護婦さんなのに、キャップはずしてないって思われたかもしれないんですけど、（キャップはずしていないと）言われたので、いやこれは違いますからって（笑）言ったことあるんですが。そういうふうに、やっぱり、みんなが注目。＊：目立ちますよね／／A：そうですね／／そうすると、もう、どこにいっても、ある意味注目される、なんだろうって＝

A：＝まあ、きっとおもしろい、おもしろい格好をした。で、子どもなんかが、お母さんにこそこそ話してるっていう（笑）、なんか言ってるという。

＊：そうすると、どこ行っても気がぬけないじゃないですけど、注目されることは＝

A：＝そうですね、少し緊張することは、ありますよね。

＊：それっていうのは、辛いことではないんですか？　なんか、私なんか、どこでもそうなってしまうと、気が抜けないような気がするんですが。

A：でも、まあ、それが自分にとって普通になれば。でも、初めてのところだと、やっぱりみんなと違いますでしょ／／＊：ええ／／ですから、全然緊張感がないとかじゃ、ないですけれども。

＊：それは、（・・）ディアコニッセとして見られるということの緊張感なんですか？どういう？

A：うん、だから、ディアコニッセとして見るっていうことは、あんまり日本ではないですよね／／＊：ええ／／だから、おもしろい格好した人だな、なんだろうって。まあ、中には、「あー看護婦さんだな」と（・・・）思う人もいますでしょうし。（・・・）ですから、まあ、例えば、みんな（施設の寮生）と一緒に、こう、遠足とかなんとかで、もうみんなと同じ格好に、ズボンとTシャツ位の姿になってしまった方が、ちょっと楽な感じもしますよね。（笑）

制服姿は注目されることが多く、特に初めての場所においては、周囲から注視の的となる。そのため、施設の遠足等で私服を着用する方が、「楽な感じ」の時もあるという。注目されない、存在を取り沙汰されないことの気楽さといえよう。

こうしてみるとAさんにとって制服は、奉仕女として自覚を促し、神との繋がりを感じるものであり、外部に対しては奉仕女としての立場を表明するものである。さらに、生活する中での実際的メリットといった側面がある。しかし、周囲からはいぶかしい存在として注目を浴び、Aさんに緊張感をもたらすものともなっている。

(2)「母の家」での共同生活

ディアコニッセにとって母の家とは、どのような場なのだろうか。

ディアコニッセたちは、着衣式の後、母の家で半年または一年間、奉仕準備課程とよばれる生活訓練及び神学、その他の教育を学ぶ生活訓練を受ける。それは、現実の悲惨の中で、場を選ばず奉仕を行なうための「武装として」基礎的な生活技術、精神力の獲得を目指すものである(深津 1955a: 23)。つまり、母の家は、第一には、奉仕女志願者たちの基礎訓練の場といった意味がある。

第二に、女性たちが生活の心配や将来の心配・不安をもたずに、人生を献身に捧げることを可能にするという意味がある。ディアコニッセは、「病気になっても、老年になっても母の家に完全に保護され」、「衣食住は保証されてい」るので、「思い切り働くことができる」(深津 1956: 22) という。その理由として、深津は、「夫もなく子もなく人生を一つの目的にささげる人にはそれ相当の安定感がい」ることを挙げている。

現在、「ベテスダ奉仕女母の家」の奉仕女たちは、全員が六〇歳を越えている。実際に、「ちょっと体具合悪くて、今休んでる方も」いるが、「生涯を心配することなく、というのが一つの母の家の約束でもあります」と、体調を崩している人も、母の家において生活を保証されている。

さらに、母の家は、イエス・キリストが弟子たちと営んだ「共産体」を理想とし(深津 1955b: 21)、実現する場でもある。

A:その、一つの共産体、私たちは、あの、個人のものを個人のものとして、えー、持たないと//*:んー//で、まあ、お金は一つのお財布の中に//*:ええ//そこから必要なお小遣いをいただくというふうな形で、私有物を、じゃあ持たないかっていうともたないわけじゃないわけなんですけれども(笑)//*:ええええ//そういう精神ですね。

奉仕女たちは、「お財布は一つにして」生活する。例えば、Aさんのような施設職員としての給与や寄付金は、すべて母の家の収入として一括管理される。個人として必要なものを賄うためには、各自小遣いとして一律の現金をもち、制服以外の私服、下着類、日用品、個人的交際費等に使用する（真山 1995: 6）。

ただし、このことは、私有財産の共有のみを指しているのではない。

A：生活共同体という一つの考え方をもっているんですけど／／＊：ああ／／生活の共同体であり／／＊：んー／／（・・・）まあ、働きの共同体でもあり、それから死の共同体っていうか（笑）もう死ぬときまでっていう／／＊：ああー／／あ、死んだのちも一つの、もう壺の中に入ったっていいかななんて思っているくらいですけども。

Aさんにとって、母の家は、「献身した同士が一つの共同体としての、生活をしていく」場であり、それは、単なる共同生活ではなく「この奉仕の生活っていうのは、一人で、することよりも、そういう同じ同士が、集まって、そして、生活を共にし」、一つの共産体という精神をもって生活する場である。そのため、生活全般の共同、死後の共同の場としても把握されているのである。

実際には、奉仕の場所によって、生活を共にできないことがある。その場合でも、「共同体という意識は、その場にあっても、その人の心の中に、持ち続けるっていうことはできる。生活が変わっても。」と、共同体としての意識は持ち続けている。つまり、母の家は、実際に共同生活が行なわれない場合でも、共同体としての意識を保ち続けるための拠り所なのであろう。

（3）奉仕女の独身制

Aさんの選択

奉仕女は、「家庭に入るかわりに、生涯を捧げて、奉仕に生きる」（深津 1957: 21）。つまり、生涯を独身で過ごすことを課せられる。それは、Aさんにとって人生の岐路であったと思われるが、迷いはなかったのだろうか。

＊：奉仕女になった場合には、結婚とか、子どもをもつことってのが／／A：ええ／／ないわけですよね／／A：そうですよね／／で、ちょっと不躾かもしれないんですが／／A：うん／／そのことに対しての迷いとか、そういったものは？

A：まあ、あの（・・）全然、私の場合は、（・・・・）まあ、非常に単純で、あの、ある意味で一途というか／／＊：ええ／／あの、（・・・）で、ちょうど時代が、そういう時代であったと思うんですけど／／＊：んん／／えー、まあいろんなものが、たとえば、家族が、戦後、あの満州から引き揚げてくるとか／／＊：んー／／家庭的にも、いろんな、あー、ゆとりが、当時はありませんでしたし／／＊：んー／／社会の中でも、まったくゆとりのない、みんなが自分が、生きるために一生懸命にならざるを得ないような／／＊：んー／／状況の中にあったんですね。

（・・・）

＊：当時、お好きな方とかっていうのも、特に

A：いや、ないです。うん。まったく、一途に（ディアコニッセへの道を）、歩いていたっていうことで。

＊：わりとね、家族の方がね、お見合いとかもってきたりっていうのが、まだあった時代だと思うんですが？

A：いや、でも、まあ、あの、家庭も引き揚げてまいりましたし、あの、その生活だけでも、精一杯でしたから、そういうことっていうのは無かったですね。そういうなんていうか、希望とか／／＊：ええ／／まあ願望とか、一切なかったんですよね。

Aさんには、結婚の断念に対する躊躇は一切なかった。それは、終戦後の貧しい生活の中での家族の引き揚げ、父親の病気・死亡、家族を養うための就職等、日々生活を送るだけで精一杯の状況にあり、恋愛や結婚を考える精神的ゆとりがなかったためと語る。しかし、それだけではないようだ。

Aさんは、奉仕女を志す以前から、終戦後の社会に現れた浮浪児、傷痍軍人といった援助を必要としている人々の存在に心を痛めていた。さらに、日本人ではなく外国人女性たちがそうした人々を支援している姿を見聞きし、また通勤途中の電車の中で遭遇した人々の「エゴイズム丸出し」といった姿から、クリスチャンとして、女性として「自分が何かしなければいけない」と社会奉仕への欲求を募らせていた。

A：だから、自分が／／＊：ええ／／まあ結婚して、そういう家庭を築いてとかっていう意識は、ほんとに／／＊：んん／／なかった。なかったというよりも、こう、どけてたような感じがするんです。私自身として［

＊：［それは、意識的にどけてたんですか？

A：あんまり、好まなかったというような面もあるかなと思います（略）まあその当時ほんとに、自分の幸福とか、いわゆる一般の人たちが考える幸福とか／／＊：ええええ／／そういうことがあんまり自分の中心じゃなくて。目についたもの［社会の悲惨］に対して何かしなくちゃ

いけないという、それがすごく単純で（笑）幼稚でね。

Aさんは、社会奉仕への思いが強く、何かしなければという使命感を強く感じていた。そのため、自分の幸福や一般的な幸福については、「意識的にどけていた」のであろう。つまり、非常に堅固な意思をもって社会に奉仕する生き方を望んでいたことが伺える。逆に言えば、奉仕女への道とは、それほどまでに強い信念をもつことが必要な、厳しい道だったのではないだろうか。

女性に課せられる独身制

ディアコニーには、男子ディアコニー（ディアコーン）と女子ディアコニー（ディアコニッセ）がある。ディアコーンとディアコニッセの相違の一つは、「奉仕女は、結婚しないことになっていますが、奉仕者は原則として結婚すること」にある（H 1961: 25）。要するに、ディアコーンはディアコニッセと同様に、一生をキリストの奉仕のために捧げるのであるが、同時に結婚生活をし、家庭をつくり、子どもを育てることを求められている（H 1961: 25）。それについて深津は、次のように述べる。

奉仕女とは、イエスに従い、不幸な同胞を救済するために、すべてを捧げた女性であり、そのすべてといわれる物のなかで、最も大きなものは結婚であり、「女性の場合、そこで（筆者注：結婚）で浮くエネルギーは大きい。それを何かに集注することによって大きな仕事ができ」る。すなわち、「女性と生まれて、その天賦の機能の大部分をしめる結婚を断念して、思い残すところなく生涯を献げるからこそ、常人の耐えられぬほどの訓練にも服し誘惑に勝ちうるのである。もしディアコニッセが何時でも止めたいときにやめられ、結婚したい時に結婚できるものだったなら、（略）、病める主婦の代りに家事万端を担当するような事には耐えられぬであろう」（深津 1955c: 1）。

このような考え方には、女性の「天賦の機能の大部分をしめる」ことは結婚であるという前提がある。そこには、女性＝結婚というジェンダー規範をみることができる。そして、女性にとって「最も大き」いものである結婚を「犠牲」にすることによって、献身を捧げることが奉仕女には求められている。

そのことに対してAさんは、「そうですね、女性の場合は、やはり結婚して家をもつと、そうあの、なんていうか、全面的に、えー、あの、（・・・）仕えるというか、そういうことが、非常にしにくくなる（・・）ということがあるんではないかなあと」賛同しており、女性が家庭をもつと一〇〇％献身することは「難しい」と答えている。女性は結婚によって妻・母役割を担うことが求められており、妻・母役割と「一〇〇％」の献身は両立困難という意味である。そこからは、Aさんに内面化している、女性の第一の責務は、家庭にあるというジェンダー規範が推察できる。こうしてみるとAさんは、ジェンダー規範を逸脱しているのでも、超越しているのでもない。

プロテスタンティズムでは、女性を「家庭を管理する有能な主婦、貞淑な妻、良き母」というイメージに限定付けている（森田：114）一方、ディアコニッセは、プロテスタントにおける女性役割の一つでもある。つまり、Aさんはディアコニッセという形で、女性役割を遵守しているのである。こうしたジェンダーに関するAさんの見解は、以下のような語りにも現れている。

A：まあ、家庭の中で、いくら男女平等とかなんとかいったって、まったく同じになることがほんとに、正しいことであるか、正しいという言葉があてはまらないかもしれませんけど、平等っていうのは、いったい何であるのか、（・・）だから、ディアコニッセ、ディアコーン、それぞれ、（・・）一番求められているところ、そして、えー、それに違った場面で必要、なんていうか、適当な場所っていうか、がそれぞれにあるんじゃないかと思うんですね。

Aさんは、ディアコニーにも性差に基づく相違があることを受け入れている。このようにAさんは、性役割やジェンダー規範を内面化していることが伺える。

4　奉仕女の働き――「かにた婦人の村」を中心に

（1）「かにた婦人の村」について

Aさんは、複数の奉仕の場を体験したが、現在の奉仕の場である婦人保護施設「かにた婦人の村」（以下、「かにた」と略）において、すでに二四年の歳月を過ごしている。Aさんの奉仕の中心は、「かにた」において行なわれているといっても過言ではないだろう。そこで、婦人保護施設及び、「かにた」について簡単に説明しておきたい。

婦人保護施設とは、売春防止法に規定されている社会福祉施設である。一九五六年、売春防止法が成立したことによって、赤線等の集娼地区は廃止されることになり、そうした場に従事していた女性たちへの「保護」が必要となった。そのため婦人保護施設は、売春に従事していた女性、あるいは売春を行なうおそれのある女性を「収容保護し、自立更生を図る」ことを目的として売春防止法に位置づけられた[2]。具体的な援助内容は「生活指導」「更生指導」「職業指導」等である。現在、婦人保護施設利用者には知的障害、精神障害、身体障害等の障害を抱えている者が多く、一九九九年度の統計によると入所期間が「五年以上」の利用者は、全婦人保護施設入所者の一七%に達している。さらに「十年以上二十年未満」は五・五%を、「二十年以上」の者は六%を占め、入所期間の長期化している利用者は多い。[3]

「ベテスダ奉仕女母の家」は、売春女性への保護に取り組むことを決定し、一九五八年に婦人保護施設「いずみ寮」を、その七年後、長期入所を前提とした「かにた婦人の村」を開設した。前述したように、一般的には婦人保護施設の目的は、利用者の自立更生を図り、「社会復帰」を目指すことにある。しかし、いずみ寮の実践の中で、利用期間の長期化という実態に直面し、コロニーの必要性が認識されていく。そして、それは「かにた婦人の村」として実現した。

「かにた」では、製パン、農園、果樹園、酪農、養豚、養鶏、陶芸、裂き織等の作業が行なわれ、「自給自足をめざして、まあ完全とまではいってませんけれども、自分たちの生活を自分たちで創り出すような生活をしてきた」。寮生は、各自の能力に応じ、上記のような作業班で作業を行なっている。寮生の住まいは、七寮に分かれ、寮に担当職員はいるが、原則的には寮生の自治によって生活は営まれている。[4]

寮生の年代は、二〇代から八〇代まで幅広いが、平均年齢は六二歳と高齢化を迎えつつある。一九八二年には、村人全員の共同作業による納骨堂付き礼拝堂も建てられ、「かにた」で亡くなった身よりのない寮生、引き取り手のない寮生の遺骨は、納骨堂に安置されている。生活の場として、あるいは死後の場としても、「かにた」は存在しているのである。

Aさんは、このような「かにた」の方針について次のように語っている。

A:ここは一つの村、生活の場であり、村であり、ここに、だから入って来られた方は、あなたは、あの、ここに入所されてきた入所者の一人ですよという気持ちではなくて、あなたは、この村の大家族の一人として、私たちはお受けしますと//＊:んー//だから、あなたはこれから自分のお家と思ってやってみてくださいと//＊:んん//まあ、新しく入ってこられた方には、そのようにあの、言っていますし、えー、そういう気持ちで、その受けたいと思ってるんですね(略)私たちの精神として、精神っていうか気持ちとしては//＊:ええ//(・・・・・)彼女たちが、これからお家として、えー、生活していってほしい、で、あなたも私も変わることなく、この村の生活者の仲間ですよと、そういう気持ちで、まあ、接しているんですね。

「かにた」は社会福祉施設であり、公的には利用者と職員といった関係が生じる。しかし、「かにた」の方針は、施設ではなく「村」を創出し、村の大家族の一員として利用者を迎え入れるというものである。こうしたの生活の中で、「今まで、何もできない人としてはじかれていた人たちが、自分もできることがあるじゃないの、自分もこうやって役に立ってるじゃないのっていうふうなことで、少しずつこう自信をもってこられることによって、まあ、この場がいきいきとした自分の生活の場になっているのではないかと」、それが「長期施設というか、「かにた」の、あるべき、あることの意味ではないかっていうふうに思ってるんですね」。

還元すれば、各自が自分の能力に応じた作業や生活を行なうことで、失っていた自信を取り戻し、以前の生活において侵害された尊厳を回復し、自己実現を目指すことを目的としている。

(2)「かにた婦人の村」での生活

現在、Aさんは、「かにた」内の職員住宅で生活している。一日の生活について聞いてみよう。

*：ある日で結構なんですけど、一日の流れを教えて頂けますか?

A：ああ、まあ、朝、ここに関わるのは、朝の食卓ですね。七時二〇分に鐘がなったらみんな、食堂に出る時間に。うん。それから七時半から、朝のその礼拝が始まりますから//*：ええ//それまでに、私も食堂へ行っています。

*：で、そこで（朝の礼拝で）先生も、お話なさることもあるんですね。

A：ええ、そうです。それで、礼拝ばっかりじゃなくて、まあ、お食事の終わった後、一〇分とか一五分とか、まあ、いろんな話をして、あのみんなが喜ぶのは、やっぱりなんか行事ですね//*：うーん//やっぱり、それを楽しみにしてますから、今度は、何々の行事、みな、なんか希望ある?って、みんなでもり立てていくような雰囲気を作りだして。（・・・・・）そして、えっと、まあ、みんなが、八時半から作業開始ですので、それまで、通勤の（職員の）人たちも集まってきますし、私も、この場所（事務所）で、えー、その日によっても違いがありますけれども。だいたいお客様がいらしたら、ご案内したり、説明したり、ということの応対は、私が引き受けていますし、それから実習生の方がいらしたら、あれ〔指導〕してるんですけど。それで、えー、あと、そうですね、だいたい事務。もうね私は、ほんとは、施設長として、（・・・）少し、あの無責任になっているのかなあと思う位、雑用もあるんですよ。それから、寮生がいろいろ、訴えてきたりなんかするのも話を聞いたり。

「かにた」では、七時半から朝食であり、そこで朝の礼拝が行なわれる。Aさんは、寮生たちと食堂で朝食を共にし、コミュニケーションを図っている。寮生たちは、八時半から各自の作業（農作業、裂織り等）を行なう。Aさんは、現在、施設長としての立場もあり、事務や見学者の対応、社会福祉系大学の実習生指導、寮生の話を聞く等、様々な業務をこなしている。

午後は、次のように過ごしている。

A：で、お食事一二時半から一時半まで、お昼休みということなんですが、私はほとんどここ（事務所）にいて、やっぱりお昼休みの時間にも、しなければいけないことがあったり、なんかすることもありますが、ここで時間があるときには、新聞を読んでいたり／／＊：ええ／／そして、後は、そうですね、四時半はみんな作業が終わって、お夕食になって。お夕食というのは、各寮に配られて、えー、各寮でお夕食とってますから。朝、昼はみんなで食べて／／＊：ええ／／お夕食だけは、私はここで、調理の方が持ってきてくださるので、だいたい六時頃、お夕食にするということで、それまで仕事をしたり。で、七時半くらいまでは、ここにいて／／＊：ええ／／あの、電話も、外からの電話もあったり、まあ、その寮生が、いろいろ言ってきたり、そういう時間が多いものですから、（・・）まあ、（・・）でも、忙しいときは、忙しいですけど、のんびりと、やっております（笑）

昼食を寮生と摂り、お昼休みは事務所で過ごす。夕食は、各寮毎に摂るため、Aさんは事務所で食事をしている。七時半くらいまでは、電話を受けたり、事務を執ったり、寮生の話を聞いたり、事務所で過ごす。

＊：礼拝は、帰った後もなさるんですか？夜も？

A：だいたいお夕食自分一人でとりますので、えー、その時に。まあ、あのやっぱり祈りの中で、とっても大切なことは、とりなしの祈りっていって、まあ、この村の人たちのこともそうですし、村に関わるすべての人とか、あるいはベテスダの、すべての働きがありますね／／＊：ええ／／それから、まあ一人一人の方の名前をあげてあれすると、大変なことになりますから、あの、朝のお食事のときの、食前の感謝の祈りより、少し時間をとって、ということで。で、時には、もう帰ったら、何もしたくないような気持ちになっていたり（笑）ええ。

＊：夜は、まあ、休養。

A：それと、自分の洗濯とかお風呂とか、いろいろありますでしょ。

「かにた」の生活は、基本的には食事時間や作業時間の定まった日課に基づいている。その中でAさんは、平日は、朝食、昼食を寮生と共にし、朝と晩に祈りの時間をもちながら、施設長として、ベテスダ奉仕女母の家の代表として諸々の業務をこなしている。つまり、Aさんは、生活必需時間、余暇時間、労働時間といった生活のほとんどを、「かにた」内で営んでいる。

そして、Aさんが語る生活の流れから、奉仕女の行なう「奉仕」というのは、決して特殊な行ないではなく、「かにた」での業務、すべてが奉仕であることが推察できる。ただしそれは、次のような精神に裏付けされたものである。

A：そういう、まあ仕えるということは、精神だと思うんですよね／／＊：ああ／／だから、そういう心で、いつもいると。だから例えば、自分にいろんな予定を、今日はこれをしたいと思って、それもちょっと急ぎの場合でも／／＊：んん／／急に、あの、まあ例えば、村の人に何か起こって、っていうかどうしても、その人が大変でここに来た時に、今ちょっと大変だから、後でって、やっぱり、（・・）どうしてもの時は、あの、時と場合によっては／／＊：ええ／／後でねっていう場合もありますけれども。そうじゃなくて、やっぱり自分の予定とか、そういうものを超えて、あの、相手を受け入れていかなければいけないことも多いし、あると思うんですね、こういう。だから、職員として、やっぱりそういうことをしっかり、ふまえて、仕事をしなくちゃいけないんじゃないかな（・・・・・・・）。

Aさんは、「仕えるということは、精神」であり、常にそういう精神を持ち続けなければならないと語る。例えば、自分の都合を優先するのではなく、相手を「受け入れていく」ことは、その精神の表現である。社会福祉専門職は、社会福祉の価値や倫理を自らの仕事の基盤としなければならないが（ブトゥリム 1986）、奉仕女にとっては、それは「仕える」という精神、つまり「ディアコニア」に他ならないのであろう。

(3) 奉仕女の働き

Aさんをはじめとして、「ベテスダ奉仕女母の家」の奉仕女たちは、「かにた」の建設・運営に対して様々な貢献を行なった。例えば、一九六一年の社会福祉予算獲得大会でハチマキを締め、プラカードをもって行進・国会陳情といったコロニー補助金獲得運動、資金獲得のためにコロニーのパンフレットを持参しての企業や銀行回り、国有地払い下げ申請事務の取り仕切り等、資金獲得から事務的なことまで多様な活動を行なっていた(深津春子 1998: 10、母の家 1964: 6026)。このように奉仕女たちは、「かにた」建設・運営に、大きな働きをしている(深津 1969、坂本 1989)。奉仕女の存在がなければ、こうした事業は成立しなかったとさえいえよう。しかし、さらに大切な事は、以下に語られたような発想から利用者を受け入れていたことなのではないだろうか。

A:まあ、あの最初はここで、一番その出発の時に//＊:ええ//深津先生はじめとしてほとんど奉仕女だったわけですけども、あなたたちと生活していきましょうねということで始まったんですね//＊:えええ//他の施設だったら、あの、そうではなくて、職員は職員、それから困った人をまあ受け入れる、まあ入所者として、受け入れてきたと思いますけれども、あの、まあ、納骨室までできてですね//＊:ああ、うーん//で、ここで一緒に生活していこう、まあ死んだらまた一緒だよっていうふうな形で、生活してきた、きている。そこから出発し、今後もそうであらねばならないと。そこがね、あの一般の施設との違いだと思います。

奉仕女たちは、女性たちを入所者として受け入れるのではなく、「かにた」という「村」の中の「大家族の一人として」、生活の共同体、死の共同体の一員として受け入れていった。それは、奉仕女の共同体の一員として受け入れることであろう。そして、それが可能であったのは、「家庭がない」という奉仕女の立場によるものが大きいと言う。

A:だから、そこにですね、一緒に生活していこうねっていって、出発したときに、非常に私は奉仕女の力は大きかったと思います//＊:うーん//なぜならば、家庭がないんですよ、奉仕女も//＊:ああ//もう二四時間あなたと一緒に、家族として生活できますよっていう立場にたてたんだと思います(略)これで、家族があってですね//＊:んー//もう一つの家庭があり、だからずっと、あなたたちと生活していきますよっていうところまでは、あるいは至らなかったかもしれない／／＊：んー／／それからそういう、きっと、そういう印象を彼女たちがもてなかったかもしれないなあと思うんですね／／＊：んー／／（略）やはり、その土台をね、築いていくときの、こう、立場としては／／＊：んー／／まあ、その働きがどうこうっていうことを除外しても、うん、うん、大変必要なものだったなあっていうふうに思っています。

奉仕女は、「家庭がない」。その点では、奉仕女は、寮生と同じ地点にあった。そのため、Aさんは「かにた」において二四時間、寮生と一緒に家族として生活するという立場に立てたという。「かにた」の創設期には、そうした働きが必要だったと語っている。開設当初「かにた」は、個人用の水が一日バケツに一杯のみという水不足や、設備の未整備の状態にあった（深津春子 1998: 37）。さらに、様々な問題を抱えた寮生が入寮し、例えば、自分の言い分が通るまで「何時間も同じ事を繰り返し、がなり立て」「しまいには義足をはずして相手に打ちかかる」寮生、「帰る、帰るの一点ばり」の寮生、消毒薬を飲んで自殺未遂を図る寮生（深津春子 1998: 36-37）等、寮生の処遇は非常に困難であった。還元すれば、開設当初には、環境の未整備といった問題と共に、入寮者との信頼関係を構築する難しさがあった。そうした中で、仕事としてだけではない、二四時間の関わりが奉仕女によってなされたといえよう。さらに、寮生と奉仕女は、「かにた」以外に家庭がないという同等の立場にあったことで互いに共感しあえる関係を築きやすかったのであろう。

なお、奉仕女に家庭がないという意味について、Aさんは、次のように語っている。

A：家族からもう抜け出したっていうふうに私は思っているんですね。

＊：それは、もともとの自分の家族からも抜け出している？

A：抜け出している。そうじゃなかったら、自分の一〇〇％、こういう業に、仕えることができないと私思うんですね。そこがね、私少し意固地だと思います。（笑）（略）でも自分では、意固地と思ってないんですけど、他からみれば、あの意固地に見えるかなと思ったり。自分では、非常に解放されてるっていうか、とらわれてたら、続かなかったと思います。

Aさんは、「一〇〇％仕えること」は、家族から抜け出さなければできないと述べている。非常に厳しい覚悟が感じられるが、Aさんにとっては、家族のしがらみを断ち切ることは、むしろ「解放されている」ことである。それは、何物にも捕らわれずに奉仕を行なうために、必要なことなのである。このことからは、Aさんの奉仕に対する一途な姿勢が伺える。

また、Aさんは、こうした考え方は、周囲からみれば「意固地に見えるかな」と語っている。しかし、決して意固地故のことではなく、「非常に不器用」な自分には、「とらわれていたら、もう疲れ果ててしまって、えー、出来なかったと思う」と振り返っている。

このように家庭がないという立場に立脚する奉仕女は、創立当時の「かにた」にとって、非常に重要な存在であった。

(4) 奉仕女であること

社会福祉実践と奉仕女

深津は、「ディアコニアということは、必ずしも社会福祉とはおなじではありませんが、ディアコニアということを表現する方法がなくて、かりに社会福祉のすがたをとっている」(不味翁 1976: 3) と述べている。すなわち、ディアコニアを表現するための社会福祉実践である。そのため、深津は、「良い職員と良い奉仕女の両立」について次のような疑問、「奉仕女には奉仕女の生活形態がある。それが施設にはいって全うされるかどうか――疑問である」(深津 1969: 184) を投げかけている。これに対して、Aさんは以下のように答えている。

A:両立させなければいけない、一つにならなければいけないと私は、思うんですよ//＊:うーん//私は、今かにたの職員であり、また奉仕女であり。で、よい職員でなければ、なるべきだと//＊:んー//よい職員っていうのは、どういうことかっていうと、ここはまあ、キリスト教の精神でたってますから (略)) (・・・) その底点志向を、貫き通す。で、それは、職員として大切なことであり//＊:なるほど//で、奉仕女とはなんだろうか、なんであるかっていうと//＊:んー//やっぱり底点志向者であらねばならないと思ってるんですね。

Aさんは、職員であることと奉仕女であることは、両立させなければならないと語る。そして、「かにた」の職員として、奉仕女として大切なことは、いずれも「底点志向」を貫き通すことであるという。「底点志向」とは、深津文雄が、「かにた」の生活の中で生み出した造語である。それは、頂点に対する底点であり、「底点を発見し、そこに到達するということと、ひとたび底点に到達したら、それを速やかに底点でないものに変えるという――両面の操作をふくむ」(深津 1980: 2) ものと記されている。これは、「この世の最小者を優先されたイェスの足跡そのものであり、頂点志向とは全く逆さまなもの」(天羽 1997:6)である。頂点ではなく、底点を探し、それを底点ではないものに変えていく、この「底点志向者」であることが、奉仕女と「かにた」職員として両立を可能にするものなのである。

さらに、「かにた」における奉仕女として、施設長として、次のように語った。

A:あの、ここに奉仕女というのは、二名しかいないんですね。うーんと、職員の中で、まあ、それと、基督教の信仰をもった人は五名しかいないんです。(略)(・・・)あの、キリスト教の精神でできているかにた婦人の村の、やはりその精神を失わないで、この事業が進められていくようにっていうことの、まあ、配慮っていうのか、それが一番大きな問題かなあと。それから、まあ、今後において、それがどういう形で生かされていくかということが一番、心配になることでもあるんですね。

現在の「かにた」は、奉仕女の数も少なく、クリスチャンである職員の数も少ない。そのため、将来的に、「かにた」におけるキリスト教精神が失われることへの不安がある。

「かにた」創設者である深津は、「社会福祉に心をうばわれてディアコニアを忘れることがおこるときは、せっせと社会福祉を捨てねばなりません」(不味翁 1976:3)と、ディアコニアの具現のための社会福祉であり、ディアコニアが失われた時は、社会福祉を捨てるべきと述べた。Aさんは、「かにた」においてディアコニアを守っていくことへの、責務を感じているのではないだろうか。

奉仕女であること

Aさんは、自らが奉仕女であることについて、「だから、それは形態でも何でも、なくってっていうことまでいっていいかわかりませんけど、えー、たとえ、こう制服をきてなくても//*:んー//そういうこの精神を持ち続ける人がなければいけないんじゃないかなと(・・・・・・)」と述べている。奉仕女は形態ではなく、精神であり、Aさんにとって、奉仕女であることは「一つの人生の生き方」である。

そしてAさんは、奉仕女とは、その形態ではなく、精神であるがゆえに、完成しないものと言う。

A:ただ、もう、言えることは、奉仕女、ベテスダ奉仕女母の家っていうのが展開、誕生して、展開いたしましたけれども、それが、(・・・)まったき、(・・)奉仕女

（・・）これで完成したものっていうのは、ありえないということです。褒められたものじゃないんですよ（笑）。
＊：それは、奉仕女って、やっぱり、完成はしない？
Ａ：ええ、一生の問題であって。一生終わるときも、完成されないと思います。だから、まあ、自分がね、ふさわしからざるものであるっていうこと、やっぱり、そういうことに悩むこともありまして、そのときは、もう、ほんとに、えー、（・・・）すごく制服を着ていることをおこがましいって。それは、やっぱり外の方たちが、ことにあの奉仕女ということを知った、関わりのある祈りの友とか、教会関係の方たち、お偉いですねっていう見方でみられると、私は、それにはすっごく抵抗を感じてまして／／＊：んー／／（・・）決して褒められるものでは、一人一人がなっているわけじゃないという／／＊：んー／／なるように努めてはいるけれども、その、そう思われているような形には、なってないんですよ（笑）ということを、知ってもらいたいなあと。やっぱり人間なんですよ／／＊：えええ／／うん。もとは人間だから、人間から離れてる、天上人になっているわけでもなんでもないわけですよ。だから、多く許されて、うん、今日あると。

奉仕女は完成しない、それに向けて努力する過程の存在である。そのため、Ａさんは奉仕女に対する賛辞に抵抗がある。奉仕は、「自分がじゃなくて、神様から力をいただいて」為されるものであり、自分自身を特別視されることについての抵抗感なのであろう。

5　おわりに

本稿では、Ａさんによって表現された奉仕女の世界と、実際の奉仕の場である「かにた婦人の村」における奉仕の関わりを素描してきた。ここで取り上げたことは、奉仕女の生活の一つの側面であり、また、Ａさんから見た奉仕女の世界である。

ディアコニーには性差に基づく相違がある。Ａさんの語りからは、それらの相違を受け入れている様が伺えた。さらに、ディアコニッセは、プロテスタントにおける女性役割の一つの姿であり、Ａさんはディアコニッセであることで、ジェンダー規範を遵守している。

また、ここで見たように奉仕女を特色づけるものとして、制服、母の家、独身制といった形式がある。しかし、Ａさんからは、「奉仕女の精神」といった言葉が繰り返し語られていた。つまり、制服等の形式が重要なのではなく、奉仕女としての精神を持つことが重要という意味である。その精神を保ち続けるために、形式があるといえよう。

Aさんは、「かにた」建設・運営にあたって、施設職員として多様な業務を行なっていた。社会福祉専門職は、社会福祉の価値や倫理を内面化することを重要視されるが、奉仕女であるAさんは、「ディアコニア」を根本思想としていた。キリスト教の理念によって設立されている「かにた」において、「底点志向」を貫くことによりディアコニアを護ること、それこそが、「かにた」における奉仕女の存在意義といえよう。また、「かにた」において寮生は、生活の共同体、働きの共同体の一員であり、死後においても共同体の一員として存続することが可能である。つまり、「かにた」は、奉仕女の共同体精神の具現化された場である。

こうしてみるとAさんにとって、奉仕女であることは、ディアコニアを具現するための「人生の生き方」であり、「かにた」もまた、ディアコニアを具現するための場といえよう。

注

1 ディアコニッセは、着衣式を受けてから5～6年後に行なわれる「祝福式」を経て、正式なディアコニッセと認められる。祝福式では、生涯の誓約を行ない、按手を受ける。着衣式から祝福式までの期間は、奉仕女としての適性を確認する期間であり、祝福式以前には、退館することが認められている（深津 1954c: 18-19、坂本 1989: 57-58）

2 ただし、二〇〇一年度における婦人保護施設在所者の主訴（入所時）をみると、最も多数を占めるのは「夫等の暴力」三二・六%、次いで「帰住先なし住居問題」一九・八%であり、売春等の問題を抱えていた者は二・三%であった。（厚生労働省雇用均等・児童家庭局家庭福祉課虐待防止対策室資料）

3 厚生労働省雇用均等・児童家庭局によると、一九九九年度の全国の婦人保護施設において通常の健康状態の者は四一・八%に過ぎず、知的障害を抱えている者の割合は、二三・七%、精神障害者の割合は一五・八%、身体障害者一・七%、その他病弱者は一七・一%と、利用者の多くは何らかの障害を抱えていることが理解される。

4 ただし、一寮は担任住み込み、もう一寮は看護棟として自治の体制から除外されている。

引用文献

天羽道子 1997「底点志向」かにた32年に思う」（『ディアコニア』213、ベテスダ奉仕女母の家姉妹会：6-7）
青木しのぶ 2000「いずみ寮創立当時をふりかえって」（『いずみ寮四〇年』、婦人保護施設いずみ寮：62-63）
Butrym, Zofia T.（ブトゥリム）1986『ソーシャルワークとは何か』川田誉音訳、川島書店
深津文雄 1954c「生活訓練――可能」（『ディアコニ』4、ベテスダ奉仕女母の家出版部：18-9）
―― 1955a「ディアコニッセとは」（『ディアコニ』5、ベテスダ奉仕女母の家出版部：22-23）
―― 1955b「辞典 共産」（『ディアコニ』6、ベテスダ奉仕女母の家出版部：21）
―― 1955c「奉仕と結婚」（『ディアコニ』9、ベテスダ奉仕女母の家出版部：1）

――1956「志願者のために」(『ディアコニ』11、ベテスダ奉仕女母の家出版部：22-23)
――1957「奉仕女について」(『ディアコニ』17、ベテスダ奉仕女母の家出版部：20-21)
――1969『いと小さく貧しき者に』、かにた出版部
――1980「かにた15年」(『かにた便り』18：2)
不味翁 1976「生きまた死ぬる道」(『ディアコニア』131、ベテスダ奉仕女母の家出版部：2-3)
深津春子 1998『かにた物語』かにた後援会
Franklin, Sam H.（フランクリン）1964『キリスト教社会倫理概説――キリスト者の社会実践への道』大木英夫訳、日本キリスト教団
H 1961「主 イエス・キリストのしもべ」(『ディアコニ』40、ベテスダ奉仕女母の家出版部：20-25)
母の家 1964『ディアコニ』60、ベテスダ奉仕女母の家出版部：6026
石居正己 1998「互いに仕えあうこころ――ディアコニア（奉仕）に生きる」(『社会福祉と聖書――福祉の心を生きる』江藤直純、市川一宏編、リトン：95-106)
――・門脇聖子 1977『ディアコニア入門』聖文舎
真山知恵子 1995(『ディアコニア』207、ベテスダ奉仕女母の家姉妹会：6-7)
森田美芽 1994「フェミニスト神学の現状と課題」(『神学と人文』34 大阪キリスト教短期大学：109-120)
レーヘルト、ハンナ 1955「ドイツにおける女性奉仕の歴史」(『ディアコニ』6、ベテスダ奉仕女母の家出版部：6-9)
坂本道子 1989「「ベテスダ奉仕女母の家」にみるディアコニア――その社会福祉的意義」(『基督教社会福祉学研究』22、日本基督教社会福祉学会：53-61)
――1991a「「浜松ディアコニッセ母の家」における社会実践――その福祉的意義」(『日本女子大学紀要』創刊号、人間社会学部：77-87)
――1991b「ドイツ民間社会福祉におけるマンパワーの現状と課題――社会福祉思想としての「ディアコニア」の展開」(『基督教社会福祉学研究』24、日本基督教社会福祉学会：25-33)
――1994b「キリスト教会におけるひとつの福祉文化活動――熊本ディアコニアキャンプの社会福祉的意義」(『福祉文化研究』3：21-30)
――1995「キリスト教社会福祉の根底思想としての「ディアコニア」について」(『基督教社会福祉学研究』28、日本基督教社会福祉学会：22-26)

参考文献

阿部志郎 2001『「キリスト教と社会福祉」の戦後』、海声社
天羽道子 1954「奉仕女を志願するまで」(『ディアコニア』1、ベテスダ奉仕女母の家出版部：20-21)
――2000「わたしの中の〈いずみ寮〉」(『いずみ寮四〇年』、婦人保護施設いずみ寮：57-58)
深津文雄 1954a「辞典」(『ディアコニ』1、ベテスダ奉仕女母の家出版部：18)
――1954b「辞典」(『ディアコニ』2、ベテスダ奉仕女母の家出版部：18)
蝦名賢造 2002『聖隷福祉事業団の源流――浜松バンドの人々』、新評論
Gossman, Elisabeth（ゴスマン）1984『フェミニズムとキリスト教』岡野治子他訳、勁草書房

この土地で貝を剥く
——現役剥き手の個人史から

和田 健

1　はじめに——「浜の女は強いのよ」

かつて、ある取材で房総半島にある漁業のまちを訪ね歩いたことがある。房総の最東端、銚子市で取材にいったときのことである。八〇歳代の女性から神社の祭礼や普段の近所づきあい——たとえば葬式や結婚式のとき誰がどれくらい手伝いに行くかなど——について話を聞きたくて、その女性の家を訪ねた。玄関口で声をかけると、いかつい兄ちゃんが出てきた。パンチパーマに太い腕っぷし、金のネックレス……。怖いな、と思いながら用件を伝えると、とても丁重に応対してもらい家の中に招き入れてくれた。出てきた女性は小柄な、そして少し腰の曲がったおばあちゃんである。先ほど応対した兄ちゃんはお孫さんで、定置網船団の漁師だという。

　さて、話を切り出そうとすると、おばあちゃんはそのお孫さんに向かって「あんた、海に行きっぱなしで陸のことわかんねだろうから、あんたも座って話を聞きな！　こんな機会でもないとよ、おまえも（陸での人付き合いのこと）知らないだろうからさ！」と歯切れよくすかっと浴びせた。私が話を聞く二時間の間、彼は脇でずっと小さくなってじっと話を聞いていた。

　漁業を生業にしているまちでは、女性が陸での社会的活動を担っている場合が多く、その活動は主体的でありかつ責任と自信に満ちあふれている。房総の南端、安房郡和田町で話を聞いたときのことである。ここでは漁師の稼ぎに基本給制が入る前、念仏仲間もしくは題目仲間でお金を積み立て、いざというときに使えるよう頼母子・無尽を行なっていた。まったく稼ぎが入らなくなったとき、雇い主から借金する——これをトメキン（留め金）という——ほかに、女性たちは非常時に備える金融互助を自主的に組織していた。[1]このまちでは海女や行商といった女性たちの仕事も活発である。アワビの口開けのあとは、朝海に入ったら昼飯も食べず夕方近くまで入りっぱなしだという現役海女の話を聞いた。休憩するときは海に浮かびながら「リポビタンD」を飲むんだということを聞いたとき、「体力ありますねえ。冷えるでしょ」とたずねると一言――

「浜の女は強いのよ」。

「浜の女は強い」というせりふを聞いたのは、実は偶然だが、このときがはじめてではない。どういうわけか複数回聞いた記憶がある。この強さというのは、主体的にそして何かに必要以上に従属することなく生活設計を立て実践しているところからくるものであろう。その意味では海に出て行く男性たちも主体的であり、女性同様に「強い」。漁業のまちにおける漁民像のある一定の見方として間違いはない。

しかし漁業のまちから漁業がなくなったならば、この見方をどう捉えなおしたらよいだろう。そのようなまちがある。千葉県浦安市。本稿では今なおこの浦安で、現役の貝の剥き手として働くある女性の個人史を聞きながら、固定化した像で見られる「女性の仕事」である「貝剥き」を考察する。浦安というまちは、語る人の魅力を感じさせる場所であり、多くの人が浦安に古くから住む人たちを取材し、かつその語りを生かしたインタビューが公刊されている。例えば三谷紀美や長野ふさ子の作品は、微細な記述が施され、生活の肌触りが筆の端々に出ていて「生き生きとした浦安の庶民」を描くことに成功している。

さて、貝剥きに関しては、このような語られ方が浦安にある。「浦安の女性は（嫁に行くならば）貝ぐらい剥けないと」。女性の仕事という視点で見るならば、「貝剥き」という仕事は家計内での安定収入をもたらし、かつ男性家族（夫や父親）への依存から離れていることから、女性のアイデンティティを支え育てる存在であるとはいえる。漁業のまちにおける女性の仕事は、陸で現金収入をもたらし、家計における主体的役割を果たす。しかし女性の仕事という見方とは別の視点から「浜の女の強さ」を見出せないか。漁業のまちにおける女性の仕事をもう少し別の角度から検討することにする。

2　浦安漁民をめぐる女性の生業

漁業権を放棄したまち、浦安

千葉県浦安市は東京湾岸に位置し、旧江戸川を隔てて東京都江戸川区と隣接する。いわゆる内湾に位置するこのまちは「東京ディズニーランド（ＴＤＬ）」があることで有名であるが、現在の湾岸市街地は埋め立てによってできている。埋め立て前の浦安は東京湾を生産の場とした海から生産するまちであった。江戸前といわれる内湾を中心とした漁業と海苔の栽培や貝巻きが盛んで、とれた魚や貝を加工し販売するにぎやかなまちでもあった。たくさんの網船、釣り船、べか船を作る船大工、水揚げした魚に使う氷屋、東京の築地市場に魚を卸す仲買や築地に店を持つものなどすべて海から生きる糧を生み出すまちであった。しかし一九七一年、漁業権を完全放棄してから[2]浦安は、東京のベッドタウンそして観光地として大きく変貌することになった。

女性の仕事としてのムキテ・ムキコ

さて、貝の加工業に関しては漁業権放棄後も続いたとはいえ、剥き身屋の数は減少している。剥き身屋に出向き貝を剥く仕事をする人たちのことをムキコ（剥き子）あるいはムキテ（剥き手）と呼ぶ。「浦安の女性は貝ぐらい剥けないと」といういわれ方もされ、貝を剥くのは女性の仕事であると見られる。浦安では漁に関わる作業で男性は女性を船に乗せることを忌み嫌い、女性は小さいときから生海苔を平らにして干す海苔すき、行商、貝を剥き身にするといった陸での仕事に従事する。海で働くのが男で陸で働くのが女であるといった見方で括れば、よくある漁業のまちの認識であるが、販路の拡大やきれいに殻と身を分ける技術など、浦安の女性は自分の手で生業を立てる術を高めていくことができる立場にあったと見ることもできる。しかしながら現在では行商で生計を立てる人もほんのわずかとなり、また剥き手の仕事に携わる人もほぼ六〇歳代以上で若い人の成り手がない。かつての剥き手は月当たりにすると夫の収入を越えることはよくあったことであり、またその収入が月々不安定な漁師の収入を支える柱になっていた。

引退した人も多い剥き手の世界であるが、現在でも剥き手の仕事を続けているあるひとりの女性から、剥きを始めてから現在までの道のりをうかがい、剥きの仕事を通じて形成された仕事観と時代により変わっていった浦安の状況を交差させて提示したい。漁業権がないまでも海に関わる仕事観が現在も継承されている点を改めて示したい。

現役の剥き手Aさん

現在も剥き手として働くAさんは一九三七（昭和一二）年生まれで旧市街地の出身である。Aさんの父親は漁師であるとともに海苔とりや貝巻きも行なっていた。典型的な浦安漁家の出身である。兄弟姉妹は姉と妹、少し離れて弟の四人であった。

剥き手になるきっかけ――昭和二〇年代

Aさんは一五歳のとき剥き身屋にはいる。一九五二（昭和二七）年のことである。昭和二〇年代の浦安は不漁の年があったものの、おおむね活況であった。Aさんはその中でどういう経緯で貝剥きの仕事に就いたのか。

Ａ：（母）親にくっついていって見てたんですよ。たまにね、（母親が）デマエをやってるのを見たり、（母親に）ついてってムキバ（剥き場）にいったりしてね。剥くのが好きだったの。それで学校を卒業したら、そのまま私も（剥き場に）入ったんですよ。勤めにいく人もいたけれど、私はそう迷わず剥く方を選んだ。そのとき〔当時、昭和二〇年代後半〕（上の）学校に行く人も少なかったし（・・・）そう（・・）行商に入っていく人も（・・・）いたんだろうけど（・・）私のまわりでは剥く方にいった人は多いですね。みんな浦安の女性は（何かしらの職を）持っていたんだから。あたしはねえ、ムキモノが（・・・）剥くのが好きだったの。だから他の勤めということよりも普通にムキ（剥き）に入っていたんです。

貝を剥き始めたのは子どものころからで、母親の貝剥きを見よう見まねで遊びながら覚えていったという。Ａさんの母親も剥き手をしており、母親が出向く剥き身屋にいって遊んだり、母親が家で貝を剥いているのを見るのが楽しかったという。浦安の女性が貝剥きを覚えるとき、誰彼に教わるというより、母の仕事を見ながら覚えていく人が多い。未経験者がいきなり剥き身屋で働くのではなく、子どものころの体験がそのまま仕事に生かされる。剥き身屋に雇われる剥き手になった段階で即戦力として見られるのである。

デマエというのは、いわゆる剥き身屋にある作業場（剥き場）で作業をするのではなく、貝の入ったタルやザルごと家に持ち帰って、あるいは配達してもらって家で貝剥きを行なう作業である。剥き身屋は仕入れた貝が剥き場の剥き手だけでは剥ききれない場合、貝を剥ける女性の家に持っていってムキの作業をしてもらうことが多かった。定期的な仕事ではないが、子どもの面倒を見るなど剥き場に勤めに出られない女性が家でやれる仕事でもあった。デマエの仕事があるかどうかについては、剥き身屋が前日に貝の仕入れをした折に、おおよその作業分量がわかるので、デマエで作業させてもらえるかどうかがわかる。朝デマエを女性宅に配達して夕方剥き身にしたものを回収に来る。そのときには明日の作業量がわかっているから「明日も頼むよ」といったことが剥き身屋の使いから伝えられる。しかしおおよそは剥き場で夜遅くなりながらも剥き手が剥き続けることが多く、深夜まで剥きをしている人たちのために、銭湯が営業時間を越えても、一声かけておけば開けておいてくれたというのは、今でもよく語られる。それだけＡさんが十代のころはムキの需要があった。

Ａさんは、中学校を出て就職という、生活の変化を節目として感じるよりも、母親のやっていたことをそのまま自然に始めていったという語られ方をする。「ムキが好き」であるということを剥き手を始めた動機だけでなく、Aさんは随所で何度も口にされた。

ムキ（剥き）の技術

本格的に稼ぎをもらう剥き手としてムキバ（剥き場）にはいるとき、どのような技術的状況であったのか。

A：誰に教わるというのではないの。親についていって見ながら覚えていくんですよ。親の仕事を見ていればだいたいわかります。だから剥き手になったときはだいたいできるんです。

＊：では貝をさばく刃物はどうしていたんですか。

A：これは自分のものを使っていたんですよ。最初は（親に）買ってもらってね。

＊：剥き場には刃物がおいてあるということはないのですか?

A：剥き場に置いてあるものではなく、（刃物は）自分で持っているのが普通です。金物屋はこのあたりじゃたくさんあったから（・・・）今はホントないけどねえ（・・・）。三、四、五本は自分のものを持っていたんですよ。人によって（持っている）本数は違うんですよ。貝の種類によって分ける人もいたけど、アサリなんかは剥くのと割くのは同じ（刃物）でいいけどね、あとはアカガイなんかは（貝殻を）割くのと（身を）剥くのは別にしないとねえ。まあ三本あれば最低限仕事ができますねえ。でもそれより多く持ってるのがふつうでしたね。

剥き身屋に入ってはじめて剥きを行なうことなんてなく、またいちからの技術指導なんてない。もちろん剥き場に入った段階で早さ、正確さなど技量的個人差はある。しかしある程度年輩になってくるとスピード面では落ちてくることもあり、必ずしも経験年数によって熟練度を測れるものではない。剥きは早さと正確さの両方があって完成度が高い。

剥き手は数ある剥き身屋を渡り歩くことはなく、ある一軒の剥き身屋で雇われたらそこの専従で働くのが常であった。もちろん新たな職場に移ることはあったが、今日明日と渡り歩くものではなく、ひとつの剥き場に長く勤めるのが剥き手であった。Aさんは母親が勤めていた剥き身屋に入り、母娘で働いた。

刃物も人や貝によって使い方に個人差があったが、貝の種類によって刃物を使い分けている人やアカガイを剥く刃物とその他の貝を剥くための刃物数本持つだけといったように、揃え方は人さまざまである。しかしアカガイやトリガイは貝殻を「剥く作業」と身をきれいに切り離す「割く作業」はまったく別の刃物を使わなければならなかった。これらは割いたときに身に傷が付くと全く売り物にはできなくなる。またそのため身を剥くときにムキからサキへの作業は一人でやらずに分業で行なうところも多かったという。

ムスメの時の稼ぎ

一五歳で剥き手になって約五年ほどの間、Aさんは母親とともに勤めていた。十代後半の時期の女性をさす呼び方として、一般的に使われる意味と同様に「ムスメ」と浦安でも呼ばれているが、ではムスメの時の稼ぎをどのようにしていたのだろうか。

A：稼ぎですか（・・・・）。だいたい（自分が）使っていましたよ。浦安の人は使いっぷりがいいでしょ。映画館によくいって（・・）それから食事をして（・・）ねえ（・・）フラワー通りってわかります？　あそこは賑やかだったのよ。おそば屋やおすし屋さんもあって（・・・）本当に楽しかったんですよ。

＊：結構自由に使えたんですね。

A：あとは漁師だし、シコミの時にはお金〔自分の稼ぎ〕を出したんです。漁師はね、ほらサラリーマンみたいに定期的に給料がでるわけではないでしょ。収入があるときと、ないときとあるわけだから、だいたいどれだけ稼いでたという感じはないわけですよ。月どれぐらい〔稼ぎが〕あったなんて計算しないですよ。シコミん時なんかは〔収入が〕ないから〔自分の稼ぎを〕出したりしました。漁場には金がないから」。

シコミといわれるものは海苔のタネ〔胞子〕を買い付けそして棒立てを行なうことをいい、ヒビダテともいわれる。海苔はこの当時おおむね九月下旬から作業が始められた。タネは海苔組合から購入し、それをヒビと呼ばれる棒状のものに種付けをして育てる。九月下旬から一〇月にかけて、浦安の漁業はひとつの節目の季節であった。内湾地先の漁もそろそろ終わりに近づき海苔の作業をはじめる頃になる。そういう意味では漁で生業を立てている家にとって、漁による収入が一時的に無収入になる時期でもある。「漁場には金がない」のである。ヒビダテはなかなかの重労働である。浦安では海苔栽培がなくなる頃には網ヒビが中心になっていったが、Aさんがムスメの時はまだ棒ヒビが中心であった。生海苔の収穫が始まれば、それをたたいてすいて干して、はじめて商品となり、ここで現金収入の計算が立つ。それまでの間には家計を維持する意味でAさんは自分の稼ぎを入れていた。しかしながら「海苔はツキモノ」ともいわれ、胞子がきちんとついて生長し生海苔がとれてはじめて現金化が可能であり、胞子が流されてしまうとどうにもならない。またAさんがムスメのときは、次第に海の汚れが目立ちはじめるときでもあった。

当時の浦安で見られた一年間の生業サイクルと合わせてシコミ（仕込み）の時期について位置づけてみる。この当時、春から秋にかけて東京湾の地先における網漁が中心であった。特にモナガシと呼ばれる引き網漁は三番瀬を中心とした漁場で多くの魚を捕ることができた。漁師は東京湾を浦安から市川、船橋方面へ潮が引いていく時を見計らって出漁した。ただしこの漁は季節的なものである。三月ごろミナミ（南風）が吹きはじめると徐々にはじめられ、浦安の漁は活気を見せる。モナガシをきっかけに曳き網漁も刺し網漁も本格的に始まる。これが秋まで続き、秋の彼岸の頃にミナミが徐々に西から回ってくる風（サニシ）に変わり、これが連続して数日続く。これを「サニシの八日吹き」といって、モナガシは終わり、このころから海苔の作業に取りかかる。サニシの八日吹きがあると、風と波が同時に来るようになる（突風で強い波が来る）ので、小さい船で出るときには注意する。あと冬場は神奈川県浦賀沖合まで魚がくだってしまうので、東京内湾の漁は一区切りがつく。この時期の安定的な収入のため、海苔、蓮田などをやっている家は多かったが、より強力な生計の手段として、この時期貝剥きによる現金収入が大きな比重を占めていたという。特に秋から冬にかけては海苔の作業で十分な収入は得られない。剥き手の仕事による収入は、家計の面でも浦安の漁業暦と大きく関わった。

またAさんの語りのなかで「浦安の人は使いっぷりがいい」というのがある。よく「浦安の漁師は使いっぷりがいいし、遊びっぷりがいい」といういわれ方をする。こういうかつての浦安漁民像では、男性の使いっぷり、遊びっぷりについてはよく語られていた。例えば若い衆組が昭和一〇年代までは浦安のなかでは盛況で、デーハンニャ（大般若）と呼ばれる一月一五、一六日に般若心経の巻物を担いで練り歩く行事では、担ぐ男性が好きな女性に長襦袢をくれるよう頼み、それを着て女性に化粧をしてもらい若い男女ともに楽しく行事を進める風習があった。ひとつには男女の出会いの場であり、親交を深めるイベント的なものであったが、昭和二〇年代には男女の親交の象徴であった長襦袢や化粧はなくなり、統一したはっぴを着て練り歩く男性中心の行事になっていった。また寄席遊びが好きで、浅草から来る芸人は「浦安いって（客に）受ければ一人前だ」といわれるほど目の肥えた客が多かったという。そういった祭りを派手に行ない、かつ演芸や映画を見る機会が非常に多かった。Aさんの語りに出てきた堀江地区のフラワー通りにあった映画館は特に盛況であった。当時の浦安は、使いっぷりのいいそして遊びっぷりのいい若者たちが集まる活況のまっただなかにあったといえる。

剥き場の中の雰囲気

＊：剥きに出るときは、自分の好きな時間にいくのですか？　それとも決まった時間に出勤というような感じだったのですか？。

A：もちろん、みんな同じ時間に出るんですよ。だいたい八時半から五時までやって、まあみんなだいたい同じ時間に帰りましたよ。もちろんサキとムキを分けて作業しているときは、（ムキの人が先に終わるから）ムキの人が先に帰ることもありましたよ。あとは、もうどんどん貝があるときはねえ、夜になっても剥いていましたねえ。だから、そう銭湯なんかも夜遅くなっても開けてくれていることが多かった、わざわざね、頼んでおいてね（・・・）ちょっと閉めるの待っててといってね（・・）。

＊：じゃあだいたい五時ぐらいまでとなったら人によって仕事のペースに差が出たりすることもあると思うのですが、どう五時終了にあわせていたのですか。

A：時間であわせることはないです。品物が入ってくる量によって帰る時間はかわりましたよ。みんな同じ時間に帰るけど、ムキモノに（帰るきまった）時間は関係なかってねえ。

剥き身屋は貝を毎回定量仕入れてくるというよりは、季節によって地先で多く採れたときや他所から仕入れたときなんかはどんどん剥き手にさばいてもらうという雰囲気であった。またムキの熟練に関しては、正確さとスピード両方が重要な要素で、特にアカガイのような貝は貝の口を開け貝殻をとる作業（ムキ）とはらわたなど取って身を平らに剥き出す作業（サキ）では正確さやスピードが違っていた。ムキはスピードが、サキは正確さが重要視される。アカガイの場合ムキとサキで刃物が違うので分業にすることが多いが、剥き手も経験年数が長ければスピード、正確さがより向上するというものではなく、視力や体力など集中力に技量が加わることが重要である。したがってベテランであればあるほどサキをやるというわけではなく、剥き手個人の特性によってどちらか得意な方を自分の役目としていた人が多い。また「剥き身は夜剥き」ともいわれ、徹夜に近い状態で剥きをこなすこともあり、体力の要る仕事でもあった。

稼ぎの計算をめぐるやりとり

＊：稼ぎの計算はどういうふうになっていたのですか？

Ａ：それは（・・・）。店によって違いますし、私も今働かせてもらっているんですから、それはいくらとは（いえません）。

＊：いえいえ、具体的な単価がいくらということをうかがっているのではなく、時給計算なのか、またある一定量をさばいたうえでの出来高のようなものなのか、という意味なんですが（・・）。

Ａ：一斗一杯あたりの計算ですよ。それは貝によって、ムキやサキによって、まあいろいろ計算がありますが、（・・・）あまりそれは言う事じゃないので（・・・・）。

Ａさんの口調は賃金に関してデリケートに考えていることがうかがえる。聞き手の意図は剥き身屋個々による賃金単価を聞きたかったのではなく、誰が何杯のザルをやったとかを記録する場の雰囲気を知りたかったのと、同じ時間に集まっておおよそ同じ時間に帰るという剥き手の集まりの雰囲気に、現在主婦が昼間行なうパート、アルバイトの雰囲気をやや感じたので、ひょっとしたら時間給の考え方もあるのかなと思ったことからくる問いであった。聞き手の稚拙な問いかけによるところが大きいが、ここで現在働いている立場からのＡさんの発言に関してはきちんと理解しておきたい。現在の勤め先に対しての内側の領域を聞き手である他者につまびらかにしゃべることへの抵抗と節度を感じられてのことである。かつて剥き手であり引退されて久しくたった語り手であるならば、当時の賃金に関わる状況を語ることも許されよう。[3] しかしＡさんが現役の剥き手として現在でも当事者であることを如実に表しているやりとりだと聞き手は感じた。現在Ａさんが勤めている剥き身屋は、Ａさんがはじめて勤め始めたときのお店である。ムスメの頃からお世話になり、いろいろな紆余曲折を経て再び剥き手として戻ってきたのである。他店も知っていることも含めてさまざまな思いがあってのやりとりであったことは明記しておきたい。ちなみに一杯は一斗分のタルの量をさす。そして作業に使っていたザルはパイスケと呼ばれていた。

このあとムキをやっているときの楽しみに話が変わって——

＊：剥くのを一日中やっていると、疲れるし、お腹すいたりするでしょう。そんなときはどうすごしてたのですか？

Ａ：三時になるとね、近くの駄菓子屋いって、お菓子買ったり、そう焼きそばなんか買って食べてねえ（・・・）

これが楽しみだったねえ。焼きそばは剥き場に持ってきてもらったんですよ。それから、このころは焼き芋がはやってね、私はあまり食べなかったけど、他の人は食べてましたよ。（・・・）そう、このころぐらいからかなあ、剥き（の仕事）が少なくなってきたときにはね、その駄菓子屋さんが「だんだん客（剥き手たち）足がなくなる」とかいってましたねえ（・・・）。このころはフラワー通りにいっぱいお店屋さんはあったんだけれどねえ。そば屋とかねえ（・・・）。

この当時のフラワー通りの繁盛ぶりは相当なものであったという。浦安漁師専門の仲買業者、築地から仕入れてくる仲買業者を含めて多くの魚貝の販売業者がおり、また娯楽の中心街でもあった。フラワー通りと並行して流れる境川もベカ船から漁船まで所狭しと行き交う場であったが、昭和三〇年代に入る頃には、海が汚染されはじめ生海苔の収穫も厳しくなり、東京湾沿岸の開発をどう受け止めるか深刻になってきた状況のなか、貝剥きで栄えたマチの賑やかぶりが下降線をたどり始める時期にさしかかっていた。

奉公と買い海苔――海が汚れだした昭和三〇年代

中学を卒業してしばらく剥き手として働いていたが、様々な事情からAさんは知り合いの家に奉公に出ることになった。当時の浦安の女性は、ムスメのころに近在の家に住み込み奉公に行き、そこで炊事や洗濯など家事一般を覚えることが多かったといわれる。Aさんは結婚するまでの間に二ヵ所住み込み奉公に出たという。奉公に出ている間、最初に勤めていた剥き身屋をやめることになるが、時々、奉公先から帰ってきたときは実家にタルを持ち帰って剥きを行なうデマエや、朝早く同世代の仲間たちと車に乗り合って築地市場に出向き仲卸業者の店で働いたりすることなど断続的に行なっており、この時代も常に海からあがるものの仕事は行なっていたという。最初に奉公に出たのが、一二〇歳の時である。ある劇作家の家に住み込みで奉公に出ることになった。

A：船橋の方のある家に奉公に出たんですよ。そのときにいろんなこと教わりましたよ。炊事や洗濯を行なう仕事でしたが（・・・）そう一年から一年半かなあ（・・・）まあこちらからやめさせてもらったんですけどね（・・・）奉公は。そのときのツテでね、そのあとよくカイノリはしたんですよ。

＊：カイノリっていうのはどういう意味ですか？「貝」と「海苔」？
Ａ：いえいえ、海苔を買うのですよ。生海苔を。
＊：でもそのときは海苔は（浦安で）作っていたわけだから（・・・）？
Ａ：だんだんとれなくなってね。それで船橋に（奉公に）出ていたでしょ。それで船橋で買ってねえ（・・・）送ったりしたの。（実家で）生海苔をすいて売ることはできるでしょ。そのときに奉公にいっている家の隣にね、カサク〔借家〕で入っていた家があってね、そこの奥さんの実家が海苔をやってたんですよ。それで海苔を分けてもらいにいったんですよ。
＊：本州製紙事件の前ですか？
Ａ：えーっと、どうだったかなあ（・・・）。
＊：奉公に行かれているときに買いにいったんですか？
Ａ：それはないです。奉公のときは住み込みですから、（・・・）そうか（・・・）（奉公は終わった）あとですね、本州製紙事件の。だってそれまではみんながみんなそんな海苔を買いに行くことなんてなかったから。あのときはね、海苔がだめになったから船橋や行徳〔市川市〕のイリ〔船着場〕なんか行ってね、（海苔）船が帰ってくるのを待っててねえ（・・・）（船橋や行徳の海苔漁師から）買ったんですよ。幕張まで行った人も結構あったんですよ。私はそのときは（奉公先の隣に住んでいた）知り合いがいて助かったんですよ。海苔はね、人に車をたのんでそれにのせて（浦安に）持って帰ったの。水含んで重いから、とてもかついで持って帰れないの。

Ａさんが奉公に出たのは昭和三二年。ちょうどこの頃には東京湾内の海苔をめぐる環境が大きく変わるときであった。ひとつは技術的なもので、棒ヒビから網ヒビへ変わっていく時期であった。網ヒビは海苔の収穫時期に効率的かつたくさんの生海苔を作ることができるものでいわゆる技術革新の流れでの変化といえる。そしてもうひとつは海をめぐる環境が激変した時期でもあり、決定的であったのは本州製紙事件である。本州製紙事件は江戸川に汚水処理をしなかった廃液が流れたために起こった公害で、浦安周辺の海苔や漁業に大きな被害を与えた。[4] そういう事態のなかでＡさんは、たまたま奉公先の隣家に住む奥さんと知り合いになり、その奥さんの実家が船橋の海苔漁師であったため、そこから生海苔を買っていた。生海苔の加工（海苔すき）により、浦安の実家が従来通り冬場の海苔販売で現金収入を得る状況を維持することができた。同じ東京湾内湾でも船橋漁港周辺や市川市の南行徳周辺の漁場では十分に海苔養殖ができ、浦安が特に大きな痛手を受けていたことが如実にわかる例である。

A：あとはねえ、（奉公先の）ご主人さんは仕事柄東京からの電話が多かったんですよ。それでね、よく聞くでしょ（・・・）「ウラヤスモンは言葉が汚い」って。それでね電話の取り次ぎの仕方なんか、徹底的な教えられましたねえ。ここではねえ、ご主人さんが劇関係の仕事をしているでしょう。だから東京からの電話が多くてね（・・・）だいぶ言葉遣いが変わりました（・・・）。それから炊事や洗濯なんかも（・・・）（教わった）。

浦安言葉は独特のなまりと気っ風のいいしゃべり方で、いわゆる江戸前の雰囲気を帯びた方言であり、隣の行徳（市川市）や船橋とは、また違ったしゃべりである。Aさんはここで浦安以外での世間的つながりや言葉遣いそして家事に関するさまざまな仕事を学んだ。その後奉公から戻り再び剥き手をしていたが、すぐに両国のおばのもとで奉公に出る。

結婚、仕事・家庭そしてデマエ——昭和四〇年代

そして一九六三（昭和三八）年に結婚をする。二七歳のときである。浦安では男女の出会う場が多く、恋愛結婚する人も多く、Aさんも知人の紹介で出会ったという。Aさんのご主人は築地で魚を扱う仲買商に勤めていた。この当時Aさんの実家では漁師をしていたが、嫁いだ先は漁師ではなかった。

＊：嫁ぎ先は漁はやっていなかったんですか？

A：サラリーマンでしたよ。嫁いだ先は漁師じゃないんですよ。結婚してすぐは剥きはやりませんでしたよ。子どもの世話にかかるからね。

＊：子どもが小さいからいろいろとかかるでしょうけど、剥きをやりに行かなかったんですか？

A：上の子が五、六歳までは行きませんでしたよ。やっぱり手がかかるし（・・・）（義理の）母とデマエをやったぐらいで、それもそう多くはなかったんですよ。

＊：季節ではいつぐらいが多かったですか？

A：季節というのはないけど（・・・）ジのバカ（地のバカ貝、浦安近辺で取れるバカ貝、別名アオヤギ）があがったときとかなんかは毎日（剥きの仕事）あったけど（・・・）でもバカなんかは伊勢（三重県）から仕入れたり、愛知なんかからよくいれたから（・・・）季節ではいえないけど、（デマエが）くるときはたくさんきましたよ。

築地で仲買商として店を構える浦安の人は、戦後間もなく

のころ非常に多かったといわれ、浦安から六〇軒あまりが出店していたという（三谷 1995: 40）。昭和四〇年代にかかる頃には浦安出身者が築地で店を出していたのは戦後ほどでもなかったという。戦後間もなくのころ、築地市場の仲卸商に勤め始めて次第に独立していく人たちが多かった。Aさんのご主人は毎日築地まで通い、Aさんは自宅で子ども（長女）と義理の両親および義父の母の世話をする生活をしていた。ご主人以外の収入が特にあるわけではなく、ご主人の給料と不定期ではあるがデマエで生計を立てていた。剥き手として仕事を再び本格的に始めようとしたのが昭和四〇年代半ばに差し掛かったころであるという。このころには二人目の子（次女）が産まれ、上の子（長女）も小学校に行くころから剥き場に出向く仕事を始めだしたという。

A：ちょうど全面放棄する前後だったけどね、近くに剥きに出るようになったの。〇〇〔剥き身屋の名前〕というところでね。上の子の年が五つか六つのときだったと思うけど（・・・）じゃあ（放棄する）前ぐらいかなあ（・・・）。近所の店にね、また出始めたんですよ。友達のツテだし、近いということもあって（・・・）。

＊：お子さんの手が離れたんですね。

A：でもすぐ（その店を）やめちゃってね。（・・・）築地のほうへ（主人を）手伝いに行くようになったんです。そのころには主人が店をまかされてね、もう一人の人と共同でやってたですよ。それが、やめてしまってね（・・・）それで私が手伝いにいくことになったんですよ。

＊：じゃ、ご主人の店で剥きをやったりしていたんですか？

A：やらないですよ（・・）帳簿なんかつけたりとか、（店の）中の仕事よ（・・・）。

＊：ご主人さんは独立して商売を始められたんですね。

A：独立したといっても、オーナーは別だし、うーん、まああまり個人的なことはね（・・・）。

この当時、剥き手を始めたのもつかの間でご主人の商売を手伝うことになるが、剥き手としての仕事は再びしなくなる。このころ漁業権が全面放棄され、浦安の就業構造は変わっていく最中であり、またご主人の任されている店が険しい道に入っていくころでもあった。Aさんはご主人が運営する会社を陰で支える立場として、ほとんど家と店のことにかかりきりになり、一五年が過ぎていく。

家の新築、そして再び剥き手として

一九八四（昭和五九）年、Aさんは家を新築した。もともとご主人の家が代々所有していた土地に建てた。家を建ててすぐにAさんは剥き手として再び本格的に仕事に関わることになる。

A：上の子がね二〇歳になるまでに建てたかったんです。それでね、ちょうどそのころなんだけど、「忙しいから手伝ってくれ」といわれて剥きに出ることになったんです。ちょうど引っ越す一ヵ月前ぐらいからですよ。引越しの準備なんかで大変だったから覚えています。親戚のつてでね、（新しい剥き身屋に）いったんですよ。ちょうど家を建てたころからかなあ、あんまり築地のほうの商売もうまくいかなくなってきてねえ（・・・）。家を建ててよかったですよ（・・・）うまくいかなくなる前に（・・・）。本当に助かった（・・・）。それでね、一生懸命働いたの（・・・）。剥きの仕事でね、何とか家族が食べていけるようにね、しようと思ってね。

Aさんが家を新築したこのとき、浦安は一九八三（昭和五八）年、TDLが開園し、世間から注目を集め、ふるくからの漁師のまちが大きく様変わりするころであった。

しかしながらこのころも貝の加工（剥き）に関しては店舗が減りながらも需要は多かったという。もっとも、大正にさしかかるころには二〇〇軒の剥き身屋が浦安にひしめき、東京湾内の剥き身業は浦安の独占状態にあったといわれる。昭和六〇年代にさしかかるころの正確な剥き身屋の数は把握できないが、四〇軒はくだらなかったといわれる。現在においても二〇〇〇（平成一二）年段階で三〇軒の剥き身屋が営業しており、観光化、都市化の始まりの中でもまだまだ剥きの仕事の需要はあったといえる。そういった仕事や浦安の環境の変化と並行して、ご主人の仕事、家の新築、子どもの成人、そして再び剥き手となるというAさんの人生にとって大きな転換点となる時代であったと、この当時を位置づけることができる。

その後、残念ながらご主人の任されていた店は閉店することとなり、Aさん一家は負債を抱えることになる。Aさんは借金返済のため、さまざまな手を尽くすとともに、剥きの仕事を相当無我夢中でした意識を持っている。それは借金を返すこととは別に精神的支えが剥き手としての仕事にあったようである。

A：〇〇〔最初に働いていた剥き身屋のあった地区〕で働

いているときはね〔結婚する前の若いころ、一番最初に勤めていた剥き身屋〕、アカ（赤貝）なんかはサキ専門でやってたんですけどね、このときはねえムキもやったんですよ。（・・・）ずっとムキをしているとね、最初はちょっと手を切ったりしたんですよ。でもね、専門とかいってもね、〔剥き手にとっては〕関係ないですからねえ、何でもやりましたよ。

アカガイやトリガイは分業でやっている剥き場も多かったが、剥きあるいは割き片方専門だけしかできない剥き手はいなかった。さばいた分量が報酬の単価計算である限り、速さはどうしても必要である。Aさんは慣れたほうでなくても積極的にさばいていったという。

A：夢中で剥いたんだけどね、私剥くのが好きだから（・・・）よくね、主人にも「借金が返せるわけでもないのによくやるな」とか言われたけどね、私剥く仕事があってねえ、本当によかったと思うんです。土地の仕事があるっていうことはねえ、恵まれていることなんです。こういう土地の仕事に恵まれていることを誇りに持っています。ただ剥くのが好きなんですよ（・・・）それでね今も続けているんです（・・・）大した額にはならないけど（・・・）。生活もやっていけるし（・・・）。

剥き手としての仕事をすることで、借金を返すことより、Aさん自身の生活の術を自覚し、精神的に自分自身を立て直すことができたという。「借金を返すから剥き手をやる」という理由の前に、この仕事で稼ぐことで、自分を精神的に立て直していこうとする要因が強い。Aさんは剥き手としての仕事は断続的にも四〇年近く続けていることになるが、生計活動とは別の仕事観が語られている。

Aさんは残念ながら家を処分せざるを得なかったが、その売却する前後までこの剥き身屋で働いた。今まで勤めた中でもっとも長い年月を過ごした店であるが、あまりその長さを自覚していないほど早く過ぎていったようである。

＊：ずいぶん、長い間○○〔剥き身屋の名前〕に勤められましたね。

A：そんなに長いですか？　どれくらいになります？

＊：家を建てられてから売却されるまでですよね。一六年ということになりますが。

A：そうか（・・・）そんなに勤めていましたかあ（・・・）はあ（・・・）自分ではそんなに長くないと思っていましたが（・・・）うーん、そうね、働いているわね。

その後一六年勤めた剥き身屋をやめ、再び最初に勤めていた剥き身屋に戻った。しかしここ数年貝は売れなくなってきているという。

Ａ：だんだんこの辺だと、(とれる貝も)少なくなってきてね。売れないから仕入れない、そうすると剥く仕事がない。なかなか昔のようにはいかないですよ(・・・)。今は、スーパーとか、あとはほら、回転すしとかねえ(・・・)直接(貝類業者もしくは漁師や漁協に)買い付けたりするからねえ、(築地のような卸売)市場なんかじゃ売れないですよ。

漁業権の放棄とは関係なく、近年の不況がそのまま浦安の剥き身屋にも押し寄せているというのが現況である。また貝類業者から剥き身屋は貝を仕入れ、剥き身にして卸売市場などで販売するが、スーパーなどと生産者の直接取引が増え、仕事量が相対的に減っているという。何も漁業権がなくなったからではない。現在の流通事情の変化が剥き手の仕事に影を落としているといえる。

3 現役の剥き手に見る仕事観
——「土地の仕事」から見える生きる術

女性の仕事・土地の仕事

私は浦安で今も貝を剥くことで生活をしている現役の剥き手の語りを聞くことによって、女性の仕事として語られる剥き手という仕事の持つ意味を考えたかった。つまり、漁業を生業にするところからはなれてもなお現在に続く貝剥きの仕事について考えたかったのである。ややもすると「貝剥きをする女性」は遠い過去漁業のまちであった浦安の庶民像の一側面と見がちであるが、現在も連綿と続いている庶民像ともいえる。「浦安の女性は貝ぐらい剥けなければ」という過去の固定化された女性像ではない。現在の視点で改めて捉え直すことが必要である。なぜ「貝を剥く」ことが続いたのか。私は「土地の仕事」というＡさんのことばから考えたい。

「土地の仕事」は、その土地で生まれたときから日常生活の中で存在し、誰彼に習うことなきところから関わる仕事とくれる。身近なところで親がその仕事を行なっているのを見ながら、かつ見よう見まねをしながら成長し、その職に関わる初歩的技術や知識が身体化されていく。浦安の漁師であった男性たちが、漁から離れた今でも潮の干満を日常的に気にし、近くを流れる川の水位の変化を見て「今日は大潮だ」

などといい、およそ正確な干満時間を推定できるのは身体化された仕事に関わった技術や知識の現れであろう。貝剥きも刃物の使い方はほとんど見よう見まねで習得し、その技量は実践の中で積まれていく。自身の技術習得に関して質問して「親の仕事見ていればわかる」という返答はそういった「土地の仕事」に関わるところからくるものであろう。

「土地の仕事」の意味するもうひとつの側面は、その技術をもとにして住んでいる土地から離れて幅広く移動することは少なく、かつ賃金単価を基準にした職場の流動も激しくない状況で仕事に関わるところにある。Aさんの場合、三回剥き場を変わっているが、基本的には長く同じ剥き場に通うことを前提として関わっている。また剥きのために浦安を出ていない。

A：パートの仕事はほかにもあるけどね、この仕事を小さい頃から好きでやっていたことが一番うれしい。ここに〔浦安に〕生まれてよかったと感じるんです。よくね、「生活が楽になるわけでもないのによく〔貝剥きを〕やるな」ともいわれるんですよ。でもね、剥いている仕事をしているということがどれだけ支えになったことか（・・・）。

次第に仕事の量が下降線をたどっているとはいえ、いまだ海から生産するまちであることと、自身の人生の過程で支えになってきた「土地の仕事」へのこだわりが感じられる。行商や剥き手といった陸での仕事は女性の仕事、船に乗って魚を捕るのが男の仕事という文脈ではなく、まずは「土地の仕事」であるという認識のもと剥き手という生業が継承されてきたという点を抽出しておきたい。浦安男性が担っていた漁業は完全に近いほどこの土地から消滅したが、土地の仕事として行なってきた漁師仕事の感覚は身体化され継承されている。そして同じ海から得る仕事でも剥き手の仕事は、たとえ浦安から生産される貝が激減したとしても、身体化された剥く技術をもとに今でも継承されてきている。

語られる「女性の仕事」

ここで「剥き手は女性の仕事」「浦安で夫が漁師なら妻は貝ぐらい剥けなくては」などといわれる語りを考えてみたい。女性が船に乗り漁に出ることを忌み嫌う側面を浦安でも持っていたが、しかし女性の仕事である剥き手や行商に男性が入ることを忌み嫌う側面は必ずしも存在しない。ただしムキ〔剥き〕は男性の手でするのと女性の手でするのとでは加工の仕上がりに差が出るといわれる。また小さいころから剥き身包丁を持つ経験も男性にはないことから、技術的に入っていくことはできない。また剥き場で剥き身がいっぱい入ったパイスケを運んであげたり、剥いた後の貝殻をまとめて運ぶなどの力仕事を手伝いにくる若い男性はいたが、剥く作業をともにすることは、ほとんどない。仕事をする場が男女によって分かれているというより別の見方をする方が自然である。その点をAさんの四〇年にわたる現役剥き手としての語りから捉えなおしたい。

彼女の個人史と浦安が経験した戦後の歴史は密接ではあるが、彼女の剥き手としての仕事観は浦安女性像の典型としてくくれない。もう少し正確に言い換えるならば、浦安女性像も当然多様なわけであり、当たり前だが個人によって置かれている時代、社会背景により様々な姿を見せるはずである。「浦安の女性は貝ぐらい剥けなくては」という語りは、今後語り継がれていく中で定型化されたかつての浦安女性像として定着していくかもしれない。しかしそれは過去に存在した浦安女性像の一側面にすぎず、それぞれの時代における剥き手であることとの位置づけから解釈していく必要がある。生計のなかで主たる収入であるとはかぎらないが、しかし重要な役割を担っている。そのうえで、浦安の歴史的変遷に埋め込んでAさんの剥き手としての仕事観を考える必要があろう。その仕事観をAさんと家業との関わりから考えたい。

一五歳から本格的に剥き場に出向きはじめたムスメ時代、自由におおらかに若い時代を楽しむ糧として稼ぎを持っていたが、海苔の胞子を海に仕込む秋から冬にかけての家計が落ち込む時期の補填として、家に稼ぎを入れていた。漁で成り立ちまだ賑やかであったころのムキ（剥き）をめぐる状況である。また結婚をして子どもや両親の世話から家事に専念をしているときには、デマエという形で臨時収入的に剥き手の仕事に関わる。そして家を建てた後の生活では、家計にとって主要な存在として、そして自分自身の精神的支柱になる職業として認識していく。「大した額にはならないけれど……」と繰り返し語るAさんの言葉は「浦安の嫁に行くなら（あるいは「浦安の女ならば」）貝ぐらい剥けないと」という言葉とはまた違う側面を示している。生まれたときから身近にある仕事としてのムキ（剥き）、自立し生きる糧としてのムキ（剥き）、自分の存在基盤としてのムキ（剥き）。「貝を剥く」という仕事は、それぞれの時代や個人の生活の文脈において位置づけが変わる。Aさんにとって「土地の仕事」として「貝を剥く」ことが存在したからこそ、どういう状況においても剥き手として現在まで仕事を続けてこられたのである。同じ過去を語るにしても「記憶の中の仕事を語る」ことと「現在の仕事を語る」ことには微妙なずれができる。現在も行なっている仕事の語りからは、過去の状況が現在にどうつながっているか。生きる糧として身体化された「土地の仕事」がAさんにとって主体的に生きていく存在であると見るならば、女性の仕事を定型化された語りでくくることなく別の角度から理解することが可能である。「浦安の女は貝ぐらい剥けないと」は、土地の仕事の重要性を示す語りとして読むことができるのではないか。土地の仕事に密接だからこそ、「浜の女は強い」のである。

注

1　留め金は漁師がより給料のいい船団に引き抜かれないように、日常で金銭的に不足した場合、船主は積極的に金銭を貸与したことをさす（和田 1994: 58-59）。

2　漁業権の全面放棄後もまったく漁業権が存在しないというわけではない。正確にいうと長期漁業権は完全に手放したものの、浦安市漁業生産組合が一九七三年に結成され、一年更新の短期漁業権は存在する。これにより地先で若干の漁は可能である。また小型曳き船による漁業者は一九七四年に富津漁業協同組合浦安支部を発足させ、漁業を続けている人もいる。まったく漁業がなくなったまちではないが、生計を成り立たせるための漁業は完全に手放し、浦安漁民はまったく別の職業を選択する道をたどることになったことは間違いない（浦安市教育委員会編 1996: 11-15）。

3　剥き手の収入は人により時代によりさまざまであり、一般化はできない。Aさんは金銭的なことは「個人的なこと」として一切語らなかったし、聞き手である私も立ち入ることはしなかった。この段階で語られている時代について、Aさんとは別の剥き手の仕方を例に昭和二〇年代後半から三〇年代に入るころの剥き手の仕事をめぐるさまざまな目安だけ示したい。今では現役を引退しているBさん（一九三六年〈昭和一一〉年生まれ）の場合、二〇歳前後のころであるが、週単位で一〇〇斗缶分の貝を剥き、月収はおよそ二万円確保していた。当時のサラリーマンの平均月収とほぼ同額を週単位で得ており、家計においていかに重要な収入源であったかがわかる。

4　当時の新聞報道によると、漁民や警官、機動隊など一六〇〇人が衝突し、投石など直接行動に出た八人が逮捕され、警官含めて六〇人あまりが負傷する大事件となった（「毎日新聞」東京版、一九五八年六月一一日朝刊）。

引用文献

浦安町誌編纂委員会編 1974『浦安町誌』下、浦安町役場
浦安市教育委員会編・発行 1996『浦安の民俗――社会組織・年中行事・信仰』
三谷紀美 1995『浦安・海に抱かれた町』筑摩書房
長野ふさ子 2001『女たちのちょっと昔――漁師町浦安の民俗誌』岩田書院
和田健 1994「和田区の社会組織覚書――主として女性のツキアイを中心に」（『千葉県地域民俗調査報告書』千葉県史料研究財団編、千葉県）

嫁ぬすみのストーリー
——経験が語るローカルな文化の変容

桜井 厚

1 若者同士の婚姻慣行

親の反対を押し切って

琵琶湖の東側、湖東と呼ばれる地域のあるむらで、かつての暮らしの状況を聞いていた。六〇歳代の男性は、彼が住んでいたところはむらのなかでもとくに生活環境が悪く、雨が降っても「水が流れへん」から、「夏になったら、そこでとまってボウフラがわく。悪臭を放つ」という。むらのなかでも水はけがよいところで「そこそこの家を建て」ている人とは、「結婚話になったら、ほとんどうまいこといくってないですよ」。生活環境の格差とは、むらのなかの貧富の差、ひいては家格の差を物語る。あまりに家格に差があると、家族の反対があって結婚話もうまく運ばなかった。ところが、そんな反対を無効にする掟があったという。

だから、昔、ほんで駆け落ちしようとしたんですわな。ここで言うたら、〈はしり〉やって。結局、それをしないと認めてくれなかった。そのぉ〈はしり〉っていうのは、むらのまぁ掟みたいなもんで、「もうしゃぁないやないけ」と。はしったら、ほらもう、はしったら成功するんですわ。だから、それが長年、伝統的につづいてましたでな。

〈はしり〉という耳慣れない言葉がはじめて登場した。親が反対している結婚でも、本人同士の意思で認められる婚姻慣行がXむらには存在したというのだ。これは耳寄りな話である。結婚は人生のなかでもっともはれがましい歓喜に満ちた行為のひとつだ。しかし、これまでは、それに現在でも、結婚はかならずしも〈両性の合意〉だけで成立するわけではない。家族や親族の承認を必要としたし、しかもかならずしも家族や周囲の人びとから祝福されるとはかぎらなかった。ところが、むらのなかでは親や周囲の反対を押し切って、当事者の結婚の意思が優先される慣行が用意されていたというのである。

家制度が機能し、家意識に強く規制されていたと思われる時期に、家族の反対を押し切ってまで若者当人の意思が尊重されて結婚がおこなわれていたとなれば、なかなか興味深い慣行ではないか。ふだんよく耳にする「駆け落ち」は、二人がともにそれまで暮らしてきた地域コミュニティから脱奔することだが、それとはどのように異なっているのだろうか。本人の意向が尊重されたというが、男性優位の社会のなかでとりわけ女性の意思はどの程度反映されたのだろうか。その慣行がくずれるには、どのような状況の変化があったのだろうか。つぎからつぎと尋ねてみたい疑問や事柄が浮かび上がってくる。

〈かたげ〉のモデル・ストーリー

〈はしり〉の語りを聞いて、私は同じストーリーを二〇年近く前に奈良県のYむらで聞いたことがあった。[1]そこでは、同種の婚姻慣行は〈かたげ〉と呼ばれていた。Aさん（一九一四年生、女）によると、つぎのような経緯でおこなわれる習俗である。

A：いまであったら、交際ていうてな、しやはるけど、昔、男の人かて仕事に追われてね、長い交際はよぉせん。親が、この子とこの子とやったら、まぁ目に適《かの》うたと思ったら、仲人がはいって、もらいに行てもらいますわな。そやけども、一方がきらくな衆《し》、一方がつまらん衆（と）したら、親が、「あこやったらつまらん」と。これやったら、親が反対。いったんもらいに行て「よぉやらん」という声があがったら、その男がやな、友だちに、「あの子、ひっぱろうや」ってこう言うてやな、わが友だちの家なとひっぱって、もう一晩でも連れていんだら、親がなんぼ「あかん、あかん」というても、「傷つけられたもの、どうもしゃあない。もろうてもらわんならん」ていうようなね。ひっぱるつったらな、おなごがお風呂へ行く時間か川へむけて顔洗いに行く、そこを待ちうけて、男の人ふたりよってにビャッとかたげてもってきまんねん（笑）。（福岡ほか 1987: 52）

結婚の申し込みに行っても親が娘の結婚に反対したりすると、当事者の男性は仲間の協力のもとで〈かたげ〉をおこなった。この山間のむらは水の便が悪く、唯一の共同浴場は山の斜面のふもとの方にあって、多くの人びとは夕方や夜になると細い道を下って共同浴場へ出かけた。その途中で「ひっぱる」のである。父親から〈かたげ〉の習俗を聞かされていたCさん（一九三六年生、女）は、その記憶を思い起こして語っている。

C：いまは街灯っていうかな、電気ついてけどね、昔、暗いでしょ。ほなら、この人やったら、ここ通るなっていうところで、暗いところで待っているんですって。そこ通ったらもう、うちお父さんによぉ言われたのな、ほな、男の人が道の真ん中でつくぼう〔しゃがんでじっとしているさま〕してるってわけ。暗いから、女の人が、しらんと来て、そこへけつまずいて前へ倒れるって。それをパッとおぶって走るんや、っていうわけ。

暗い坂道で仲間の男がしゃがんで待っている。そこへ共同浴場へやってきた女性がつまずいて倒れ込む。それをおぶってあらかじめ決めておいた家に仲間集団が連れ込むというのである。〈かたげ〉という言葉も、連れ込むときに女性を担《かた》げるところからきているのであろう。もちろん、すべての〈かたげ〉が共同浴場へ通じる道の途中でおこなわれたわけではない。〈かたげ〉の行為を説明するのに、その地域コミュニティに固有の生活環境を背景にしているほうが具体的でだれもが了解しやすいからである。その点とCさんが父親から聞かされたストーリーであることを考慮すると、このストーリーはYむらで流通しているだれもが了解しやすいモデル・ストーリー（桜井 2002）であるようだ。

さて、こうしたストーリーを聞くと、かたげられる女性自身の意思はある程度尊重されていたのか、それともまったく無視されていたのか、という点が気になる。先のAさんに、聞き手がつぎのように聞いてる（福岡ほか 1987: 52）。

＊：だいたい、それ、男の人と女の人と話はもうできてるわけですね？

A：そうやな。話は、おおかたできてるわな。親が反対してるだけやな。

このときのAさんと聞き手とで構築された語りは、女性の親が反対なのに当事者の男女双方は合意しているというものだ。少なくとも女性はかたげられることを予期していたり、ときには期待さえしているのである。

女性の意向の無視

ところが、同じむらでAさんより若い世代、昭和一桁生まれのB（一九二七年生、女）さんと前述した昭和一〇年代生まれのCさんの語りになると、Aさんのストーリーとはかなりニュアンスが異なる。

B：だれかがやなぁ、あの子が好きや、って言いますやろ。そぃたら、そんなときに、年寄りのおばあちゃんやらが、「ちょっと用事あるんさかい、ちょっと来てんかぁ」って呼びにきはんね。そしたら、どんな用事かと思っていきますやろぅ。そしたらちょんと男が待ってやんの。ひっぱり込まれたら、家の奥にやな、男がおったら、もう、みな番してるもの、出してくれやへん。

C：計画的に、そうやって。

B：連れだされてますのや。

＊：連れ込まれたときに「私、いややねん」ていえるわけですか？　女の人の側からは、相手が意中の人じゃなかった場合。

C：泣いてわめいたって、出いてくれへん。あきらめる。

B：あれ〔性行為〕があってもなかってもね、いちおう傷ものってなってしまうからな。「なにもなかった」って言っても、それ世間一般にとおらへんということで、いちおうそういう形で連れ出されたら。好き同士やったらそんなかたげんでも、駆け落ちするがな。親の反対があってもな、好き同士やったら、駆け落ちするがな。女の子がいろよい返事をしてないから、かたげられるんや。そうでしょ。自分が一生懸命思っていても、女の人がなんとも思ってへんけどやな、しかし、自分は好きやから、どないにしてでも自分のものにしたい、という形やから、そういうかたげるっていう形になるわけや。

＊：そうすると、男が一方的に決めてることになる。

C：そう。勝手に決めてしもうてるわけや。

BさんとCさんの語りでは、女性の意思は無視され、親だけでなく女性本人も結婚に不賛成である場合にかたげがおこなわれるということになる。たしかに、本人同士の合意があるならばたとえ親の反対があっても、むらから姿を消す「駆け落ち」という手段が残されているのだ。だから、あえて〈かたげ〉がおこなわれるのは、女性の側の合意が得られていないからであろう、というBさんとCさんの考え方もうなずけるところがある。

同じのむらの女性のなかでも、このように〈かたげ〉という婚姻習俗についての語りは異なっている。なぜこれほど食い違うのだろうか。実際にさまざまなバリエーションがあったということだろうか。それとも語り手の世代差に応じて時代とともに〈かたげ〉の習俗に変化がみられることを意味するのだろうか。いや、事実の違いではなく、むしろ語り手の世代差によって、その習俗の評価が異なっていて、それが異なる語りを生みだしたのかもしれない。Aさんは〈かたげ〉の現実を受け入れているのに対し、BさんやCさんのようなより若い世代は、女性の意向が無視されがちな習俗により厳しい眼を向けているために、いかにひどい慣行であったかを強調する語り方になったのかもしれない。Aさんには、逆に、現在の視点からみてあまりに乱暴な習俗であることをインタビュアーに伝えたくないという気持ちが働いたのかもしれない。それはインタビュアーにとっても同じで、「男の人と女の人と話はもうできてるわけですね?」とわざわざ念押しして、Aさんから「そうやな、おおかたでけてるわな」との回答を引きだしているのは、インタビュアー自身も女性の意向を無視していないことを願って、あえて念押しをする質問形式をとることで現実を共同で構築するのに一役買っているとも考えられる。

さて、この語りの習俗は、CさんはおろかAさんもBさんもいずれも、自分が体験したことではなく伝聞からつくられたストーリーである。自らの体験ではないから、どちらかといえばコミュニティで流通しやすいモデル・ストーリーとして語られやすい、という留保条件をつけておかなければならない。

日本民俗学の創始者である柳田國男は、戦後まもなく発表した「婚姻の話」(1947)のなかで、「嫁盗みの史料は、思ひの外豊富なものである。さうして全國の隅々にわたり、少しづゝの形の差異を以て、話だけは今も傳はつて居る」(柳田 1969: 82)と書いて、すでに戦後はこの習俗が消滅したという認識を示している。ところが、私が耳にした語りでは、戦後、二〇年を経てもなおむらの習俗として生きていたわけで、〈はしり〉はこのむらの人びとの現実の経験そのものである。この習俗が記憶の伝承としてでなく、体験として語られるほど最近まで通用していたことは、なにを物語るのだろうか。〈はしり〉が地域コミュニティで承認された習俗慣行であるなら、その存在と消滅はこのむらの生活世界のあり方とその変化を照らし出すひとつの手がかりとなるのではないだろうか。

2 民俗学的ストーリー

類型化

ここで語られている〈かたげ〉や〈はしり〉は、民俗学では、「嫁ぬすみ」と総称される。では、民俗学のストーリーはどのようなものだろうか。〈はしり〉や〈かたげ〉といわれる慣行は、私がそれを耳にした特定の地域コミュニティに固有な習俗ではなく、かつてはどこにでもみられた婚姻習俗である。全国にみられたといっても、どちらかといえば東日本よりも西日本でさかんだった（大間知 1975: 279、柳田 1969）。Xむらで〈はしり〉とよばれる習俗は、地方によって、カカソビキ、ドラウチ、オモイタチ、ヨメカタギ、カツギダシなど、さまざまな呼び名がある（松岡 1972）。柳田は前述の論文のなかで、つぎのように書く。

「もともと婚姻は同じ土地の住民の間に行はれ、男女豫め皆互ひに相知って居り、よく未開人の生活誌に於て見るやうな、誰でもかまわず女なら連れて行くといふ場合とちがつて居る。従って大抵は女が承知の上、単に親二人の希望に反して、盗み去られるものであって、娘にも不意打ちといふ場合は先づ無いものと思って居た」[2]（柳田 1969: 83）。このあと、盗まれる女性当人が前もって知らなかった事例に接して驚いたという文がつづく。柳田がここで記述しているように、民俗学で本来の慣行として全国で広く認められているのは、女性の親は二人の結婚に反対しているのだが、女性は合意していて、ときには盗んでくれることを予期していたり、あるいは積極的に盗んでくれるように訴える場合である。

嫁ぬすみがどのような状況でおこなわれるかを、民俗学では親と当の女性の意向から三類型に整理している。①娘の親が二人の結婚に反対で、娘も知らずにいて盗まれることをまったく予期していないもの。②娘の親は二人の結婚に反対だが、娘は乗り気で、ときには合意で盗まれることを予期しているもの。③娘は乗り気で、親も内心賛成なのだが、他家への義理や嫁入り費用などから、表面的には反対しているもの。（大間知 1975、松岡 1972）

③の場合は、実質的にもはや嫁ぬすみとはいえず、その形式を借りているものにすぎない。女性の家が貧しい場合で、正式な嫁入婚より儀礼も簡略で費用が少なくてすむのである。

D：〈かたげ〉はね、ずうっとたどっていったら、結婚の合理化ですねん。婚約してね、きちっとしたら、結納も渡さんなんし、荷物も持って行かんなんし。そやから、両方がそういう形で結ばれたらね、なんにもいらんでしょ。親に負担かけるのが具合悪い。そやから、かたげるいうのは、夜遊びで何回も何回も通うてるあいだに、心、相通じて（（略））。そやけど、それを無理矢理に、友だちからお膳立てするわけやね。おおかた一〇〇パーセント結ばれていくっていうのは、そういうことですねん。

上記の語りは、奈良県でのインタビューで、その聞き取りの世話役にあたってくれたDさん（一九二四年生、男）の説明である。民俗学的な知見の③の類型に適った解釈である。こうした民俗学的な類型整理と照らし合わせると、Aさんの語りは①、BさんとCさんの語りは②、Dさんの語りは③というように、このむらのかたげの語りは、嫁ぬすみの習俗の民俗学的な知見のすべての類型をカバーしていることになる。

機能主義的ストーリー

じつは、Yむらの〈かたげ〉については『未解放部落の社会構造』（奈良本 1954）で、その習俗の一端が紹介され、Dさんと同じ解釈が述べられているから、むらの知識人に属するDさんは当然それを参照したと思われる。しかも、一般に「この現象は村の下層階級において行われたことを注意しなければならない」（有賀 1968: 197）との有賀喜左衛門の指摘から考えると、Yむらが被差別部落であって経済的にも貧しい人が多かったという認識が、そうした解釈を支持する伏線にもなっているのである。それにDさんには、「心、相通じて」と表現するような、女性の意思に反していたわけではないことを強調することで、むらのイメージを悪くすることのないような解釈を説明に使うという心配りもうかがえるのである。

有賀が嫁ぬすみがむらの下層におこなわれたとするのは、個別の家の家長権が相対的に弱い、社会的地位の低い層にこの習俗慣行がみられたことを意味している。つまり、ここには婚姻に対する家の家長の統制権とむらの若者仲間の統制権とのせめぎあいがあったのである。嫁ぬすみには、ふつう男性の友人仲間が協力していて、彼らは盗むのを手伝うだけではなく、その後の仲人の手配をしたり、女性の親に知らせたり、また仲間で祝宴をあげることなどの役割を担った。嫁ぬすみでも口利きの仲人をたてたから、結婚に対して若者仲間が一方的な力をもっていたわけではないものの、こうした習俗がむらのなかで容認されていたことは、若者の恋愛が大目にみられていただけでなく、若者仲間の権限が比較的大きく認められ、それだけ家長権が制限されたむらであったと考えてさしつかえないだろう。しかも、そうした習俗が結婚のかなりの割合をしめたとなると、そのむらの社会構造の一端、たとえば、強い家長権をもつ大きな家が少なく全体として家意識が希薄な経済的には貧しいむらというようなことをうかがうことができる。これは婚姻習俗をむら社会の機能という観点から読み解こうとする機能主義的ストーリーである。

たしかに機能主義的ストーリーは、むら社会の一定の特質をとらえることはできる。だが、婚姻習俗の語りからその地域コミュニティの特質を説明することがここでの主題ではない。機能主義的ストーリーは、なによりも静態的、客観的な研究者の説明（ストーリー）にほかならず、人びとがどのように自らの経験として嫁ぬすみの習俗慣行をみなして、それを語るのか、にはなんの関心も示さない。語り手に寄り添い、過去の体験が現在の時点からどのような経験として語られるのか、それがインタビューをとおしてどのように構築されるのか、そのリアリティ生成と変化のプロセスを人びとの経験の語りから動態的に描き出すこと、それによって人びとがそうした地域コミュニティの習俗をどのように生きたかを理解することが、ここでのねらいなのである。

男性の語り

さて、〈かたげ〉についてすでに三人の女性（A、B、C）の語りを紹介した。今度は男性の語りをとりあげてみよう。行動様式自体は男女ではっきりと区別されているから、「連れだされますのや」（B）「泣いてわめいたって、出いてくれへん。あきらめる」（C）というように、語り手が女性である場合、女性が物語の登場人物の主体として語りが構築される。では、男性はどのように〈かたげ〉を語るのであろうか。Eさん（一九二六年生、男）の語りに耳を傾けてみよう。

E：かたげるちゅうのは、風呂から帰ってくるときをねらうんですわ。かたげたら、その日に決着をつけんといかんさかいに、そんな時分だったら、戸を叩いて「連れて出たで！」とは言わへん。そんなこと言うたら誘拐罪になる。そやさかいに「出たでぇ！」って言う。「出たで」つうたら、そこの娘さんも承諾で出てる。「勝手に出たんやもん、しゃあないがな」という形になる。こんなこと言うたら年寄りに怒られるかしらんけどな、その娘《こ》連れて出ようと思うたら、上の世話好きな人がな、「それは、こうしてこうして、こうすんや」って、ずうっと言い伝えみたい、伝統的に受け継がれてきてるんや。（略）出たら、もう、その晩に酒一本なとさげてやな、近いもんが走ります。おばさんなとおじさんなと、男のほうの。「まぁ、そう言わんと、そう言わんと」とならざるをえんもん。決断いりまっせ、「出る」っていうの。男のほうでも。その人の生活を保障していかんなん。かりに男でも女でも、片っぽうのほうが、生活がある程度裕福でんな、片っぽうがつまらん〔貧しい〕という形で、好きになって、もらいに行っても「あかん」というときあるやろ。男のほうでも女のほうでも、決断っていうの、相当なもんだっせ。わしかて、経験あるさかいに。わしかて連れて出たほうやさかいな。駆け落ち。わしらんときは、もう、かたげるつうの、なかったさかいな。

ここでは、男性側が物語の主体となって語りが構築されている。「ねらう」「決着をつける」「決断がいる」「生活を保障する」など、いずれも「男性性」を表象する言葉だ。しかも、

Eさんはなかなか興味深いことを語っている。かたげると仲間が女性の家へ知らせる。そのとき「出た」とは言っても「連れて出た」とは言わないという。ここから、〈かたげ〉が女性の合意のもとでおこなわれることがむらのルールであり規範になっていることがわかる。Eさんもまた伝承されているモデル・ストーリーの一端を語っているのである。民俗学的知見でも、女性の意思に反してこうした習俗が成立していたわけではない、とする見方が有力であった。だが、個別の現実はルールや規範どおりに進展するとはかぎらない。それを理解するにはやはり体験者の「経験の語り」に耳を傾けるよりほかない。

さて、個別の経験の語りを聞くにあたって、あらためて注意すべきことを整理しておこう。なによりも語りは、語り手と聞き手の相互的なやりとりを通して構築されるから、語り手からみて聞き手がどのような立場にいるのか、語り手の自己意識はいかなるものかは語りの重要なポイントになる。少なくとも私は地元の住人ではなく外部からやってきた研究者であり、一定の年齢を経た成人男性とみられているであろう。この聞き手に、ジェンダーの非対称性が現れやすい婚姻習俗を語るわけである。いきおい、語りはそうしたジェンダーの非対称性を強調することで男性の不当性を告発したり、両性の合意を強調することで非対称性を緩和したりする戦略的な語り方になると考えられる。具体的にいえば、女性のほうが〈はしり〉の習俗に男性の強制性をより強く感じ、その権力性を過度に強調した語りになりやすいのではないか、また評価的な表現がより現れやすくなるのではないか、と思われる。しかも、比較的平等意識が浸透していると思われる若い世代の女性ほど、その傾向が強いであろう。すでに述べたように、〈かたげ〉を語るときに、戦後教育を経験したCさんが「泣いてわめいたって出してくれへん。あきらめる」とか、男性が「勝手に決めてしもうてるわけや」と評価的な表現をして、男性側の一方的な権力性を強調している。これとは対照的に、男性であるDさんとEさんは、いずれも相手女性の合意が前提にされて〈かたげ〉の習俗が成立していたとして、民俗学的知見による三類型のなかの②と③の類型にもとづいて語る。Eさんは規範的な形態であるモデル・ストーリーを展開し、Dさんはむらの経済的状況を説明するために機能主義的ストーリーの解釈をとりだす。そこに語り手のジェンダー意識がかいま見られるのである。

さて、戦後に結婚したEさんの話から、Yむらでは戦後にはすでに〈かたげ〉の習俗はなくなっていたようである。そこで、戦後でも嫁ぬすみがおこなわれていた冒頭にとりあげたXむらを訪ねることにしよう。

3　〈はしり〉のモデル・ストーリー

標準的な形態

湖東のむらでの〈はしり〉のモデル・ストーリーはなにか、を念頭におきながら、ジェンダー意識や個人的な経験の差異に着目して、再びXむらの人びとの語りに耳を傾けてみよう。[3]
ある日、Fさん（一九三六年生、男）の自宅を訪ねた。「なんでも聞いてください」という言葉とともに気軽にインタビューに応じていただいた。

＊：今日は〈はしり〉について聞かしてもらおうかな、と思ってきたんです。
F：おうおう、ほんで、あの、その〈はしり〉ていうなにはよ、だいたいね、昔のここの伝統でいきますと、まぁ男の人がよ、まぁ、全然しらん女の人がいますやろ。ほたら、その人を好きであった場合、な、あのぉ、銭湯、ここのX町の銭湯があったときに、入ってきはりますわね、そのときに友だちがなんかいうて連れていきますねん、女の子を。／／＊：ほん／／それを、ほんで、男をどこそこの、ま、家とか旅館とかにおいといて、そこへ連れていって、ほて、男の友だちがよ、友だちが見張ってるんですよ、逃げられんように。ほて、あの二人の人が、またこんど仲人を探しにいくんですわ。ほんで、男の人と女の人の仲人をつけるためには、男の人の仲人を先して、ほて、おなごの家、申し込みにいくときに、あのぉ、だいたい男の、おやっさんやな、の仲人の人と、だいたい話が合うような人を、頼みにいくんですわ。二人が。
＊：それ、全部、男の人の友だちが、頼みにいったり、／／
F：全部行く、全部／／段取りをする。
F：おおん。ほで、それで二人の仲人が話、はい、それでさせていただきますっていうたときに、話をしぃに行くんですわ。おなごのうちに、二人が。
＊：はい。
F：ほんで、そこで、まぁ話がごちゃごちゃってなるけど、ま、だいたい仲人の人は、ま、そわす段取りの話を持っていくんですわ。ほで、話がついたとこで、ここに二人いますさっかいっていうて、ほて仲人と合わすんですわ。（・・）ほんで、それで、ま、話がついたとこで、ま、結婚するっていうことですわ。あのぉ、昔の、あのぉ、お膳ゆうて、仲人よんで、ほんで、ちょっとこうぉ飲んで。

ここでは、Fさんは〈はしり〉の習俗の一般的な形態について語っている。それが一般的で標準的な説明であることは、

「ここの伝統でいきますと」と断っていること、語りのなかに「だいたい」という言葉がなんども使われていることから、容易に判断することができる。さて、この語りからでは、〈はしり〉に女性の合意があったかどうか、気持ちがどうであったかという顧慮はまったくなされない、ということになる。町内の女性であれば、当人が「全然しらん」場合にでも、男性の気持ちひとつで〈はしり〉の対象にされた、というのだ。どちらかといえば、女性の意思が反映されていたという語りが、とりわけ男性の語りや民俗学的知見に見られたのにもかかわらず、Fさんは、男性の意思が最優先されて、その男友だちもそのために協力したのだととまどいも見せず語っている。

F：あのう、〈はしり〉ていうやつは。
＊：はあはあはあはあ、
F：とにかく、もう、そのおなごの人と添いたい、っていうたら、友だちは必死になって、その娘さんを追うていくさかい。それを下地にしてよ、いつ、（女の人が）一人でいくかということを、ま、今でいうたらよ、調べるていうことですわな。ほんで、一人で行ったときに待ち伏せしてて、引っ張ってくるわけです、無理矢理に。友だちが。ほして、そのことを、ここの言葉では〈はしり〉、昔の言葉では、〈はしり〉、〈はしり〉っていうことですわ。

インタビューを離れて眺めていたFさんの妻、Gさんが、「無理矢理やもん」と、つぶやくように口をはさむ。たまりかねたのだろう。たまたま遊びに来て傍らで聞いていた近所に住む戦後生まれの女性、Hさんも大きな声で問いただした。

H：どうしても、女がいやいやいうたらどうすんの！
G：いやいやいうても、ひっぱんねんやから。
＊：もう、逃げられへん。
H：なあ、いやよ、ほんなん。
G：ほんなもん、逃げられへんやな。
H：ちょ、ほんな、女、どうしてもいややちゅてもあかんの？
F：あかん（笑）。
H：アッハッハァ、かなんや。

Fさんは、はしりの「標準的な形態」を語るなかで、当の女性を「無理矢理」にひっぱり込むのだと説明する。その語りを周りで聞いていた女性たちから、一斉に不満の声があがった。「女、どうしてもいややちゅてもあかんの」と女性たちから問われても、「あかん」。きっぱりした口調で、Fさんは断言したのである。女性の意思は考慮の対象外と断定的に語ったFさんだが、彼自身は〈はしり〉の体験はあるのだろうか。

＊：ちょっと具体的な話、その〈はしり〉の手伝いをしたか、自分がはしったか、どっちかしたことあるんですか。
F：ああん、うちは膝と膝との結婚式ですわ。ほんで、友だちをはしらしたことあります。
＊：あるんですか／／F：はい／／手伝いしたことあるんですか。
F：あります。二へん、三べん。

「膝と膝」というのは、正式に家と家との話し合いで結婚する形態のことである。Fさんは六〇年代なかばに町内のお寺で結婚式をあげた。嫁入婚なら新郎の家であげるのがふつうだったときに、お寺で「仏前結婚」したのは、当時、町内で「わたしがはじめてとちがうかいな」というほど新しい形式だった。披露宴は、Fさんの家でおこなわれた。

仲間集団

Fさんの結婚は〈はしり〉ではなかったが、彼の仲間にははしった人がいた。この町内では、男たちは十五・六歳になると仲間集団に入る。かならずしも同級生ではなく、「二つ年下、三つ年下でも、そのグループの、いちばん、つきあいしてる友だちで組む」のである。Fさんとほぼおなじ年代で〈はしり〉の経験があるIさん（一九三七年生、男）は、この仲間集団をつぎのように説明している。

I：このむらだけの特別な関係かしらんけども、十五、六歳に、まぁ、歳になりますと、だいたい好きな子、いっも遊んでる友だちがこぉおりますやろ。で、これは遊び友だちですねん、ふつう。ところが、これを正確な友だちにしようというので、まぁ、ヤクザでいうたら兄弟分の杯かわすみたいなもんになるんですわ。で、友だちでも、遊び友だちと、この友だちは何があっても切っても切れん友だちというのを組むんですわ。ほんでぇ、この友だちというのは、もう親より、きょうだいでもいえんようなことでも、なんか相談して、ほて守秘義務は守ると、まぁまぁいえば、守って（笑）、一応タテマエ的にはね。そういう友だちを組み直してやるんですわ。ほで、これはなにごとがあっても協力し合う。

一人の若者が、複数の仲間集団に属することもあった。年齢を経れば結束力はなくなるが、この仲間とは終生つきあいがつづく。Fさんも多いときで、一〇人ほどの人数からなる仲間集団に入っていた。この仲間から依頼されれば〈はしり〉の手伝いを断ることはできない。〈はしり〉は、この仲間集団の協力なしでは成立しえないのである。依頼があれば、こうした友だちがその実行の策を練る。当の男性には「わしらのいうとおりにしてくれって、もう段取りしてあるさかい」と伝える。

まず、どこで連れ出すか。かつてこの町内が属する市内には三軒の映画館があった。町内から歩いて三〇分余り離れたところにあった古い映画館からの帰り道が、とりわけ〈はしり〉の恰好の舞台となった。「ほの映画館へ行った帰り、これをまずねらうんですわ。ほんでぇ、今度は、いちばん近いところでいうと、お風呂、お風呂行きますやろ。昔は家に風呂がなかったで、ぜったい風呂行きよるんですわ、ね。これをねらうんですわ」と、Iさんはいう。Xむらの東部にはいまも共同浴場がある。また、当時、社交ダンスが流行っていたこともあって、町内には三軒のダンスホールもあった。〈はしり〉で結婚した妹がいる女性は、「お風呂入って、ダンスして帰るつもりが、洗面器もったまま連れて行ってん、うちの妹も」と、突発的に〈はしり〉が行なわれた状況を強調する。

また、はしるとすぐに仲人をたてて、女性の親を説得し、結婚を認めてもらわなければならない。その仲人の選定も、友だちの役割だった。

I：まず、仲人になってもらう人を、昔は、ここのむらのしきたりは、女の人と男の人の両方から仲人をたてたんですわ。いまは夫婦でやってるけども、ほぉでなしに。ほんでぇ、とにかく仲になってもらう人は、ぜったいに頼みに行ったら相手の親がぜったいに断れない人をたてる。もう、ほれを計画するんですわ。「あのおっちゃん行ってもあかんけど、このおっちゃんが行ったら、あれ頭あがらへんで」と。そういうあれを、友だちのなかで作戦組んで、男と女の方の、まぁあれ〔仲人を決めること〕をやるんですわ。

〈はしり〉の実行役も友だちである。依頼した男性本人は、陰から連れ込む光景を見ることになる。Iさんによれば、「待ってまんねん、わぁーっと、こう、五、六人が。ほで、この五、六人がびゃーっと、とにかくつかんで、ほで連れて行くんですわ。ほんでぇ、そのとき（自家用）車ありませんやろ。車はないけども、その車を段取りしとくんですわ。どっかから借りてきて、あるいはタクシーでもええさかい。ほで、とにかく乗すんです。ほんで、乗せて、親戚の家へ行くんですわ、親戚の家」。親戚の家といっても町内ではなく、いくらか離れたよそのむらの親戚の家だった。また、連れて行く場所を旅館にすることもあったから、その準備も仲間の役割だった。

F：ほんで、やっぱし、そとで見張ってんなんしよ。ほて、泊めるんでもよ、二階あがって、親戚とか探しにきて、な、連れて行かれたらかなんで、恥かくさかい、来たら来たって、連絡するように、あのぉしといて、ほいで屋根づたいで逃げられるようにした、二人が（笑）。ほんで、それで見張っていて、そとでよ、そとの見張り役とか、連絡するとか、みな決めてあるんです。（略）話がまとまるまで、そこにおいとくんですよ。ほんで、友だちはそれまで張ってるんです。

〈はしり〉にあった女性の家では、夜遅くなっても帰ってこないとなるとその日のうちに親戚に声をかけて探しはじめる。そこで、見つからないように友だちが見張りをし、また見つかっても逃げられるように二人の逃げ道をあらかじめ用意しておくのである。そのために、さまざまな工夫が必要だった。

F：はしったときに、探しに来たらあかんというので、ほて、他人の人が、こぉ見張っているとこ歩いてくるとよ、男同士でも、だぶり、だぶりということはいまの言葉でいうたらどういう、いまのしゃべってる言葉や、ま、そこら二人で、あのぉ男とおなごとしゃべってる服装をせんならん（・・）

G：アベックか？

F：アベックやなん。男同士やけんど、アベックに見せんならんねん。／／＊：はあはあはあ／／あのぉ、ほかの人が通らはると、（見張りと）感づいたらしまい、というんで。

男だけの見張り役では怪しまれるからと、男友だち同士で男女のカップルのふりをしたこともあったというのだ。

伝説的なストーリー

じつは、Fさんが手伝った三件の〈はしり〉は、「標準的な形態」として述べられたものとは異なり、親の反対はあったものの当の女性の同意を得ている事例だった。だから、女性にも「八時ぐらいになったら出てきてくれ」と、あらかじめ伝えておいて連れて行ったのである。Fさんは、自らの体験とは異なる例を〈はしり〉の形態の説明に使っている。なぜだろうか。

F：おなごの人を連れて行きますやろ。ほたら、「うち、あの人嫌いよ」っていうて逃げるやろ。逃げても友だちがみな追いかけてつかみに行きます、もう。

H：「ああん、じゃ、かなんやん、ウッハッハ、いややで、ほんなん。

F：そういう伝説がありましたんやわ。

そばにいたHさんから不満とも非難ともつかない声があがった。「伝説」という言葉から、「標準的な形態」としてFさんが語ったのは、過去にあったこととして聞かされたことなのである。Iさんも、つぎのような変化を語っている。かれらの経験では、多少なりともつきあいがあったうえでのはしりが知られていたのであった。

I：まぁ、昔はあったらしいわ。むこう片思いでぱぁーっと、あったけども、わしらの場合のときは、もう恋愛関係になってた人が多いですね。で、ある程度、まぁ結婚まではいってない仲の人もいはるわな。ただ、ちょっと交際してるとか。ところが女の人はまだそこまで考えてへんけど、男の人がもう熱烈になってしまうと、友だちに頼んで「もうとにかく、わしはあれと結婚したいん、何とかしてくれぇ」っていうたら、「よっしゃ」っと。「ほんなもん杯交わしたる仲やないか」って、「いこまいか」いうて、ほんでやるんですわ。

結局、Fさんが語っていたのは、〈はしり〉の原型だとかれ自身が考えているストーリーだったのである。女性の意思を無視してはしることは、現在からみれば「とんでもないこと」と思われるに違いなかった。しかし、現在からみれば「とんでもないストーリー」は、語るに値するストーリーでもある。かれらが身近で体験した〈はしり〉は、時代の流れの影響もあって、女性の意向に逆らったり、まったく無視したりするところまではいかなかったのである。

4 〈はしり〉の経験

最後の〈はしり〉

このむらは靴の生産で全国でも有名なところだった。そんな靴製造のことを靴工場のマネージャーのJさん（一九四三年生、男）にうかがいながら、たまたま結婚に話がおよんだときだった。「これは話せば長くなるんでっせ。これはちょっと金をもらわんと、あきませんわ。私の恥になりますねん、これ」と、Jさんは照れ笑いをする。興味をそそられていろいろ問いただすと、このむらの「伝統」の〈はしり〉のことだという。どうも彼自身がその経験者らしい。何度か訪ねるうちにJさんの妻、Kさん（一九四六年生、女）とも知り合いになった。お願いした結果、お二人から〈はしり〉の生々しい経緯を聞くことができた。しかも、かれらの〈はしり〉は成功裡に終わった最後のものらしい。一九六六年のことだ。

Kさんも Jさんもそれぞれひとりのときにもインタビューに答えてくれたのだが、いつも仕事の途中や食事中でのインタビューだった。その後、JさんとKさんの二人そろってインタビューをする機会を得た。ひとりのインタビューをときに参照しながら、夫婦で答えてくれたインタビューのコンテクストにそってはしりの経験を跡づけることにしよう。

きっかけ

JさんもKさんも、子どものころ、〈はしり〉と聞いてもピンとこなかった。

J：わしら、ほんで、子どもの時分なんか、はしった、はしったって聞くけど、どこまではしったん、駅まではしって、結婚でけるって、どういうことやろって思った。はしって、結婚でけたらええなあ、と思って。それがだんだんとわかってくると、おお、すごいなあ、っと。

高校を卒業するとすぐに、Jさんは大阪に靴のデザインや販売の修業に出かける。三年間の修業を終えてむらへ帰ってきてまもなくのころだ。もちまえの社交的な性格から、むらの女性たちとよく話をすることがあったJさんは、親戚の人を通じてKさんに見合い話がもちあがっていることを知る。それまでも親しく話をしていたから、Kさんはまったく知らない相手ではない。「火のないところで煙は立たず」で、その「火」はあったというのが、Jさんの言い分である。

J：その、だから、見合いして結婚するかせんかわからんけども、私としては、ほれ見合いしたらもう結婚、ほんで、ここの両親が、すごく賛成のほういってたから、こうしてたら、こりゃ、あかんなあ、と思うて。

とられてしまうかもしれない焦りのようなものを感じた。Kさんひとりの語りでは、もっと明確な言い方になる。

K：べつにむこうも結婚するつもりなかったんやけど、まだ若いし、二三と二〇歳やから、するつもりなかったんやけど、よそへやるのが＝

＊：＝いややった。

K：うん。なんかお見合いでも、決定的な見合い、もう決まるような見合いやし、いうので、みたいですよ。そういうふうに白状しはったから。べつにほんまに好きぃ、こんな人と結婚したい、そんなんやなくって、よそにとられるのが（笑）、アッハッハッハ。

Jさんの焦りに対して、Kさんは、まだ二〇歳だったから結婚というよりは好奇心のほうが強かった。

K：見合いは、その人とは、その時点で結婚する気はなくって、ただホテルで、そういうなん、ちょっとこぉテレビとか、ああいいなあ、いう程度で、京都のホテルだったので、あんなん一回してみたいな、思て、ほんなん、ちょっと行ってみようか、フフフ、っていう感覚で行ってるから、まだ、そんな。

Jさんは、五、六人からなる仲間集団のひとりに気持ちを伝え、友だちが夜な夜な仲間の家に集まって、〈はしり〉の計画を練ることになった。決行は見合い予定日の前日である。各人の配置が決められ、車が手配され、連れ込む宿も決められた。Kさんにすれば、思いもよらない事態が密かに進行していたことになる。

はしりの実行

町内のそばを通る街道筋が実行場所にきめられ、友人が配置につく。Kさんの女友だちに、Jさんのことで話があるので呼び出してもらいたい、と頼んで、電話をかけてもらった。その女友だちは〈はしり〉だとは知らずに電話をしたのだが、あとでKさんの両親から恨まれることになる。夜、Kさんが呼び出されてJさんの友だちと出会って話をしていたら、「ほんな、車がすーっと来て、そこへ放り込まれ」たのだった。

K：一応、三、四人ぐらいいたかな、フフフ、そのときは、フフフ、（・）いまで言うたら誘拐ですよね（笑）。車にわぁっと乗せて、暴れても逃げられなく、そう、ほんとに誘拐ですよ。

「誘拐」を強調するKさん。あまりにも本人の意向を無視した強引なやり方であることを非難する気持ちが、その言葉を繰り返し言わせるのであろう。一方、Jさんは、友人が細かく計画を立てるのを傍でみていて、いくらか無謀な試みと感じたのか、途中で〈はしり〉を止めようとさえ思うこともあったという。

J：あのぉ、やっぱりねえ、私も、いま言うけれども、もう止めとこ、と思ったときがある。そやけど、もう友だちに言うてしまったから、友だちは、みなもう計画して、ほら、もう配置とか、そんなん、決めてはるからね。だから、もう結局、そんなんやったらもう止めとこっと思うにゃけども、もう友だちがほとんど計画して動いてる。もう、いまさら、止めとくわぁって、いうと、アッハ、あれやから、友だちがそこまでいったら、ヨシッとこうなるわけだね。うーん、ほんでね（笑）、ふー、あのぉ車のなかでね、私、こっちからこう見てるんやけど、もう、こっちむいて、いまだに忘れられんな。「がぁ」と、こぉやってるやつがね。あの、印象がね、あんまり、思い出したくないけど。

車に無理矢理乗せられ、必死で抵抗するKさんの姿は、陰から見ていたJさんの目にいまだに焼きついている。いままも「その道（を）通ると、ハア、こんなこともあったなあ」と思い出す。いくらか痛みをともなう記憶だ。

二〇数キロ離れた町の旅館の二階部屋に連れ込まれて、Kさんは Jさんと出会う。階段には逃げられないように友だちが見張りに立っていた。Kさんは泣き叫んだりしたが、Jさんは手をこまねいているだけだった。Kさんひとりの語りのときは、その感情がゆたかに伝わってくる。

K：もう、泣いてばっかりですよ、ウフ、帰りたい帰りたいって。「帰せぇ」いうて、あのころでは松原〔湖岸〕で、もう、こんなん、こんなんやし、二人で死のか、って。（彼は）なにも言えやん。死ぬ勇気もないねん／／＊：アッハッハ（笑）／／すごく私は深刻やったから、（力を込めて）ほーんとに好きな人と、そういう親が反対して、ほんとに好きな人と、なんかこぉならいいけど、好きでもなかったし、べつに嫌いでもなかったけど、（　）後悔してます。

＊：エッへ。

「後悔」という本気とも冗談ともつかない言葉が漏れた。

さて、Kさんの説得にあたる間に、友だちは男女双方の家の仲介役にあたる仲人を依頼する。仲人には、とくに女性の親を説得してもらう必要があるのだ。しかし、Kさんの両親は〈はしり〉を容易に認めようとはしなかった。期待していた見合いの前日であったことも怒りを増殖させたに違いなかった。

K：それは全然、もういろいろ連絡、仲人さんたてでしてもろたけど、もう私の両親が聞かないから帰れないのよね。親元が、もうちょっと待て、もうちょっと待てっていうて。

親戚が説得にまわるが、Kさんの実家は聞き入れず、結局、数日後、KさんはJさんの実家へ移り住むことになる。Kさんの親が折れたのは、なんと三ヵ月後だった。親は「訴えようかって言うてはったけど、やっぱりこうね、親戚ともからんでいるから、そういうことできないし」と、Kさんはいう。姉は、その間、もしKさんがJさんの実家を離れることができれば連れて帰ってそのまま帰さなかっただろう、とのちに述べている。結局、Kさんは一歩もJさんの実家を出ることができなかった。三ヵ月後、許しが出てKさんは結婚の準備のためにはじめて実家に帰る。Kさんの実家がなかなか納得しなかったのにはいくつかの背景がある。〈はしり〉の翌日に控えていた見合い話は親同士が知り合いで積極的だったこともあきらめきれない要因だったかもしれない。世間的に「〈はしり〉をするような家だとは思われていなかった」と、Kさん自身が語るような家格の家だったことも理由のひとつかもしれない。だから、結婚式も、〈はしり〉の場合に通常行なわれてきた簡略化した結婚式ではなく、結納などの正式な手続きをふんで、むらのお寺で仏前結婚式をあげたのである。

〈はしり〉から五ヵ月もたってのことであった。

変化

〈はしり〉のあと、Kさん自身の気持ちは、どのように変化したのだろうか。

K：ウッフッフ、いろいろ迷いはあったけど、ね、両親の顔、浮かべたら、すっごい、申しわけなくって、やっぱりこちらの親戚がもう平謝りでね、ほんで、行ったってくれと、一緒になってくれ、そればっかりなんですよ。やっぱり、一週間、一〇日ぐらい。(・・)ま、いいかっていう感覚じゃないんですよ。もう、どういうのかな。

＊：ああ、もうこれしかしょうがない。

K：しょうがない、っていう、

一種あきらめに似た気持ちだったのだろう。女性は、「いったん男の人と出たというと、傷がつく」といわれていた時代であった。Kさんひとりに話をうかがったときは、つぎのような語りになった。

K：ふつうには、ほんで、なんか、きょうだいに言わすと、逃げて帰ってきたらええんやって、ね、思いますけど、いまの子でしたら、ねぇ、逃げて帰らはるかもわかんないけど、私らのときはいったんなんもあのぉ、きれいな体でもぉ、いったん、そういう男の人と出たっというのは、傷がつく、古くさいんだけど、／／＊：それはまぁそう言いますね／／その時代、三〇何年前ですわね。ね、一生結婚できないっていうような感じぃ、いまやったら（そのほうが）喜んではるか、アッハッハッハ、結婚しんかったら。

逆に、Jさんにすれば、「一晩泊まったら、もうこっちのもんやもん」と思っていたのだが、ところが、事はそれほど簡単には運ばなかった。実際、Jさんは、〈はしり〉がもうすこし楽に進むものだと思っていた節がある。彼の友だちの〈はしり〉がきわめて容易に運んだからだ。女性のほうが両親ともども結婚に積極的で、難色を示したのははしった男性の両親だった。「こっちは、男のほうの両親を説得したらしまいやから。女のほうは待ちかまえているほうやから」と、比較的簡単に済んだ。

この時期、すでに〈はしり〉の事例は少なくなってきていた。Jさんの五、六人の仲間集団でも、〈はしり〉は、Jさん以外、前述の女性側が乗り気な一例しかない。

＊：むらのなかでは、ちょっと（年齢が）上の人では七、八割方、みんな、はしったとか、よくいいますよね。で、それくらい多かったわけでしょ。

J：そやねえ、だから、もう私らのときになってきたら、もうだいぶんな、

K：少ないな。

J：少なってきたね。

K：あまり、そんなん聞かなくなった。

すでに〈はしり〉については、むらの中の空気はあまり「ええことちがう」というものになってきていた。Kさんの実家が納得するまでに時間がかかったのも、〈はしり〉に対する許容度が減り、厳しい見方が受け入れられつつあったことにも一因があるであろう。そうした風潮は、むらの中の結婚では大半の人がはしったといわれ、家の親の意思よりも当事者である若者の意思（もっとも、それはほとんどが男性の意思でしかなかった）が優先され、貧しい暮らしのなかで簡略な結婚の習俗として、〈はしり〉が広く認められてきた時代が過ぎ去ったことを表していたのである。

Jさんと Kさんの〈はしり〉から約一年後、〈はしり〉の習俗はXむらから消えることになる。かれらのあとの〈はしり〉では、相手の女性の親が警察に告発し、誘拐事件として

警察が介入する事態になった。手伝った友人も取り調べられた。長くつづいてきたむらの習俗は、こうして近代法と矛盾することが社会問題化することで消滅することになった。地域コミュニティに固有の習俗慣行は、人びとの意識の変化によって一挙に崩壊した。

K：うーん、それちょうどね、私のお友だちなんですよ、//＊：ああ、そうですか//ウッフ、その人ね、独身でおられます。ウッフッフ。

＊：そのあとも。

K：ショック受けて。

＊：ああ、

K：それはぜんぜん恋愛とかなにもしてないから。うちの場合は、ちょっとだけおつきあいしてたから。それでも結婚としてのおつきあいじゃないから。（声をおとして）（高校）卒業して、ほんとうに一年後、結婚したの二〇歳でしょう。ええ、どうなんか、なんか、フッフッフウフウ、//＊：いや、正直に//（声を大きくして）後悔してます、とか言って、アッハハハハハ（笑）、（夫がいないときに。いや、言ってんですよ。

＊：エッヘッヘッへ

Kさんが切り盛りする小料理屋で、Jさんの到着を待っている間に最後の〈はしり〉になるはずだった話が飛び出した。そして彼女は、冗談っぽく笑いながら、自らの〈はしり〉も「後悔」という何度か繰り返された言葉でしめくくった。私たちは苦笑いで受けとめるよりほかなかった。

5　語りの差異と社会の変容

二つの地域コミュニティの「嫁ぬすみ」のストーリーを見てきた。ここではその語りをふりかえりながら、さしあたり三点についてふれておきたい。

まず、かつての習俗を語るとき、それらが伝承されてきたストーリーの語りなのか、それとも経験としての語りなのか、をやはり区別しておく必要がある。Yむらの〈かたげ〉は、ほとんど伝承されて流通しているモデル・ストーリーだった。そこでは比較的、説明的にストーリーが展開するが、だからといって感情表出（評価的表現）がないわけではない。しかし、そのときの感情表出は、〈かたげ〉という物語全体へ向けられた評価であり、物語内の個々の具体的な行為にともなって表出される評価ではない。しかも、その評価は、女性によっておこなわれ、かつ女性の意思を無視している点に集中している。それに対し、経験としての語りは、とくにXむらのKさんとJさんに見られたように、感情表出もゆたかで、物語内のそれぞれの行為にともなう評価があたえられている。Kさんの「誘拐ですよ」「ああ、もうしょうがない」という思いは、それぞれの行為にともなって表出された感情である。Kさんを仲間が車に引き込んだときのJさんの「いまだに忘れられんなあ」という思いは、彼のなかに「痛み」となっていまだに残っている。そこに、モデル・ストーリーの語りと経験の語りの違いを読みとることができる。

つぎに、嫁ぬすみのストーリーは現在の視点から語られているということだ。そこではジェンダーの非対称性がよくわかるように表現されている。男性の積極性に対し、女性は意思の表明もままならない受動的な存在として設定されている。当時の習俗を知らない戦後生まれのHさんは、「かなんやん」と悲鳴とも非難ともとれる声を発している。それに対し、体験をもつKさんは当時の状況をある程度受け入れているところがあり、「いまの子なら」異なる対応があっただろうと言いながら、冗談めかして「後悔」を何度も口に出すのは、当時の〈はしり〉についての自らの判断に対してではなく、その後の夫婦間の関係に対してなのである。はしったにしても「後悔しないようにね、してくれはったらええねんけどね。もういろいろ……」。「後悔」は、現時点での夫への不満の表明にほかならない。もちろん、Jさんが〈はしり〉の実行場所を通るときに思いだすというように、「痛み」は男性の側にも存在するが、これも当時から抱えていたものかどうかとなると疑問だ。むしろ、彼のその後の夫婦関係をめぐる個人生活史の反省のなかで出てきたものであろう。

しかし、そうした個人的要因だけではなく、注目すべきなのは、つぎの点である。たとえば、Kさんの「後悔」やJさんの「痛み」は、〈はしり〉の習俗が消滅する一方で、「両性の合意」が結婚の条件であるというストーリーがマスター・ナラティブとして成立してくる過程にともなって生成してきたとも考えられるのである。因みにHさんは、そうしたマスター・ナラティブの体現者でもあるといえる。

この時期は、コミュニティ内で流通する〈はしり〉という婚姻習俗のストーリーが「両性の合意」という恋愛結婚中心のマスター・ナラティブに取って代わられる時期でもある。一九六五年〜六九年は、全国的にも見合い結婚より恋愛結婚が割合として多数をしめるようになった時期なのである。〈はしり〉の経験のストーリーは、結婚におけるジェンダー的な非対称性が戦後的な平等価値へと変わっていくプロセスを表しているのである。それは、支配的文化から相対的に自律していた地域コミュニティの生活世界が支配的文化に同化されていく転換期であった。

注

1　このライフヒストリー調査は、一九八三年から一九八四年にかけて奈良県の小林部落でおこなわれたものである。トランスクリプトが作成され、その編集版はのちに一書にまとめられて刊行された（福岡ほか1987）。A、B、C、Dさんの語りについてはインタビュー時のトランスクリプトを参照し、刊行本から引用したものとオリジナルなトランスクリプトをから引用したものがある。

2　「未開人」という語は不適切だと思われるが、原文のまま引用した。

3　Xむらでの語りはすべて、（社）反差別国際連帯解放研究所の「部落生活文化史調査」の一環として、私が調査メンバーとともにおこなっているライフヒストリー・インタビューをもとにしたトランスクリプトからの引用である。

引用文献

有賀喜左衛門 1968『有賀喜左衛門著作集Ⅵ』未来社
福岡安則・好井裕明・桜井厚・江嶋修作・鐘ヶ江晴彦・野口道彦（編）1987『被差別の文化・反差別の生きざま』明石書店
松岡利夫 1972「よめぬすみ」大塚民俗学会（編）『日本民俗事典』弘文堂、七八八頁
奈良本辰也（編）1954『未解放部落の社会構造』（社）部落問題研究所
大間知篤三 1975『大間知篤三著作集　第二巻』未来社
桜井厚 2002『インタビューの社会学』せりか書房
柳田國男 1969『柳田國男集　第十五巻』筑摩書房

文献案内(アルファベット順)

浅野千恵 1996『女はなぜやせようとするのか——摂食障害とジェンダー』、勁草書房

これまでもっぱら専門家によって語られてきた摂食障害が、それを経験した女性たちによって語り直される。医学的な解釈やマスメディアに流通する言説とは別様の、当事者の「現実」に迫る一冊。

安積遊歩 1993『癒しのセクシー・トリップ——わたしは車イスの私が好き』、太郎次郎社

障害を持ち、小さな頃から「性的であること」を抑圧されてきた著者が、自立生活を営むなかで、自らのセクシュアリティを回復していく。「自分を好きでいる」ための闘いとしてのこころとからだのトリップが描かれる。

バード、イザベラ・L 2000『日本奥地紀行』、平凡社ライブラリー

「語り」そのものではないが、差出人に語るような文体で表現されている紀行文。明治のはじめ英国女性が日本の東北、北海道へと踏査したときの観察眼が率直に描かれている。

クラパンザーノ、ヴィンセント 1991『精霊と結婚した男』紀伊國屋書店

ポストモダン民族誌の代表作。モロッコ人の一人の男性へのインタビューによって、語りそのもののおもしろさもさることながら、「事実」ではない語りに直面する調査者が示す困惑と反省的に了解していく模索の過程が興味深い。

コリア、ジーナ 1993『マザー・マシン——知られざる生殖技術の実態』斉藤千香子訳、作品社

世界初の体外受精児誕生について、報道されなかったバックグラウンドを、当事者からの取材や研究論文から明らかにした本。生殖技術の影に焦点を当てている。

DeVault, Marjorie L. 1991 *Feeding the Family: The Social Organization of Caring as Gendered Work*, The University of Chicago Press.

社会学者でフェミニストであるディヴォルトが、家族の食事を作るという行為について、30世帯(30名の女性と3名の男性)へ行ったインタビューをまとめたもの。主に女性が担ってきた食事作りという行為を語ることの困難、語ることのできない部分の意味の深さに注目した分析が興味深い。

DeVault, Marjorie L. 1999 *Liberating Method: Feminism and Social Research*, Temple University Press.

質的調査方法論、フェミニスト・インタビュー方法論。「リソースとしての『自己』」論など、クリーガーやラインハルツによる調査者の「自己」論と合わせて読むとよい。「自己」をリソースとしていかに研究に反映させるかについて、より具体的な議論が展開されている。

デントン、ウォーレス 1997『牧師の妻の役割』石井美恵子訳、ダイワ

1950—60年代に米国で実施されたインタビューと質問紙調査をもとにした牧師の妻の役割に関する社会心理学的考察。個人的カウンセリングも行なった筆者が抽出した牧師の妻の諸問題(過度な期待・孤独感・プライバシーの欠如)は、日本においても参考になる。

フェミニストカウンセリング堺編 2001『私を語ることばに出会って』、新水社

フェミニストカウンセリングを訪れた女性たちの語りの記録。ドミナント・ストーリーの支配から脱出し、それとは異なる新たなストーリーを再構成していくなかで、自己をエンパワーしていく女性たちの姿が読み取れる。

深津文雄 1969『いと小さく貧しき者に——コロニーへの道』、かにた出版部

婦人保護施設「かにた婦人の村」創設者:深津文雄自身による、「かにた婦人の村」創設の記録である。その道程では、奉仕女制度の創設、婦人保護施設「いずみ寮」の開設、コロニー建設運動に忙殺されるなかでの娘の死等、様々な出来事に直面したことが記されている。戦後の婦人保護事業史を跡付けるためにも、貴重な書である。

深津春子 1998『かにた物語』、かにた後援会

深津文雄の協力者であり、理解者であり、そして妻であった春子による「かにた」の足跡である。1961年頃の「かにた」胎動期から始まるが、特に1962年以降に関しては、「かにた」の動き、寮生の状況、婦人保護事業を巡る社会の動向等、克明に記録されている。まさに、「かにた」の実践史である。

フリック、ウヴェ 2002『質的研究入門――〈人間の科学〉のための方法論』小田博志・山本則子・春日常・宮地尚子訳、春秋社
質的研究という分野全体を網羅しつつ、それぞれの研究手法の長短を検討していく。読者は、さまざまな手法のなかから、自分の関心と研究対象にはどれがふさわしいか判断できるだろう。研究手法で悩んでいる人に勧めたい。
フランク、アーサー・W 2002『傷ついた物語の語り手――身体・病い・倫理』鈴木智之訳、ゆみる出版
「病い」の経験を「物語」という視点でとらえ、「病む人による物語の語りにおける自己と身体との関係が社会学的に考察される。病いの物語を語り・聴くという「語り」を媒介にした相互的な関係性の構築を「語りの倫理」として提示している点がおもしろい。
Frank, Gelya 2000 *Venus on Wheels: Two Decades of Dialogue on Disability, Biography, and Being Female in America*, University of California Press.
人類学者である著者は、四肢を持たずに生まれてきた一人の女性のライフヒストリーを20年にわたって聞き取る。そのなかで、彼女に対して著者が当初抱いていたイメージの文化的な源泉を検証し、様々な大衆文化のなかに表れる障害を持った女性像を考察し、最終的には自分自身の「見えない障害」の存在に気づいていく。「文化的生活誌cultural biography」という新しいジャンルを提示する試みである。
ガーフィンケル、ハロルド 1987「アグネス、彼女はいかにして女になり続けたか――或る両性的人間の性としての通過作業とその社会的地位の操作的達成」山田富秋・好井裕明・山崎敬一訳、『エスノメソドロジー――社会学的思考の解体』、せりか書房
女性としての身体的特徴と男性器とをあわせ持つ「アグネス」が、社会生活において「一人前の女」として通っていくために実践してきた状況操作の技術を検証することによって、社会における暗黙の合意としてのセクシュアリティと、それにまつわる規範を明らかにする。
Gluck, Shrna Berger & Daphne Patai 1991 *Women's Words: The Feminist Practice of Oral History*, New York: Routledge.
語り手と聞き手である研究者との間には権力の不均衡がある。この現実に向かい合った時、女性が女性の語りを聞き、解釈し、書くことは「女性の経験の賛美」ではなくなる。フェミニスト方法論を問い直す一冊。
ハーマン、ジュディス・L 1999『心的外傷と回復』中井久夫訳、みすず書房
心的外傷とは、語ることのできない経験である。だが、そうした語りえないものを語ろうとすることこそが回復のいとぐちとなる。心的外傷と語りの関係を考えるにあたって、臨床的な視点と社会的な視点を統合させているところがおもしろい。
東敏雄 1989『叢書　聞き語り農村史――女性の仕事と生活の農村史』、御茶の水書房
「地域を切り取る」作業に語りをいかに援用できるか。この視点で本書は編まれている。著者は緻密な文書資料の渉猟を方法として持つが、その対応軸としてインタビュー（聞き語り）を置いている点、個性的である。
ホックシールド、アーリー 1990『セカンド・シフト――アメリカ　共働き革命のいま』田中和子訳、朝日新聞社
働く母親たちには、職場での勤務の後、家庭での仕事というセカンド・シフト（第二の勤務）が待っている。八組の夫婦へのインタビューから、セカンド・シフトがもたらす緊張が、夫や子どもとの関係をどのように変化させていくのかを描いている。
ハンフリーズ、スティーヴ／ゴードン、パメラ 2001『「障害者」を生きる――イギリス二十世紀の生活記録』市橋秀夫訳、青弓社
視覚障害、聴覚障害、身体障害をもつ年配の人びとの人生を、インタビュー調査にもとづいて明らかにしたもの。障害をもって生きることの経験を描き出した、20世紀のイギリス社会史的意味もあわせもつ研究。
石井政之　1999『顔面漂流記――アザをもつジャーナリスト』、かもがわ出版
「お前にとってアザとは何だ？」顔の右半分に生まれながら赤アザのある著者が、同じ境遇にある人びとの物語を通じてその答えを求めていく「漂流記」。「異形の顔」で生きるとはどういうことなのかが静かな筆致で語られる。

伊藤悟・虎井まさ衛編著 2002『多様な「性」が分かる本』、高文研
11名の当事者による手記は、「セクシュアル・マイノリティ」と総称されている性同一性障害、レズビアン、ゲイだが、その立場や経験が大きく異なっていることを教えてくれる。「セクシュアル・マイノリティ」に関するQ&Aもついていておもしろい。
加藤シヅエ 1997『加藤シヅエ——ある女性政治家の半生』、日本図書センター
戦前の伝統的な家族観に支配された男爵夫人としての生活、アメリカでの産児制限運動との出会いと日本での普及活動、戦後初の女性国会議員としての活動という自らの半生を語る言葉のなかに、「産むこと」を通して見た、近代日本における女性のセクシュアリティの変容を見ることができる。
北尾トロ 1997『彼女たちの愛し方』、ザ・マサダ
「ごく平凡な」男性が、レズビアン・バイセクシュアル女性たちをインタビュー。レズビアン・バクセクシュアル女性について何かが分かるというよりも、彼女たちに対するヘテロセクシュアル男性のまなざしが逆照射されているところがおもしろい。
ケイン、エリザベス 1993『バースマザー——ある代理母の手記』落合恵子訳、共同通信社
アメリカで初の代理母となった女性の手記。代理母は女性の悲しみをもう一人の別の女性に移す制度であると自らの体験をもとに語り、代理母制度に問題提起をする。
クライン、レナーテ編 1991『不妊——いま何が行われているのか』フィンレージの会訳、晶文社
オーストラリア、ドイツ、アメリカ、イスラエルなど、世界各国で不妊治療を受けた女性たちがその経験を語る。生殖医療がはらむ危険性と、どうしても「自分の子どもを産みたい」という切実な願い。国籍も境遇も違う女性たちの声から、不妊の問題にまつわる多くのジレンマが浮かび上がる。
クラインマン、アーサー 1999『病いの語り——慢性の病いをめぐる臨床人類学』江口重幸・五木田紳・上野豪志訳、誠信書房）
慢性の病いを、治療者の視点からではなく、患者や家族という当事者の視点から見なおし、「患う経験」そのものに注目していこうとする試み。病いを医療の専門用語から解放する事によって、病いの持つ社会的な意味・個人的な意味といった多様な側面が明らかになっている。
Krieger, Suzan 1983 *The Mirror Dance: Identity in a Women's Community*, Temple University Press.
社会学者でフェミニストのクリーガーが、レズビアンコミュニティで行なったインタビューをまとめたもの。女性のコミュニティにおける同質性と異質性、アイデンティティの境界線などが、インフォーマントたちの語りによって分析されていく。ポリフォネティックインタビューの代表作。
Langford, Daniel,L. 1998 *The Pastor's family : the challenges of family life and pastoral responsibilities*. The Haworth Pastoral Press.
米国のある牧師による体験を自ら綴ったもの。牧師としての召命感を持ち、牧師を目指したが、妻と子供たちと葛藤・自らの悩み・挫折などを経て、経験豊かな牧師になっていくさまが分かる。
ルイス、オスカー 1969『サンチェスの子供たち』柴田稔彦・行方昭夫訳、みすず書房
文化人類学の古典にして生活史研究の傑作。メキシコ・シティの下層家族、父親とその4人の子どもたちへのインタビューから、「羅生門的手法」と名づけた手法による複合的なライフストーリーを構成して「貧困の文化」の現実を描きだした。
前山隆 1986『ハワイの辛抱人』御茶の水書房
ハワイ日系移民男性の口述生活史。辛抱人とは、ハワイの日系移民の心の歴史を凝縮して的確に表す一語で、出稼ぎ、貯蓄、錦衣帰郷の精神を表す。ライフヒストリーは語り手と聞き手の対話過程という認識をもって編集された作品。
マクナミー、シーラ&ケガーゲン、ケネス・J編 1997『ナラティヴ・セラピー——社会構成主義の実践』野口裕二・野村直樹訳、金剛出版
社会構成主義（社会構築主義）の展開は、物語（ナラティヴ）論やライフストーリー研究にも新たな地平を切り拓いた。本書は、この社会構成主義の考え方が、臨床領域での実践レベルでどのような可能性をもち得るかを探ったものである。
三谷紀美 1995『浦安・海に抱かれた町——聞き書き人と暮らし』、筑摩書房
ふるくから浦安で生活を営む人たち——船大工、行商、剥き手など——の職業観を中心とした語りが微細である。21人の個人史を通じて地域のダイナミズムを表現したものにもなっている。

宮本常一 1984『忘れられた日本人』、岩波文庫
「文字」ではなく「語り」に文芸的要素があると世間に認知させた著作。「女の世間」「土佐源氏」などはそれぞれの性で語られる日常の裏が語りにより構成されており、あまりにも有名である。

宮本常一 2001『女の民俗誌』岩波現代文庫
長年の聞き書きで得た、女に関わる出来事・事件が物語的に再構成されている。女の一生は、世間との関わりの中で劇的に左右されていく。男側からの視点で見たものではあるが、そのことが如実に描かれている民俗誌。

マーフィ、ロバート 1997『ボディ・サイレント――病いと障害の人類学』辻信一訳、新宿書房
アマゾン奥地でのフィールド・ワークなど、人類学者としての業績を残してきた著者が、進行性の脊髄腫瘍に冒され、徐々に麻痺し「沈黙していく身体」を持つことによって、新しいアイデンティティを獲得してゆく。これまで慣れ親しんできた社会を、「生きられている身体」の現象学的視点から記述しなおす試み。

長野ふさ子 2001『女たちのちょっと昔――漁師町浦安の民俗誌』、岩田書院
浦安に住む女性たちの日常が漁で盛んであった頃の風景のなかで描かれている。男女の出会いの場や結婚・出産時の風習など小さいが是非書き留めておきたい重要な習俗の断片が語りのなかから読み取れる。

中野卓 1977『口述の生活史――或る女の愛と呪いの日本近代』、御茶ノ水書房
瀬戸内海の小さな町に暮らす「奥のオバァサン」のライフヒストリーを記述する。その豊かな語り口のなかに、近代日本の歴史的・社会構造的変化のなかで、主体性を失わず逞しく生き抜いた一人のオナゴのリアリティが現れる。

中野卓・小平朱美 1981『老人福祉とライフヒストリー』、未来社
独居老人、シニア・ハウスに暮らす老人といった、従来、社会福祉の対象者としてケースワークの対象者となっていた人たちを、ライフヒストリーという社会学のケーススタディの方法論を用いて捉えなおし、孤独や人間関係の葛藤などといった病理を浮き彫りにしようとする試み。社会学と社会福祉との新たな関係についての提言も行なっている。

大日向雅美 1992『母性は女の勲章ですか？』、扶桑社
不妊の語りを通して、母性賛美の根強い社会や文化の背景を検証し、産む・産めないといった女性の分断は、母性重視である社会に要因があるという問題を指摘する。

荻野美穂 2002『ジェンダー化される身体』、勁草書房
性差にもとづく身体をジェンダーやフェミニズムの視点から理論分析を試みたうえで、本質主義的な身体論を打ち破ろうとする思いが伝わってくる本。

奥村和子・桜井厚　1991『女たちのライフストーリー』、谷沢書房
明治・大正生まれの女たちの生活史は、人の人生がかけがえのない固有のものであることを改めて感じさせる。それと同時に、戦前・戦後を生きた女たちに共通する暮らしぶりを知ることができる一冊。

The Personal Narrative Group ed. 1989 *Interpreting Women's Lives: Feminist Theory and Personal Narratives*, Indianapolis: Indiana UP.
女性が自らの生を語る時、常にジェンダーが語られる。女性たちのライフストーリーから、ジェンダーの力学とそれに対する抵抗を読み取るという、フェミニスト的洞察力を持った一冊。

プラマー、ケン 1998『セクシュアル・ストーリーの時代――語りのポリティクス』桜井厚・好井裕明・小林多寿子訳、新曜社
カミングアウト・ストーリー、レイプ・ストーリー、回復のストーリーを登場させた社会的・歴史的状況を、ストーリーの社会学という視点から検証した一冊。著者自身のカミングアウト・ストーリーも載っている。

リッチ、アドリエンヌ 1990『女から生まれる』高橋芽香子訳、晶文社
原書は1976年に出版された。制度のもとで女にされる怒りと、そこから新しく〈女〉に生まれ変わるストーリーとともに、〈女から生まれる〉思想と文化が誇り高く語られる。1960年代以降の女性の自伝を代表する一冊。

サックス、オリバー 1996『手話の世界へ』佐野正信訳、晶文社
手話で語らいゲラゲラと笑う老人たち。両手を四方八方に舞わせながら歓談する学生たち。空間

を自在に表現する六歳の少女。臨床医である著者がこうした人びとと出会った経験をもとに、手話をろう者の〈声〉、一つの言語としてとらえるまでの経験を綴る。
桜井厚・中川ユリ子・山本哲司 1995『生のかたち——被差別部落の生活史を訪ねて』(「リリアンスブックレット３」、(社) 反差別国際連帯解放研究所しが)
被差別部落での３年間の聞き取りを、「人びとのまなざし」、「稼ぎ」、「生きて」の３部にまとめたもの。明治から現代にいたる被差別部落の「生のかたち」が、社会的、歴史的背景の丁寧な記述と、生活者としての視点を失わない研究姿勢によって彩り豊かに提示されている。
桜井厚 1998『生活戦略としての語り——部落からの文化発信』(「リリアンスブックレット７」、(社) 反差別国際連帯解放研究所しが)
前項と同じシリーズの１冊。ともすれば、差別による無力化という文脈で描かれがちな被差別部落の生活の語りを、支配的文化に対抗する「もう一つの文化」の「生活戦略」、つまり、自律的で個性的、かつ多様な生の営みについての語りとしてとらえ直している。
桜井厚・岸衛編 2001『屠場文化——語られなかった世界』、創土社
屠場で働く人びとの語りから、屠場の職業文化や伝統技術、そして戦後の屠場が抱えてきたさまざまな問題が描き出される。まさに「語られなかった世界」がみえてくる一冊。写真やイラストも貴重である。
シャーウイン、スーザン 1998『もう患者でいるのはよそう——フェミニスト倫理とヘルスケア』岡田雅勝他訳、勁草書房
ヘルスケアや倫理の中で見落とされていた性差別の問題を、女性医学やバイオエシックスなどの分野からひろいあげ、フェミニスト倫理という立場で、ヘルスケアの在り方を示す。
城田すず子 1971『マリヤの賛歌』、かにた出版部
「かにた婦人の村」入寮者の自伝である。売春に従事しながら生活せざるを得なかった彼女の生活史からは、戦前、戦後において、いかに女性のセクシュアリティが侵害されていたのかが伺える。また、婦人保護施設について入寮者自身が語ったという意味でも貴重な一冊である。
スミス、ロバート・Ｊ／ウィスウェル、エラ・ルーリィ 1987『須恵村の女たち——暮しの民俗誌』河村望・斎藤尚史訳、御茶の水書房
外国人人類学者夫妻による１年間の直接観察記録をもとに書かれた民俗誌。太平洋戦争前の通俗的な女性の見方とは別の視点で、日常の私事における女性の自立精神について描かれている点、画期的である。
スタジオ・アヌー 1986『家族』、晶文社
「普通の人々が語る普通の人のための」本。およそ100名へのインタビューをもとに再構成した、大型インタビュー集。同じシリーズに『子供！』がある。
Swatos,Jr.,William H. ed 1994 *Gender and Religion*. Transaction Publishers.
宗教社会学者たちによるジェンダーと宗教をテーマにした論集。プロテスタント各派・カトリック教会・ユダヤ教などの事例研究にもとづいた宗教的世俗的それぞれにおける女性の役割や葛藤を分析している。
土屋　葉 2002『障害者家族を生きる』、勁草書房
本書は二部構成をとる。第一部では障害者家族に関する議論や戦後の障害者施策が押さえられ、第二部では聞き取り調査をもとに障害者家族の内実が明らかにされる。母親と子への綿密な聞き取りから、介助にまつわる摩擦を描き出した第七章が本書の白眉であろう。
柘植あづみ 1999『文化としての生殖技術——不妊治療にたずさわる医師の語り』、松籟社
不妊治療を担う医師たちの語りから、どのように生殖医療技術を社会や文化に定着させていったのかを考察し、医師と患者との考え方、感じ方のズレを検討する。
常世田礼子『浜の女たち——銚子聞き書き』、筑摩書房
銚子在住の著者による銚子の浜で働く女性12人のインタビュー集。家族、夫、漁との関わりを話者が生きた時代の銚子とあわせて語られている。浜の女性が持つ無理のない力強い生き方を読み取ることができる。
上田喜三郎 1992『陶工職人の生活史』、御茶の水書房
鳥取地方の山間で焼物づくりを家に生まれて家業を継いだ男が、陶工としての生涯を語る。陶工職人の仕事と精神をとおして、地方の日用品を焼いてきた窯が民芸製作へ転換する契機となる柳

宗悦の民芸運動との出合いなど個人史と歴史の接点をも知ることができる。
浦安を知る会編 1995『浦安いまむかし』、浦安を知る会発行
浦安を縦横無尽に取材に回った女性民俗学者によるもので、紋切り型の民俗調査報告書では落としてしまいがちな語りのなかにある日常が満載されている。
ウィリー、リアン・ホリデー 2002『アスペルガー的人生』ニキ・リンコ訳、東京書籍
広義の自閉症に含まれる、「アスペルガー症候群」である著者の自伝。この世界がアスペルガー症候群の人の目にはどのように見えているのか、いかに混乱した人生を生きているかが理解できる。
ウィリアムズ、ドナ 2001『自閉症だった私へⅠ・Ⅱ』河野万里子訳、新潮社
成人した後に、自らが脳の器質的異常が原因で起こる「自閉症」という障害を持っていたことを知った著者が、「変でおかしな子」と周囲から見られてきた自らの人生を振り返る。仕草や言葉などの様々な記号に、マジョリティとは異なる意味付与をするマイノリティとしての苦しみを内側から描いた異文化コミュニケーション論としても読むことができる。
矢島正見編著 1999『女性同性愛者のライフヒストリー』、学文社
14人のレズビアンたちへのインタビューをもとに、それぞれのライフヒストリーを再構築した貴重な一冊。ただ、執筆者の意図に反して、ところどころに同性愛嫌悪的な記述が見られるため、レズビアン・コミュニティからは批判されることも多い。
やまだようこ編著 2000『人生を物語る——生成のライフストーリー』、ミネルヴァ書房
心理学・社会学・人類学・教育学など分野の異なる執筆者たちが、経験を語る行為・語られた物語をライフストーリーとみなし、具体的な事例をもとに考察を加えた論集。各論に書評的コメントが付せられているのも興味深い。
山崎敬一 1994『美貌の陥穽——セクシュアリティーのエスノメソドロジー』、ハーベスト社
男女間の会話データを、エスノメソドロジーの手法を用いて分析することによって、会話の中に現れる「割り込み」「うなずき」「沈黙」などの現象とジェンダー間の権力作用との関係を明らかにする。
米屋陽一編 1992『シリーズ日本の世間話2　浦安の世間話——前田次郎助の語り』、青弓社、1992
元漁師である語り手が、浦安言葉で語った世間話の集大成。漁師まちから観光地化、都市化へ変貌する過程における日常の詳細が、絶妙な語りのリズムとともに伝わってくる。
好井裕明・桜井厚編 2000『フィードワークの経験』、せりか書房
フィールドへ出かけたととき، 調査者は例外なく「わたしは何者であるのか」という問いと直面する。本書は異なるフィールドをもつ著者たちが実践してきた調査の経験を、反省的に解読する論文集である。新たなエスノグラフィーのあり方を提起する刺激的な一冊。
好井裕明・山田富秋編 2002『実践のフィールドワーク』、せりか書房
さまざまな場面における「いま－ここ」の差別の現実を、それぞれの著者がそれぞれのスタイルで描く。「差別」をわたしたちの日常生活と切り離したり「正義の言説」で解決させないための指針を与えてくれる。
ザゾウ、フィリップ 2002『耳の聞こえないお医者さん、今日も大忙し』相原真理子訳、草思社
生まれつきの高度難聴者である医師の体験を綴った自伝。診療の際の工夫や、患者たちとのコミュニケーションの様子がユーモアをまじえて語られる。読みものとしておもしろい。クラパンザーノ、ヴィンセント　1991『精霊と結婚した男』紀伊國屋書店
ポストモダン民族誌の代表作。モロッコ人の一人の男性へのインタビューによって、語りそのもののおもしろさもさることながら、「事実」ではない語りに直面する調査者が示す困惑と反省的に了解していく模索の過程が興味深い。

執筆者紹介

桜井厚（さくらい　あつし）
千葉大学文学部教授。ライフヒストリー／ライフストーリー研究。著書に『インタビューの社会学』（せりか書房）、『フィールドワークの経験』（共編著、せりか書房）。

高井葉子（たかい　ようこ）
城西国際大学経営情報学部講師。社会学。女性問題、女性運動、フェミニスト・リサーチ論に関心を向けてきた。現在は、若者が語る「転機」と「成長」の語りを集めている。論文に「ドメスティック・バイオレンスと夫婦関係」（土屋　葉 編『これからの家族関係学』角川書店）他。

麦倉泰子（むぎくら　やすこ）
修士課程修了後、知的障害者入所更生施設勤務を経て、早稲田大学大学院文学研究科社会学専攻博士課程在籍。現在、知的障害を持つ当事者の視点から、施設化・脱施設化政策を記述しなおすことに取り組んでいる。

西倉実季（にしくら　みき）
お茶の水女子大学大学院人間文化研究科博士後期課程。専攻は社会学、ジェンダー論。ライフストーリーを通して、外見の美醜と「女」というジェンダー・アイデンティティとの関係を研究している。

飯野由里子（いいの　ゆりこ）
城西国際大学大学院人文科学研究科博士課程在学中。女性学／ジェンダー論専攻。現在、日本におけるレズビアン運動の歴史と今後の可能性について研究中。

松島紀子（まつしま　のりこ）
城西国際大学大学院人文科学研究科比較ジェンダー論博士課程後期在学中。不妊の当事者の視点から不妊をとらえなおし、不妊の理論化と精神的ケアの実践にむけ、不妊を学問として構築することをめざしている。

土屋葉（つちや　よう）
武蔵野大学人間関係学部専任講師。家族社会学。障害をもつ人とその家族の主観的世界を描き出すことをめざしている。著書に『障害者家族を生きる』（勁草書房）。

川又俊則（かわまた　としのり）
浦和学院高等学校教諭。現代日本のキリスト教の受容と変容に関して、各教会での参与観察、牧師夫人他への面接、自分史分析など多様な方法で論究。著書に『ライフヒストリー研究の基礎』（創風社）。

堀千鶴子（ほり　ちづこ）
城西国際大学経営情報学部福祉環境情報学科講師。社会福祉学専攻。社会福祉と女性をテーマとしている。現在は、婦人保護事業成立に関する運動団体の活動を明らかにすることをめざしている。

和田健（わだ　けん）
千葉大学留学生センター助教授。民俗学・農村社会論専攻。高度経済成長と農作業における生産互助の関わりを地産地消の文脈で探求中。近刊『現代民俗誌の地平２　権力』（共著、朝倉書店）。

ライフストーリーとジェンダー

2003年7月7日　第1刷発行

編　者　桜井　厚
発行者　佐伯　治
発行所　株式会社せりか書房
　　　　東京都千代田区猿楽町2-2-5　興新ビル303
　　　　電話 03-3291-4676　振替 00150-6-143601
印　刷　信毎書籍印刷株式会社
装　幀　工藤強勝

ISBN4-7967-0250-4